HomeStudio/Shutterstock

EDITORA intersaberes

DIALÓGICA

O selo DIALÓGICA da Editora InterSaberes faz referência às publicações que privilegiam uma linguagem na qual o autor dialoga com o leitor por meio de recursos textuais e visuais, o que torna o conteúdo muito mais dinâmico. São livros que criam um ambiente de interação com o leitor – seu universo cultural, social e de elaboração de conhecimentos –, possibilitando um real processo de interlocução para que a comunicação se efetive.

Economia política internacional: um texto introdutório

Patricia Fonseca Ferreira Arienti
Daniel de Santana Vasconcelos
Wagner Leal Arienti

EDITORA intersaberes

Rua Clara Vendramin, 58 • Mossunguê
CEP 81200-170 • Curitiba • PR • Brasil
Fone: (41) 2106-4170
www.intersaberes.com
editora@editoraintersaberes.com.br

conselho editorial •	Dr. Ivo José Both (presidente)
	Drª Elena Godoy
	Dr. Nelson Luís Dias
	Dr. Neri dos Santos
	Dr. Ulf Gregor Baranow
editora-chefe •	Lindsay Azambuja
supervisora editorial •	Ariadne Nunes Wenger
analista editorial •	Ariel Martins
capa •	Iná Trigo (*design*)
	andrea crisante, revers e Wara1982/Shutterstock (imagens)
preparação de originais •	Gilberto Girardello Filho
projeto gráfico •	Raphael Bernadelli
adaptação de projeto gráfico •	Sílvio Gabriel Spannenberg
diagramação •	Cassiano Darela
iconografia •	Regina Claudia Cruz Prestes

Dados Internacionais de Catalogação na Publicação (CIP)
(Câmara Brasileira do Livro, SP, Brasil)

• • •

Arienti, Patricia Fonseca Ferreira
  Economia política internacional: um texto introdutório/Patricia Fonseca Ferreira Arienti, Daniel de Santana Vasconcelos, Wagner Leal Arienti. Curitiba: InterSaberes, 2017.

  Bibliografia.
  ISBN 978-85-5972-510-0

  1. Comércio exterior 2. Economia 3. Economia política 4. Finanças internacionais 5. Relações econômicas internacionais I. Vasconcelos, Daniel de Santana. II. Arienti, Wagner Leal. III. Título.

17-07142   CDD-337

• • •

Índices para catálogo sistemático:
1. Economia política internacional 337

1ª edição, 2017.

Foi feito o depósito legal.

Informamos que é de inteira responsabilidade dos autores a emissão de conceitos.

Nenhuma parte desta publicação poderá ser reproduzida por qualquer meio ou forma sem a prévia autorização da Editora InterSaberes.

A violação dos direitos autorais é crime estabelecido na Lei n. 9.610/1998 e punido pelo art. 184 do Código Penal.

Sumário

Dedicatória, 9

Apresentação, 11

capítulo um Poder político e política econômica das nações, 24

    1.1 Relações entre Estado e mercado e estudo da economia política internacional, 26

    1.2 A evolução da economia política internacional como objeto de estudo, 28

    1.3 O sistema internacional e seus atores, 34

    1.4 A atual ordem econômica internacional, 35

    1.5 O cenário atual, 61

capítulo dois Contas nacionais e análise de agregados macroeconômicos, 68

    2.1 Contas nacionais, 70

    2.2 Identidades fundamentais das contas nacionais, 76

    2.3 Definições agregadas, 80

    2.4 O trabalho com os resultados das contas nacionais, 86

capítulo três **Balanço de Pagamentos: estrutura e análise, 100**

    3.1 Balanço de Pagamentos, 102

    3.2 Contabilidade social
e Balanço de Pagamentos, 112

    3.3 Uma análise alternativa: equilíbrio do Balanço
de Pagamentos sob câmbio administrado, 124

    3.4 Análise da conta Financeira do Balanço de Pagamentos
e a Posição do Investimento Internacional, 131

capítulo quatro **A globalização e seus efeitos sobre as contas Capital e Financeira do Balanço de Pagamentos, 148**

    4.1 Contas Capital e Financeira: uma análise detalhada, 150

    4.2 Conta Capital, 151

    4.3 Conta Financeira, 152

    4.4 Ativos de Reserva, 183

    4.5 Erros e Omissões, 186

capítulo cinco **Teorias de comércio internacional, política comercial e protecionismo, 194**

    5.1 Smith e a teoria das vantagens absolutas, 197

    5.2 Ricardo e a teoria das vantagens comparativas, 200

    5.3 O modelo de Heckscher-Ohlin, 203

    5.4 Implicações das propostas de Smith, Ricardo
e Heckscher-Ohlin, 205

    5.5 Teorema de Rybczynski: mudanças nas
dotações relativas de fatores, 207

    5.6 Um modelo padrão de comércio internacional, 209

    5.7 O comércio internacional entre países avançados, 217

    5.8 Política comercial, protecionismo
e economia política, 225

capítulo seis A diversidade do comércio internacional na globalização produtiva, 238

    6.1 Globalização, industrialização e temas recentes em comércio internacional, 240

    6.2 Teoria do ciclo do produto, 245

    6.3 Teoria das cadeias globais de produção e valor, 255

capítulo sete Organizações econômicas internacionais: a arquitetura e as organizações do sistema financeiro e de comércio internacional, 274

    7.1 Governança global e regimes internacionais, 276

    7.2 As organizações internacionais, 280

    7.3 Fundo Monetário Internacional, 282

    7.4 O sistema de cotas, 289

    7.5 Organização Mundial do Comércio: a difícil tarefa do multilateralismo, 293

    7.6 O sistema de pagamentos internacional e a regulação bancária: Bank of International Settlements e Acordos da Basileia, 303

Para concluir..., 319

Lista de siglas, 321

Referências, 324

Apêndice 1 – Fordismo-Keynesianismo, 332

Apêndice 2 – Crédito, financiamento e investimentos numa economia aberta, 337

Respostas, 341

Sobre os autores, 348

Dedicatória

Para Marina e Pedro.

Para Carla, Pedro Vitor, Álvaro e Laura.

Apresentação

Este livro é uma introdução ao estudo da economia política internacional. Como tal, apresenta elementos, conceitos e temas importantes que são referenciais analíticos para a compreensão das diversas possibilidades de tratamento teórico e empírico dos fatos e fenômenos da economia política nas relações internacionais. Considerando-se o estágio atual do processo de globalização e das relações internacionais, os países constituem economias nacionais não autárquicas e integradas ao restante mundo, ou seja, desenvolvem intensas relações com economias de outras nações, formando uma economia global.

Os elementos desse grande conjunto de economias participantes do processo de globalização e as formas de organização dos múltiplos interesses nele contidos são objeto de estudo da economia política internacional. As relações imbricadas nessa área de estudo são complexas e orientadas simultaneamente para objetivos múltiplos, como: a participação dos países nos grandes fluxos comerciais, financeiros e de serviços que caracterizam o processo de globalização; a eficiência econômica via mercados; o equilíbrio relativo das contas externas dos países; e, simultaneamente, a busca de equilíbrio interno, com aumento do bem-estar e da riqueza dos residentes em cada país.

Obviamente, quando há tantos interesses em jogo, as relações podem engendrar conflitos. E num ambiente conflituoso, as interações tendem a ser complexas. Advertimos, porém, que esgotar todos os temas que envolvem esse ambiente não é o objetivo em um livro introdutório como este. Ainda assim, faz-se necessária a apresentação de um grande conjunto de temas relevantes e de suas nuances e possibilidades de interpretação teórica. Sem a pretensão de indicarmos uma linha de raciocínio única, oferecemos, com esta obra, apenas uma possibilidade teórica de análise dos problemas de economia política internacional, dentre várias outras existentes.

Interessa-nos disponibilizar uma base de conhecimentos consistente para o entendimento das relações econômicas e políticas internacionais. Assim, abordamos alguns temas de **economia internacional** e de **economia política internacional**, mas não de forma exaustiva, tampouco enciclopédica. Há muitos caminhos relacionados a essas áreas, e estamos certos de que um mapeamento completo extrapolaria o escopo de um livro introdutório. Nossa intenção é apenas apresentar a existente diversidade de caminhos analíticos. Por essa razão, no decorrer de sua trajetória investigativa, você, leitor, deverá trilhar os que lhe despertarem maior interesse acadêmico, teórico ou empírico, aprofundando-se nos diversos assuntos concernentes à economia política internacional.

Ao longo de nossa jornada profissional e acadêmica, observamos que parte significativa da literatura especializada em economia política internacional discute vários temas sem, no entanto, realizar uma apresentação adequada de alguns elementos técnicos muito importantes para análises aplicadas com tratamento empírico de dados de economia internacional. Por isso, nesta obra, abordamos esses elementos básicos como imprescindíveis para garantir mais ferramentas de trabalho ao analista.

Apresentamos, então, elementos técnicos (por exemplo: as estruturas das contas nacionais de um país e o Balanço de Pagamentos – BP) e políticos (como a organização do sistema internacional, seus atores e instituições), os quais, num ambiente complexo e dinâmico são permeados por questões econômicas como: De que forma o comércio internacional é entendido teórica e praticamente? Como a produção numa economia globalizada se organiza cada vez mais em cadeias globais de valor? Assim, buscamos disponibilizar a você, leitor, um ponto de partida com abrangência teórica e elementos para análise empírica, que poderão ser aprofundados, de acordo com seus interesses ao longo de sua trajetória acadêmica ou profissional. Tendo em vista esse propósito, estruturamos a obra conforme explicamos na sequência.

No Capítulo 1, expomos o objeto de estudo da economia política internacional como um campo de análise que aborda questões econômicas e políticas de uma nação soberana e suas relações com as outras de mesmo porte. Ainda, abordamos o conceito de *ordem econômica internacional* (OEI) – uma unidade de análise que pode explicar de que modo ocorrem as relações econômicas e políticas entre as nações. Para fins didáticos, em caráter de referência histórica e inicial, situamos o **Acordo de Bretton Woods**, firmado à época do fim da Segunda Guerra Mundial, como uma tentativa de regulação econômica e política dirigida às relações internacionais, que objetivava afastar a possibilidade de que tensões nesses dois âmbitos se transformassem em conflitos militares abertos (como havia acontecido nas duas Grandes Guerras). Esse acordo propiciou a formação de um ambiente político-econômico que favoreceu o desenvolvimento das nações durante algumas décadas, embora isso não tenha ocorrido de maneira homogênea entre os participantes da estrutura internacional resultante. Nesse contexto, o desenvolvimento alcançado engendrou a consolidação de forças econômicas e políticas que questionaram as limitações impostas pelo acordo e suas instituições. Diante disso, também abordamos no capítulo inicial as tensões que geraram essa mudança e caracterizamos os principais elementos que formam as estruturas contemporâneas da economia internacional, o subsequente processo de globalização e as relações políticas internacionais, cuja ascensão ocorreu marcadamente a partir do ciclo de instabilidades que surgiram após o fim do acordo.

No Capítulo 2, indicamos as definições e os fundamentos da **mensuração dos agregados macroeconômicos** referentes às economias nacionais, isto é, ao Sistema de Contas Nacionais (SCN). As economias nacionais mantêm relações comerciais fundamentais entre elas, tanto para a estrutura produtiva, no que se refere a oferta – como no caso das importações que visam complementar a produção interna, aumentando a disponibilidade e a diversidade de bens e serviços –, quanto para a demanda – com as exportações, que representam um componente de demanda externa à produção doméstica, exigindo ainda maior competitividade dos produtos nacionais nos mercados externos. As contas nacionais mostram a importância das relações econômicas internacionais para a economia de uma nação.

No Capítulo 3, apresentamos a estrutura do **BP**. Entender as contas e subcontas desse balanço é fundamental para realizar análises sobre possíveis vulnerabilidades da economia de dado país perante o cenário econômico internacional. Uma economia nacional integrada à economia internacional tem múltiplas relações econômicas, as quais, por sua vez, são registradas no BP. Como essas transações são monetárias, em moeda de curso (ou de reserva) internacional, são registradas segundo princípios de contabilidade, regidos por metodologias definidas por instituições multilaterais do próprio sistema econômico internacional – no caso do balanço, por metodologias do Fundo Monetário Internacional (FMI). Entender os registros contábeis e seu significado econômico permite analisar o **equilíbrio** (noção abordada no capítulo) de determinada economia nacional diante das demais. Além disso, também tratamos de temas mais específicos, como **finanças internacionais** e suas conexões com o mundo produtivo. Ainda, apresentamos o BP de acordo com a nova metodologia proposta pelo FMI, vigente a partir de 2015.

No Capítulo 4, abordamos alguns efeitos do processo de globalização sobre uma economia nacional, tendo a **globalização financeira** como foco. Como explicamos no Capítulo 3, o BP registra, em sua conta Financeira os movimentos de capitais entre a economia nacional e o resto do mundo e a variação de reservas internacionais, além das transferências de capital (produtivo, de empréstimo ou de risco). No quarto capítulo, portanto, analisamos o papel econômico dessas categorias nas finanças da economia nacional. Ter clareza e conhecimento adequado dessas categorias, sendo capaz de analisar seus volumes de entrada e de saída, é um importante elemento para entender possíveis impactos da globalização financeira sobre a economia nacional.

No Capítulo 5, versamos sobre as teorias de **comércio internacional**, que argumentam e buscam demonstrar que as economias nacionais podem aumentar seu nível de bem-estar, com mais mercadorias à disposição de suas populações e a preços mais baixos, caso se tornem abertas ao livre comércio. Tais teorias, base para o argumento favorável às políticas de abertura comercial, são apresentadas tanto na versão clássica quanto na versão mais atualizada. Nesse capítulo, também apresentamos as abordagens de natureza normativa sobre as possíveis práticas de restrições ao comércio internacional representadas por políticas protecionistas com vistas a atender objetivos econômicos internos. De fato, é difícil separar as proposições de economia pura de suas implicações de natureza política quando grupos de interesse são afetados. Assim, debatemos um assunto controverso na economia política internacional considerando os seguintes questionamentos: Existe uma abertura de uma economia nacional ao comércio internacional, levando em conta interesses econômicos e também políticos, internos e externos, ao mesmo tempo? Se sim, qual seria o grau adequado dessa abertura? Apesar de não indicarmos a resposta a essas difíceis perguntas, mencionamos as teorias básicas que a discutem. Em face do processo recente de questionamento sobre os frutos da globalização, entendemos que o estudante ou profissional das relações internacionais deve estar ciente de que: (1) as teorias de comércio constituem um debate ainda em aberto; (2) embora a teoria positiva aponte para ganhos de comércio, o aspecto político desses ganhos não é facilmente dissociado do aspecto econômico puro, resultando daí os difíceis embates de natureza normativa. Talvez advenha desse fato uma possível pista para a compreensão de como ocorre esse perfil cíclico por meio do qual a globalização avança e que, por vezes, parece retroceder, mesmo que depois volte a avançar com mais força.

No Capítulo 6, tratamos da diversidade do comércio internacional na **globalização produtiva**. Dada a difusão do conhecimento, as economias nacionais tendem a inovar e a imitar as inovações, o que altera sua estrutura produtiva e seu comércio com outras nações. Por isso, nesse capítulo, apresentamos um conceito importante para essa análise, o de *ciclo do produto*, bem como expomos seus efeitos sobre o comércio internacional. Na sequência, tratamos do processo recente de inovações na organização, no gerenciamento e na logística da produção, principalmente pelas estratégias das empresas multinacionais e suas filiais. Explicamos, ainda, um dos fenômenos característicos da globalização produtiva: a transição da cadeia de produção concentrada nas economias nacionais, com importações e exportações apenas marginais, para formações de cadeias globais de produção, com relações empresarias espalhadas globalmente, aumentando o fluxo comercial entre as economias. Entender a formação e a expansão de cadeias globais de produção, bem como a disputa pelo valor nos elos de tais cadeias, é fundamental para caracterizar a globalização produtiva, as transformações geradas no comércio internacional e os novos problemas para as relações internacionais.

Nos Capítulos 7 e 8, discorremos sobre os **regimes políticos** e as questões institucionais relacionadas à **complexidade das relações econômicas e políticas internacionais**. Para além da busca do funcionamento livre e estável dos mercados, essa complexidade demanda dos atores, ao mesmo tempo, a capacidade de respeitar e aceitar Estados nacionais soberanos e autônomos em suas opções de política econômica. Isso demonstraria que esses atores são capazes de lidar com uma interdependência cada vez maior, sem submetê-los a alguma espécie de "governo central internacional". Há, assim, necessidade de formação de regimes políticos internacionais que criem condições de cooperação e redução de conflitos nas relações internacionais. No que diz respeito às relações econômicas internacionais, destacamos o papel de organizações internacionais como o Fundo Monetário Internacional (FMI), a Organização Mundial do Comércio (OMC) e o Bank for International Settlements (BIS).

Por fim, ressaltamos que todos os conteúdos foram pensados para construir uma base analítica sólida, capaz de oferecer a você, leitor, recursos intelectuais necessários para a compreensão dos meandros da integração entre a economia e a economia política internacional.

Boa leitura, bons estudos!

Como aproveitar ao máximo este livro

Este livro traz alguns recursos que visam enriquecer seu aprendizado, facilitar a compreensão dos conteúdos e tornar a leitura mais dinâmica. São ferramentas projetadas de acordo com a natureza dos temas que vamos examinar. Veja a seguir como esses recursos se encontram distribuídos no decorrer desta obra.

Logo na abertura do capítulo, você fica conhecendo os conteúdos que serão nele abordados.

Você também é informado a respeito das competências que irá desenvolver e dos conhecimentos que irá adquirir com o estudo do capítulo.

Conteúdos do capítulo:

- Campo de análise da economia política internacional e suas controvérsias.
- Conceito de *ordem econômica internacional* (OEI) como forma de situar as transformações que ocorreram no sistema internacional desde a Segunda Guerra Mundial até os tempos atuais.
- Bretton Woods, sua crise e o surgimento de uma nova ordem, conhecida como *neoliberalismo*.

Após o estudo deste capítulo, você será capaz de:

1. conceituar *economia política internacional*, ressaltando quais são os principais atores do sistema internacional;
2. definir *ordem econômica internacional* (OEI);
3. explicar por que o crescimento econômico é um elemento importante para manter a estabilidade econômica e política do sistema internacional;
4. relatar a crise da OEI de Bretton Woods e o surgimento do neoliberalismo;
5. analisar a atual OEI.

2008. De mais a mais, fica claro que a crescente interdependência dos países, associada às incertezas geradas pelos sistemas financeiro e monetário, ameaça as bases da economia política internacional. Objetivos políticos e econômicos nacionais são dominados pela interdependência produtiva, financeira e comercial e envolvem outras economias nacionais.

A origem da crise econômica global deve ser entendida, portanto, no *modus operandi* da atual OEI, revelando os limites do funcionamento desse atual arranjo internacional.

Síntese

Neste capítulo, abordamos o objeto de estudo da economia política internacional e seus diversos atores no sistema internacional. Também comentamos o conceito de *ordem econômica internacional* (OEI) e sua importância como unidade de estudo da estabilidade política e econômica do sistema internacional.

Ainda, analisamos os elementos que geraram a transformação da OEI de Bretton Woods, após a Segunda Guerra Mundial, para a OEI contemporânea, marcada pela globalização e por novos desafios na configuração da economia mundial.

Por fim, apresentamos os conceitos e eventos que marcaram a compreensão da atual OEI, principalmente a ascensão da visão neoliberal, das finanças e seu descolamento da esfera produtiva tradicional, além do reforço da hegemonia política, econômica e financeira dos Estados Unidos nessa formatação.

Você dispõe, ao final do capítulo, de uma síntese que traz os principais conceitos nele abordados.

O segundo episódio, "The Agony of Reform", aborda a expansão do comércio internacional sob a orientação de governos neoliberais – principalmente os de Ronald Reagan (Estados Unidos) e Margaret Thatcher (Grã-Bretanha) – e as principais características do processo de globalização. Apresenta também a difícil transição das economias socialistas para o capitalismo.

O terceiro episódio, "The New Rules of the Game", apresenta a resistência ao neoliberalismo e à globalização neoliberal por movimentos sociais e o esforço de países para superar problemas macroeconômicos – como inflação e dívida externa – e acelerar seu processo de desenvolvimento.

Questões para revisão

1. Cite um impacto positivo e outro negativo da entrada de recursos externos no Balanço de Pagamentos.
2. Qual é a diferença entre as subcontas Investimento Externo Direto e Investimento em Carteira?
3. A financeirização da riqueza consiste em:
   a. ter recursos financeiros para fazer investimentos produtivos com o objetivo de lucrar.
   b. ter recursos financeiros para pagamento de dívida externa.
   c. aplicar em ativos financeiros em busca de rendimentos e valorização futuros.
   d. acumular reservas internacionais para pagar dívidas no futuro.
4. Por *globalização financeira*, entende-se:
   a. a necessidade de a economia nacional comercializar produtos em exportações e importações e realizar pagamentos em moeda aceita internacionalmente.

Com estas atividades, você tem a possibilidade de rever os principais conceitos analisados. Ao final do livro, os autores disponibilizam as respostas às questões, a fim de que você possa verificar como está sua aprendizagem.

Nesta seção, a proposta é levá-lo a refletir criticamente sobre alguns assuntos e trocar ideias e experiências com seus pares.

Questões para reflexão

1. O PIB de um país foi de $ 1,2 trilhão em termos nominais, mas de $ 1,1 trilhão em termos reais. O deflator implícito do PIB foi de 9%. Explique a diferença entre as duas métricas e o que esse deflator indica.

2. Quando se faz referência a crescimento econômico, comunica-se que algo está aumentando: no caso, o produto, em termos reais. Agora, considere um grande bloco econômico hipotético que, atingido por uma recessão econômica profunda, registre crescimento negativo por dois anos consecutivos. Suponha que esse bloco econômico tenha um produto dado pelo índice de 100, em 2010, e que registre as seguintes taxas de crescimento: -2,5% em 2011 e -2% em 2012. Calcule o valor do número-índice do produto para 2011 e 2012 e interprete o que isso significa no tocante à variação do produto.

Síntese

Neste capítulo, abordamos a importância da formação de regimes internacionais para a estabilidade internacional. Ressaltamos, também, a relevância das organizações internacionais como elementos constitutivos de um regime internacional.

Com base nesse referencial, analisamos as funções do FMI e da OMC, organizações responsáveis pelos regimes monetário e comercial internacionais, respectivamente. Essas duas instituições objetivam a coordenação internacional entre os diversos atores, como Estados nacionais soberanos e blocos econômicos e/ou regionais. A coordenação internacional é necessária para estabilizar o sistema internacional, na ausência de uma espécie de governo mundial. Elas representam acordos de natureza política que consideram aspectos importantes ligados a hegemonia, poder de negociação, força no debate político internacional, além de outros fatores de interesse no estudo das relações internacionais.

Por fim, discutimos o papel desempenhado pelo BIS, instituição que atua como banco dos bancos centrais e coordenador no sistema de regulação bancária internacional, conhecido pelos Acordos da Basileia.

Você pode consultar as obras indicadas nesta seção para aprofundar sua aprendizagem.

Para saber mais

Documentário

MEMÓRIAS do saque. Direção: Fernando Solanas. França; Suíça; Argentina, 2003. 120 min.

Esse longa-metragem relata a grave crise econômica que a Argentina enfrentou no início do século XXI. O filme mostra o colapso bancário, a pobreza e o desemprego que se seguiram após a renúncia do então presidente Fernando De La Rua.

exterior. Da mesma forma, as filiais de empresas multinacionais localizadas no Brasil são patrimônio dos seus respectivos países de origem, assim como os financiamentos externos obtidos por agentes brasileiros em outros países.

Esse balanço patrimonial do Brasil com o exterior é apresentado na conta Posição de Investimento Internacional, esquematizada no Quadro 3.8, a seguir[24].

Quadro 3.8 – Posição de Investimento Internacional da economia brasileira: versão estilizada

Ativo externo	Passivo externo
Investimento de empresas brasileiras no exterior.	Investimento direto de empresas estrangeiras no Brasil.
Investimento de brasileiros em carteira de ativos financeiros no exterior:	Investimentos de estrangeiros em carteira de ativos financeiros no Brasil:
- ações;	- ações;
- títulos.	- títulos.
Empréstimos para empresas estrangeiras.	Empréstimos de bancos estrangeiros para brasileiros.
Crédito comercial para empresas estrangeiras.	Crédito comercial de bancos estrangeiros para empresas brasileiras.
Ativos de reserva internacional.	

Fonte: Elaborado com base em BCB, 2017c.

Estudo de caso

O setor externo na economia brasileira nas décadas recentes

Desde as últimas décadas do século XX, a economia brasileira vem apresentando um comportamento bastante errático no que tange ao comércio internacional. Diante disso, a seguir, apresentamos uma análise do setor externo da economia nacional no período

---
24 Para obter a conta Posição de Investimento Internacional do Brasil, consulte BCB (2017c).

---

uma situação ideal: tais expectativas são atendidas, portanto, tudo o que é produzido é vendido. Explica-se, assim, a igualdade entre produto e demanda (vendas = gastos).

Fique atento!

Alternativamente, sem a hipótese simplificadora do perfeito acerto de expectativas – ou seja, um caso mais geral –, erros nas expectativas levariam a algum tipo de acumulação indesejada de estoques e posteriores ajustes nos níveis de preços, bem como de emprego e de produção. Na formulação de Keynes, essa acumulação indesejada entra no investimento, e essa é a forma também adotada nas contas nacionais; em termos metodológicos, o ajuste em estoques é uma variedade de investimento.

Outra formulação teórica a respeito da igualdade entre oferta e demanda, com determinação dada na direção daquela para esta, é a resultante da Lei de Say, implícita nas análises ortodoxas de economia, segundo a qual, no agregado, a oferta determinaria sua própria demanda. No entanto, essa lei opera sob a hipótese de uma economia que opera continuamente em pleno emprego, sendo quaisquer erros de produção contornados graças às variações nos preços de venda (caindo, se houver produção maior que a demanda, ou subindo, em caso contrário).

O princípio da demanda torna o pleno emprego um caso possível (mais precisamente, um caso particular) dentre as muitas situações de equilíbrio previstas, incluindo aquela em que há equilíbrio entre oferta e demanda efetiva abaixo do pleno emprego – quando os ajustes não são somente via preços, mas também via quantidades, ou seja, com variações indesejadas de estoques, reduções na produção e desemprego de fatores (Keynes, 1982). Essa seria uma explicação mais geral, portanto quaisquer erros nas expectativas implicariam ajustes indesejados em estoques, preços e também no nível de emprego, sob essa perspectiva analítica de Keynes[14].

---
14 A esse respeito, ver Miglioli (2004).

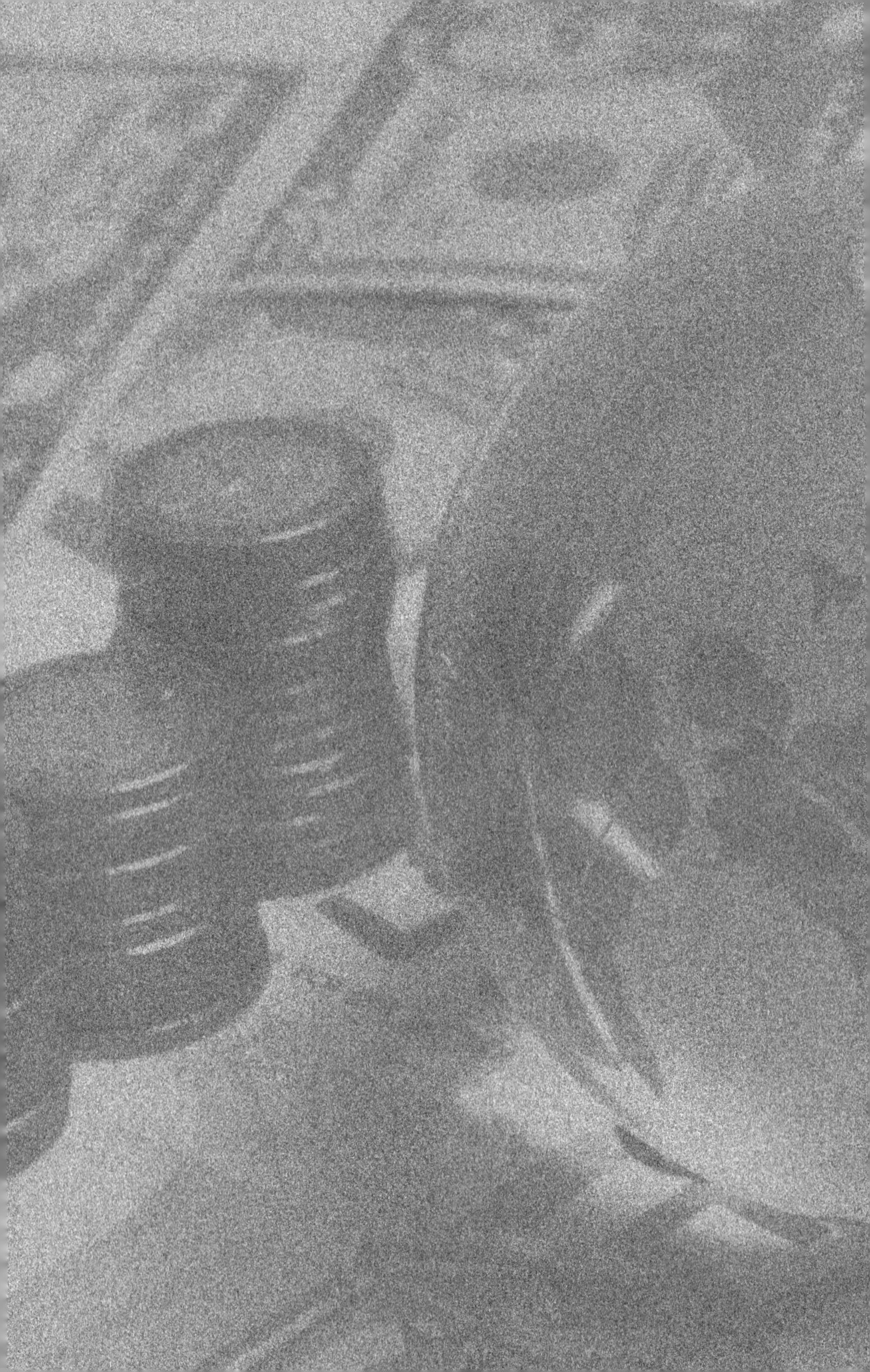

capítulo um

Poder político e política econômica das nações

Conteúdos do capítulo:

- Campo de análise da economia política internacional e suas controvérsias.
- Conceito de *ordem econômica internacional* (OEI) como forma de situar as transformações que ocorreram no sistema internacional desde a Segunda Guerra Mundial até os tempos atuais.
- Bretton Woods, sua crise e o surgimento de uma nova ordem, conhecida como *neoliberalismo*.

Após o estudo deste capítulo, você será capaz de:

1. conceituar *economia política internacional*, ressaltando quais são os principais atores do sistema internacional;
2. definir *ordem econômica internacional* (OEI);
3. explicar por que o crescimento econômico é um elemento importante para manter a estabilidade econômica e política do sistema internacional;
4. relatar a crise da OEI de Bretton Woods e o surgimento do neoliberalismo;
5. analisar a atual OEI.

O dinâmico ambiente internacional é composto por diversos atores (por exemplo: Estados, blocos regionais, instituições e organizações multilaterais), que desenvolvem relações políticas e econômicas entre si. O objeto de estudo da economia política internacional são, justamente, tais fenômenos e as **relações entre política e economia no âmbito internacional**.

Neste capítulo, identificaremos os elementos econômicos e políticos que podem garantir a estabilidade internacional, os quais formam um sistema político-econômico que muda de tempos em tempos; por essa razão é que a estabilidade internacional, de quando em quando, é constituída por diferentes estruturas.

1.1 *Relações entre Estado e mercado e estudo da economia política internacional*

Ao longo de toda a história do capitalismo, as relações entre Estado e mercado foram conflituosas, ora pendendo para um lado, ora para outro. A história recente é um bom exemplo desse fato. Durante o período que seguiu a Segunda Guerra Mundial, os Estados atuaram de forma ativa na área econômica, tanto por meio da promoção de políticas sociais que objetivavam reduzir as desigualdades sociais e de um *welfare state* (Estado de bem-estar social) nos países desenvolvidos, quanto na promoção do processo de industrialização dos países periféricos (Anau, 2008).

Segundo Evans (1993), no entanto, a partir de meados da década de 1970, com a crescente crise do fordismo (regime econômico sustentado pela forte participação estatal), gradativamente, o Estado deixou de ser visto como uma solução para a promoção do crescimento econômico e se tornou um problema. O esgotamento de uma ideologia política e econômica favorável a um Estado mais intervencionista inaugurou uma nova fase, na qual o centro do debate passou a ser a necessidade de reduzir a participação do aparelho estatal na economia, abrindo espaço para que o mercado pudesse executar seu papel de promotor do desenvolvimento.

O debate sobre as relações entre Estado e mercado, portanto, foi objeto de estudo durante toda a história do capitalismo. De fato, as relações entre ambos, ou entre riqueza e poder, já preocupavam os estudiosos da economia política desde os escritos de François Quesnay (1694-1774), Adam Smith (1723-1790), Jean-Baptiste Say (1767-1832), David Ricardo (1772-1823) e John Stuart Mill (1806-1873).

No entanto, os dois objetos, Estado e mercado, separaram-se e tornaram-se disciplinas diferentes: economia internacional e política internacional. O estudo da política associou-se ao do aparelho estatal, ao passo que o estudo da economia se restringiu ao tema da alocação eficiente dos recursos escassos. Contudo, essa divisão da economia política em dois objetos de investigação diferentes reduz bastante a compreensão de ambos.

A política, ao focar fundamentalmente o Estado, não considera que os atores não estatais também podem desempenhar papel fundamental na coordenação e nas instabilidades da ordem internacional. A economia, por sua vez, desconsidera que, no âmbito internacional, a divisão do trabalho, a produção e as finanças são elementos fundamentais para a determinação das hierarquias e assimetrias do sistema internacional (Gonçalves, 2005). Estudar economia política internacional implica, sobretudo, entender que os interesses dos diversos atores políticos interferem no funcionamento da economia internacional, assim como as decisões de mercado são sempre influenciadas pelas soberanias nacionais.

1.2 A evolução da economia política internacional como objeto de estudo

O estudo das relações econômicas e políticas, no âmbito internacional recebeu um forte impulso na década de 1970, no mundo anglo-saxônico, com o surgimento da economia política internacional como uma derivação das teorias das relações internacionais[1]. Alguns acontecimentos históricos tiveram papel crucial nesse processo. É possível afirmar que alguns eventos econômicos surtiram profundos impactos no sistema político-econômico internacional da época, os quais as teorias das relações internacionais já não eram capazes de explicar. Entre esses eventos, é possível ressaltar:

1. a mudança da balança do poder econômico internacional em face da recuperação de países da Europa Ocidental e do Japão após a Segunda Guerra;
2. as consequências da decisão unilateral dos Estados Unidos, representado pelo Presidente Richard Nixon, em encerrar a paridade cambial entre ouro e dólar, em 1971;
3. as oscilações nos preços do petróleo na década de 1970;
4. as demandas por industrialização e desenvolvimento por parte dos países periféricos.

Em verdade, o estudo da economia política internacional anglo-saxônica, nos anos 1970, não surgiu de um avanço de ideias, mas como uma resposta teórica às grandes transformações da realidade internacional, as quais, o arcabouço teórico vigente nas relações internacionais não conseguia mais explicar.

Nesse contexto, Susan Strange, em seu artigo "International Economics and International Relations: A Case of Mutual Neglect",

---

[1] É importante ressaltar que as relações econômicas e políticas no âmbito internacional, embora tenham deixado de ser objeto de estudo das áreas de economia internacional e política internacional por um longo tempo, sempre estiveram presentes na perspectiva marxista (teoria do imperialismo, teoria da dependência, teoria do sistema-mundo etc.).

publicado em 1970, foi a primeira a propor a necessidade da interação entre dois campos de estudo, até então completamente separados: economia e política. Sua proposta foi, portanto, buscar o entendimento dos fenômenos internacionais com base tanto na lógica do mercado como naquela que orienta a ação do Estado. Em seus diversos trabalhos, Strange reforçou esse argumento, ressaltando que um fato econômico só pode ser corretamente interpretado quando se considera também seus aspectos políticos. Do mesmo modo, um fato político não apenas tem ligação com fundamentos econômicos, mas também afeta a economia. Assim, economia e política são esferas interligadas e não autônomas, como preconizam a economia internacional e a política internacional.

Tendo como referência o *mainstream* da economia política internacional, especialmente no caso dos países de língua inglesa, duas vertentes de estudo tornaram-se dominantes, no início dos anos 1970: a americana e a britânica.

A escola americana de economia política internacional, fundamentando-se na percepção de que uma crise global estava em curso, consolidou-se por sua abordagem metodológica conhecida como *teoria de resolução de problemas*. Nessa corrente, a realidade é aceita como ela é, com suas instituições e relações de poder. Como não há questionamento algum sobre a ordem internacional que deu origem às relações estudadas, a escola americana aceita como dada a hierarquização entre os países no sistema internacional, além de procurar fazer essas relações e instituições funcionarem da melhor forma possível. Assim, a construção dessa escola, por intermédio de seus principais autores – Charles Kindleberger (1910-2003), Robert Gilpin (1930-), Joseph Nye (1937-), Robert Keohane (1941-) e Stephen Krasner (1942-) – demonstra sua opção metodológica.

Por sua vez, a escola britânica caracterizou-se por uma maior criticidade, sendo, muitas vezes, chamada de *teoria crítica*. Seu fundamento é o questionamento da dinâmica da ordem política, econômica e social internacional, assumindo um compromisso com a construção de estratégias de mudança da ordem vigente. Diferentemente da vertente americana, a corrente britânica não aceita as estruturas vigentes como imutáveis. Portanto, o objetivo da teoria é analisar o potencial para transformações estruturais internas a determinada ordem internacional. Os expoentes dessa abordagem foram Susan Strange (1923-1998) e Robert Cox (1926). Este desenvolveu seu trabalho numa perspectiva totalmente voltada para a teoria crítica, enquanto aquela consolidou algumas características fundamentais da teoria: a tendência à multidisciplinaridade, o resgate das tradições da economia política clássica, e, principalmente, a noção multifacetada e abrangente de poder (Mariutti, 2013).

Embora o debate na economia política internacional seja intenso, todas as definições existentes sobre seu estudo utilizam os seguintes termos: *poder* e *riqueza*; *Estados* e *mercados*; *política* e *moeda*. Em todas essas definições, o principal objeto de estudo da economia política internacional é "o impacto da economia mundial de mercado sobre as relações dos Estados e as formas pelas quais os Estados procuram influenciar as forças de mercado para a sua própria vantagem" (Gilpin, 1987, p. 24, tradução nossa). De acordo com Gonçalves (2005), trata-se da geração e distribuição de riqueza e de poder em escala mundial.

Assim, é possível perceber quão fortes são as interconexões entre Estados e mercados. As soberanias nacionais necessitam das riquezas geradas pelo mercado, mas, em contrapartida, devem garantir a ordem institucional para que esse conjunto de transações econômicas internacionais funcione adequadamente. As relações entre ambos, no entanto, são marcadas por uma tensão constante. De um lado, o Estado busca não só garantir autonomia doméstica e unidade política, mas também soberania e ampliação de seu poder no sistema internacional, objetivos mais facilmente alcançados na medida em que aumenta o sucesso do aparelho estatal em submeter o capital a seus interesses. Na outra frente, de acordo com Gilpin (2002) o mercado busca eliminar os obstáculos que o Estado possa criar para o seu livre funcionamento (por exemplo: tarifas e controle de preços) e sua expansão (como redução das importações). O funcionamento do mercado, no entanto, tende a criar uma divisão internacional de trabalho entre países, afetando a hierarquização entre estes no sistema internacional. Por diversas vezes, os objetivos entre o capital e o Estado são divergentes (Gilpin, 2002).

Contudo, Gilpin (2002) ressalta que todas as controvérsias no campo da economia política internacional sobre as formas de relacionamento entre Estado e mercado estão condicionadas à aceitação de diferentes ideologias[2]. Assim, na concepção do autor, a economia política internacional e suas divergências sobre o papel do Estado perante o mercado podem ser estruturadas em três principais correntes ideológicas, que também coincidem com as classificações tradicionais das correntes de pensamento no campo de relações internacionais: liberalismo, nacionalismo[3] e marxismo. Nas palavras de Gilpin (2002, p. 43-44): "Essas três visões ideológicas definem profundamente o modo como concebem as relações entre sociedade, Estado e mercado, e talvez não seja exagero afirmar que todas as controvérsias no campo da economia política internacional podem ser reduzidas na maneira de interpretar essas relações".

No que diz respeito à perspectiva liberal, Gilpin (2002) ressalta que as teorias de economia e política apresentam diferentes conjuntos de valores. A teoria econômica liberal tem como princípios o livre mercado e a menor intervenção estatal possível. Já a teoria política liberal, por sua vez, tem na igualdade e na liberdade individual seus valores essenciais. O autor afirma, no entanto, que embora ambas apareçam de forma reunida no mundo contemporâneo, ele adota

---

2 Gilpin (2002) usa o termo *ideologia*, e não *crença*, pois acredita que cada posição ideológica representa um sistema de crenças abrangentes sobre a sociedade e os seres humanos, aproximando-se ao conceito de *paradigma* de Thomas Khun.

3 Conteúdo analítico semelhante ao do realismo.

o componente econômico da teoria liberal em seu estudo sobre as ideologias que marcam a discussão Estado *versus* mercado. Assim, na perspectiva liberal, o mercado é considerado prioritário em relação ao Estado (Gilpin, 2002).

Seguindo a argumentação do autor, mesmo que a concepção liberal possa assumir diversas formas (liberalismo clássico, neoclássico, monetarista, austríaco etc.), todas elas compartilham a crença fundamental de que o mercado e o mecanismo de preços são os meios mais eficazes para organizar as relações econômicas internas e externas. Para Gilpin (2002, p. 45), "o liberalismo pode ser definido como uma doutrina e um conjunto de princípios para organizar e administrar uma econômica de mercado, de modo a obter o máximo de eficiência, crescimento econômico e bem-estar individual".

No âmbito internacional, os liberais preconizam que o comércio e as relações econômicas de interdependência entre as nações são formas pacíficas e cooperativas de relação, uma vez que criam interesses e compromissos comuns. "Enquanto a política tende a dividir, a economia une os povos" (Gilpin, 2002, p. 49). A concepção liberal, no entanto, reconhece que, embora as relações econômicas entre os países possam gerar ganhos absolutos para todos os envolvidos no regime de livre comércio, os ganhos relativos da distribuição da riqueza gerada no mercado internacional não são iguais para todos os países envolvidos (Gilpin, 2002).

A perspectiva nacionalista (mercantilista ou intervencionista) defende a primazia do Estado sobre o mercado, o qual deve estar sujeito aos interesses estatais. Uma vez que o nacionalismo foca a manutenção do poder como elemento garantidor da autonomia e da unidade política, o intervencionismo é considerado necessário. Em primeiro lugar, a constituição ou o fortalecimento do Estado necessitam de indústrias fortes e, para tal, o poder estatal deve se sobrepor ao mercado, a fim de proteger a indústria nacional e garantir seu bom desempenho. Em segundo lugar, por considerar que há formas melhores de se garantir o bem-estar social do que a autonomia do mercado, o intervencionismo é tido como imprescindível para proteger a população das consequências negativas desse funcionamento autônomo (Gilpin, 2002).

Por fim, na concepção marxista, o desenvolvimento das forças produtivas é o motor das mudanças históricas. Dessa forma, a teoria de Karl Marx não se voltou, especificamente, para as relações internacionais. O debate dos autores marxistas no interior da economia política internacional tem origem na abordagem do imperialismo feita por Lênin; o imperialismo tornou-se uma característica fundamental do capitalismo avançado, uma vez que, para o modo de produção capitalista continuar a se desenvolver, era indispensável a expansão de mercados. Assim, as economias avançadas passaram a buscar nas colônias tanto os mercados para suas mercadorias e seus investimentos como o fornecimento de alimentos e matérias-primas. Dessa forma, podemos concluir que, na visão marxista, a economia é a condutora da política, sendo que os conflitos políticos têm origem na luta de classes sobre a distribuição da riqueza, e só acabarão quando o mercado e a sociedade de classes forem eliminados (Gilpin, 2002).

> A teoria econômica liberal tem como princípios o livre mercado e a menor intervenção estatal possível. Já a teoria política liberal, por sua vez, tem na igualdade e na liberdade individual seus valores essenciais.

Na perspectiva de Gilpin (2002), embora o debate no campo das relações internacionais sobre as interações conflituosas entre mercado e Estado seja bastante intenso, a organização da sociedade, da economia e o papel do Estado podem ser entendidos em conformidade com as três correntes teóricas brevemente discutidas: liberalismo, nacionalismo e marxismo.

1.3 O sistema internacional e seus atores

O sistema internacional[4] é composto por atores estatais e não estatais, sendo o Estado moderno seu principal componente e, diferentemente de um sistema doméstico, é definido como **anárquico**, em razão da ausência de um governo central que determine as leis e os parâmetros de conduta na busca de uma ordem. Nas palavras de Pecequilo (2010, p. 38), "a anarquia corresponde à ausência de um governo e de leis que definam os parâmetros de comportamento e regulagem de um determinado espaço, provendo-lhe ordem".

Portanto, o sistema internacional é influenciado pelos diferentes atores que o compõem, sejam eles estatais ou não. Além do Estado moderno, atuam na arena internacional as organizações internacionais (OIs), as organizações não governamentais (ONGs), as empresas transnacionais (ETs), os movimentos sociais de alcance internacional e até mesmo os grupos vinculados a crimes internacionais, como tráfico de drogas e de armas (Seitenfus, 2004). Estes últimos constituem-se em atores não estatais.

Assim, tendo o sistema internacional um caráter anárquico, sua ordem e dinâmica de funcionamento são reflexos das interligações entre seus atores estatais e não estatais no cenário internacional, bem como dos choques de interesses entre eles. A relação entre os atores oscilará sempre entre o conflito e a cooperação, dependendo do contexto (Pecequilo, 2010).

Além de anárquico, o sistema internacional é **dinâmico** e envolve poder entre os Estados. Dessa forma, o conflito (aberto ou oculto) é uma característica que lhe é permanente, o que gera instabilidade (Gonçalves, 2005). Nesse sistema, existem, contudo, níveis de poder político e de poder econômico que separam os países. Tais assimetrias criam uma hierarquia, de forma a "dividir os países em

---

4 O sistema internacional é o principal objeto de estudo das relações internacionais.

um grupo restrito de nações poderosas – as superpotências –, um outro grupo intermediário de potências médias [...] e, finalmente, o resto, isto é, países menores e sem grande peso na comunidade internacional, em termos políticos, econômicos ou demográficos" (Almeida, 2005, p. 11).

A assimetria de poder entre os países está relacionada com o poder militar, o domínio econômico e tecnológico, assim como à capacidade de oferecer ajuda financeira a outros países e de tomar iniciativas no plano multilateral (Almeida, 2005).

1.4 A atual ordem econômica internacional

Utilizaremos o conceito de *ordem econômica internacional* (OEI) como referência para explicar as transformações pelas quais o sistema econômico internacional tem passado. A seguir, discorreremos sobre esse conceito e tais transformações.

O conceito de ordem econômica internacional

A necessidade de estudar a política internacional e a economia internacional, as interações que ocorrem entre as duas dimensões e as inter-relações entre os atores internacionais presume, em primeiro lugar, um esclarecimento a respeito desse vasto campo de estudo no qual as relações acontecem. Nesse sentido, o conceito de OEI pode ser de grande utilidade. Historicamente, presenciamos apenas três ordens: o padrão ouro-libra; o Acordo de Bretton Woods e a globalização financeira (a ordem contemporânea).

Para Sato (2012), uma OEI é composta tanto por elementos tangíveis, como por elementos não tangíveis. Os primeiros se referem aos regimes monetários, comerciais e financeiros internacionais que configuram uma OEI por determinado momento. De acordo com a definição de Krasner (2012, p. 94): "Os regimes internacionais são definidos como princípios, normas, regras e procedimentos de tomada de decisões de determinada área das relações internacionais em torno dos quais convergem as expectativas dos atores".

Assim, entre os componentes tangíveis de uma OEI, o **regime comercial internacional** compreende o conjunto de normas, práticas e instituições que orientam as transações comerciais internacionais. Tal regime reflete a forma como se configura a divisão internacional do trabalho em determinado momento, uma vez que diz respeito à distribuição entre os países (quem produz o que e para quem). Além disso, é composto por suas organizações – Organização Mundial do Comércio (OMC), atualmente – e todas as diferentes formas de fluxos e comércio que podem ser estabelecidos mediante tratados bilaterais e arranjos regionais (por exemplo: Mercosul, União Europeia etc.) (Sato, 2012).

Por sua vez, um **regime monetário internacional** refere-se à liquidez internacional e a suas instituições. Os componentes fundamentais desse regime são as moedas aceitas nas transações internacionais e os mecanismos de ajustes entre os Balanços de Pagamentos (BP) perante as variações do nível de atividade econômica. Os principais objetivos da ordem monetária internacional são garantir a "ordem e [a] estabilidade aos mercados cambiais, promover a eliminação de problemas de BP e proporcionar acesso a créditos internacionais" (Eichengreen, 2000, p. 23).

Por exemplo, no regime monetário da ordem econômica do padrão-ouro, a libra esterlina era a moeda central do sistema, sendo automático o ajuste no BP. Além disso, não havia qualquer instituição internacional com a função de administrar, formalmente, a liquidez internacional. Por sua vez, na ordem internacional de Bretton Woods, coube ao dólar norte-americano o papel de moeda central do sistema monetário, no padrão dólar-ouro, e o Fundo Monetário Internacional (FMI) foi criado para ser a instituição responsável por administrar a liquidez internacional e os desequilíbrios no BP.

Por fim, **o regime financeiro internacional** responde pela circulação dos fluxos financeiros internacionais, mediante um controle maior desses fluxos, como no caso de Bretton Woods, bem como por meio da flexibilização total do capital financeiro internacional, como ocorre atualmente. O sistema financeiro internacional é composto, segundo Sato (2012), por várias instituições, tais como: bancos centrais e outras agências governamentais, bancos privados e públicos, bolsa de valores e investidores institucionais (fundos de cobertura, fundos de pensão, fundos de investimento etc.).

Em suma, as transações econômicas internacionais entre os diversos atores são regidas por princípios, normas e regras que configuram os regimes comerciais, financeiros e monetários em determinado período, caracterizando os elementos tangíveis de uma OEI.

No que diz respeito aos componentes não tangíveis da ordem internacional, Sato (2012) afirma que eles são representados pela estratégia de crescimento implícita, a qual mantém a ordem econômica e o padrão da distribuição de riqueza e de poder na esfera internacional.

A lógica da configuração de qualquer OEI, com seus regimes destinados a orientar o comércio internacional, os fluxos financeiros e as instituições monetárias, é garantir a estabilidade e o crescimento do sistema internacional.

O crescimento econômico de um Estado nacional está profundamente associado à obtenção de recursos de poder a fim de aumentar sua capacidade de ação. As nações dependem desse crescimento para alcançar seus fins, tais como segurança ou oferta de diversos bens e serviços públicos (saúde, educação etc.). Além disso, esse aspecto tem efeitos sobre a hierarquização entre os Estados no sistema internacional; afinal, a distribuição da riqueza revela diferenças entre as nações no que tange à capacidade de exercer influência sobre a OEI, assim como de ser influenciada por ela. Essa lógica é seguida tanto pelas grandes potências, que pretendem se manter no topo, quanto pelos países que buscam aumentar seus recursos de poder.

Em síntese, podemos concluir que o padrão de crescimento e a distribuição da riqueza entre os Estados estão profundamente relacionados aos regimes comercial, financeiro e monetário vigentes, pois, no âmbito internacional, refletem a capacidade de influenciar os regimes que formam a OEI. Portanto, é com base nesses dois elementos intangíveis – crescimento e distribuição da riqueza – que são organizados e articulados padrões e práticas nas relações econômicas internacionais, de forma a configurar regimes que garantam a estabilidade do sistema econômico internacional.

Sendo assim, para a manutenção da estabilidade de determinada OEI, é fundamental que as pressões por crescimento econômico sejam atendidas. Se não há crescimento, é presumível que os regimes vigentes não estão adequados para garantir a estabilidade internacional (Sato, 2012). No entanto, ressaltamos que as mudanças numa OEI são lentas, isto é, há períodos em que princípios básicos e noções que garantiram o funcionamento de uma ordem anterior convivem com uma nova lógica de crescimento econômico e de estabilidade política (Sato, 2012).

Mudanças na OEI decorrem de alterações na atividade econômica, afetando de forma desigual as nações, as quais passam a ter seu espaço ampliado ou reduzido na nova ordem econômica. Assim, mudanças significativas nos elementos intangíveis (padrão de crescimento e distribuição de riqueza) geram transformações em dada OEI, havendo a necessidade de uma reconfiguração da economia política internacional, com o propósito de garantir a acomodação de interesses de novos atores relevantes.

A ordem econômica de Bretton Woods

Historicamente, ao se aproximar o fim da Segunda Guerra Mundial, as nações que sairiam vencedoras perceberam a necessidade de firmarem um acordo para a formação de instituições voltadas a criar e garantir uma OEI mais estável, para o pós-guerra. Até mesmo os países em conflito comungaram dessa percepção, e esse foi o entendimento que emanou da realização da Conferência de Bretton Woods, em 1944, nos Estados Unidos, encontro que reuniu representantes de 44 países, incluindo aqueles que ainda estavam em guerra. O resultado dessa conferência foi o Acordo de Bretton Woods, assinado por todos os participantes e que deu origem ao sistema que recebeu o mesmo nome e que perdurou na economia internacional até o início da década de 1970.

A percepção, ou quase consenso inicial, entre os signatários era de que, quando findada a Segunda Guerra, não poderiam ocorrer os problemas registrados após a Primeira Guerra. Até aquele momento, já havia sido superada a noção de que o país perdedor deveria pagar pelos custos de reconstrução dos países vencedores mediante pesadas reparações de guerra[5].

Além disso, um novo contexto internacional pacífico e cooperativo deveria fomentar a reconstrução e o desenvolvimento econômico por meio de estímulo ao comércio internacional. Todavia, não deveria mais prevalecer a ideia e a prática de que o comércio internacional seria um meio para que uma economia nacional aumentasse suas exportações e restringisse suas importações. O conjunto das taxas de câmbio não poderia caracterizar uma estratégia que engendrasse guerras cambiais, em que desvalorizações criassem situações de *superavit* comerciais para uma nação e *deficit* para outras, junto aos parceiros comerciais, por vias não baseadas em competitividade de custos e eficiência produtiva. Tal processo, denominado *beggar-thy-neighbor* (empobrecimento do seu vizinho), era prejudicial ao comércio, pois consistia simplesmente em empurrar a crise para outras nações. Adicionalmente, o regime de taxa de câmbio a ser adotado deveria dar estabilidade

---

5 Referência à crítica de Keynes (2002) aos tratados de reparação de guerra impostos pelos vencedores aos perdedores da Primeira Guerra Mundial, feita na obra *As consequências econômicas da paz*.

ao comércio internacional, mas não de forma tão rígida quanto o padrão-ouro convencional, que impunha um ajuste recessivo às economias com *déficit* em seu BP. Ainda, as economias nacionais deveriam perseguir o desenvolvimento com pleno emprego, sendo que o ajuste entre equilíbrio interno e externo do BP deveria ser obtido por métodos não tipicamente recessivos[6].

Em termos gerais, tais percepções formaram a tônica da Conferência de Bretton Woods. Duas propostas, uma da Grã-Bretanha (Plano Keynes, defendida por John Maynard Keynes, então representante do governo britânico) e outra dos Estados Unidos (Plano White, em menção a Harry Dexter White, representante do governo norte-americano na conferência) foram extensivamente discutidas. Apesar da influência de Keynes, que àquela época gozava de grande prestígio internacional como economista, a proposição dos Estados Unidos dominou o acordo final, embora as ideias britânicas em favor de políticas nacionais em busca de pleno emprego também tenham ganhado espaço no texto do acordo.

Para uma OEI que privilegiasse a expansão do comércio, era importante estabelecer um padrão para as taxas de câmbio. Nesse sentido, prevaleceu a posição dos americanos, que conseguiram estabelecer sua moeda nacional como referência para as demais, tornando-a, assim, a principal moeda para transações internacionais. Manteve-se a ideia de algum tipo de lastro para moedas nacionais, como no padrão-ouro, mas todas as moedas passaram a ser lastreadas num câmbio fixado em relação à americana; esta passou a ter paridade com o ouro – daí o nome *padrão dólar-ouro*. O lastro do dólar foi estabelecido a uma taxa de câmbio com o ouro, US$ 35 por onça troy de ouro[7], sendo que os norte-americanos

---

6 Como aponta Eichengreen (2000), o ajuste de desequilíbrios externos na vigência do padrão-ouro internacional se dava frequentemente pela via recessiva, levando ao desemprego e à perda de dinâmica econômica. A arquitetura do sistema financeiro de Bretton Woods visava evitar tais ajustes essencialmente recessivos, embora, na prática, isso não pudesse ser garantido de forma plena.

7 *Onça troy* é uma unidade de medida típica de ouro e metais preciosos em geral, representada pela abreviação oz. Um oz equivale a aproximadamente 31,1 gramas de ouro.

garantiriam a estabilidade dessa taxa, mantendo reservas em ouro compatíveis com o volume de dólares em circulação na economia. Para dar confiança a esse padrão monetário, havia também a garantia de convertibilidade, isto é, a aceitação do governo dos Estados Unidos em permitir a essa taxa a conversão da sua moeda em ouro, a qualquer demandante. A grande quantidade de reservas em ouro obtida pelos Estados Unidos desde a Primeira Guerra Mundial asseguraria que o país tinha lastro suficiente para exercer a convertibilidade.

O novo regime monetário baseado no padrão dólar-ouro foi formulado para não repetir os exageros do padrão-ouro convencional, extremamente rígido. Assim, às economias nacionais deficitárias era permitido fazer pequenos ajustes em suas taxas de câmbio em relação ao dólar – em torno 1% das taxas de câmbio fixadas no acordo. Caso a experiência não gerasse um equilíbrio no BP, entendia-se que a taxa não era compatível com os fundamentos econômicos. Em casos assim, permitia-se haver desvalorização cambial superior a esse patamar, desde que autorizada pelo FMI, organização supervisora e coordenadora do sistema, criada como resultado do Acordo de Bretton Woods.

De certa forma, tal panorama viabilizava a existência de uma taxa de câmbio fixa, porém ajustável, superando a rigidez do padrão dólar-ouro, embora não se permitissem desvalorizações competitivas que propiciassem guerras cambiais e comerciais. Intencionalmente ou não, o acordo consentia o ajuste da taxa de câmbio conforme os *fundamentos econômicos* de cada país, ainda que não tenha definido apropriadamente o que significava tal expressão – fato que gera debate e controvérsia até os tempos atuais.

Nesse desenho de regime monetário com o padrão dólar-ouro, foram criadas organizações com importantes funções nessa ordem. Como já comentamos, a principal organização surgida do encontro foi o FMI. A ideia inicial era de que essa instituição funcionasse como um banco internacional, com fundos advindos de cotas dos participantes, na intenção de supervisionar o respeito ao acordo pelos países signatários e oferecer socorro aos que apresentassem desequilíbrios externos.

Assim, o FMI foi a organização internacional responsável por conceder empréstimos aos países deficitários e carentes de reservas, como ocorria no imediato pós-guerra, principalmente aos europeus, para que financiassem seus *deficit* na conta Transações Correntes[8] do BP. Tais empréstimos garantiriam às economias nacionais mais tempo para fazerem seu equilíbrio externo, conferindo, portanto, equilíbrio dessa conta no balanço. Caso os *deficit* fossem persistentes e a economia nacional não demonstrasse condições de gerar *superavit* ou mesmo de equilibrar a conta Transações Correntes em determinado tempo, as nações poderiam fazer o ajuste de sua taxa de câmbio, desde que obtivessem autorização da organização.

O FMI, portanto, foi idealizado como uma instituição de supervisão e coordenação, mas também de prestação de auxílio aos Estados com dificuldades temporárias no BP. Na prática, todavia, concedia empréstimos impondo condições como contrapartida a essa concessão, uma vez que os governos deveriam promover ajustes em suas economias para retomarem o equilíbrio externo.

Também como organização internacional de Bretton Woods, e para funcionar paralelamente ao FMI, foi criado o Banco Internacional para Reconstrução e Desenvolvimento (Bird), que passou a ser conhecido como Banco Mundial (World Bank, em inglês). Conforme concebido no Bretton Woods, caberia ao FMI a concessão de empréstimos de curto prazo para financiamento de *deficit* temporários do BP, ao passo que ao Bird caberia a concessão de empréstimos de longo prazo para financiar investimentos que

---

8 Esse é o termo usado no Balanço de Pagamentos e equivale ao jargão *conta corrente* difundido na área de economia e na literatura específica.

permitissem a reconstrução dos países devastados pela guerra e o desenvolvimento das economias subdesenvolvidas.

Como um banco de investimentos, o Bird precisava de recursos internacionais como fundos para seus empréstimos. Tal qual no FMI, os países signatários seriam cotistas do banco. Os Estados Unidos eram o país com maiores reservas internacionais, tornando-se também o maior responsável por garantir fundos para o Bird.

Em termos práticos e históricos, a importância de um banco não está em suas intenções, mas em seus fundos, ou seja, em sua capacidade de empréstimo. Considerando aspectos macroeconômicos, é questionável se o Banco Mundial conseguiu exercer efetivamente a função esperada de financiar o desenvolvimento das economias nacionais. O Bird financia até hoje vários projetos com impacto social, mas seu impacto econômico em décadas mais recentes é muito restrito.

> **Fique atento!**
>
> Grande parte dos investimentos para a reconstrução dos países europeus resultou do **Plano Marshall**, financiado pelos Estados Unidos. Por meio desse programa de ajuda econômica, o governo norte-americano estabeleceu os fundos para empréstimos altamente subsidiados e, assim, pôde indiretamente exercer influência sobre as políticas internas dos países receptores. A difusão do *american way of life* e do fordismo (ver Apêndice 1 "Fordismo-keynesianismo") ocorreu conjuntamente com os empréstimos do Plano Marshall.

No que diz respeito ao regime de comércio, o Acordo de Bretton Woods objetivava desenhar também o contexto econômico para a ampliação do comércio internacional. Como já comentamos, a nova ordem internacional desejava criar um ambiente propício para o comércio internacional, com estabilidade nas taxas de câmbio e financiamento e regras para um comércio mais livre, sem excessos de barreiras, proteções e privilégios a alguns países em detrimento dos demais. A proposição inicial foi a criação da Organização Internacional do Comércio. Entretanto, numa conferência em Havana, em 1947, o governo dos Estados Unidos, por decisão de seu congresso, não concordou com a proposta e não viabilizou a fundação dessa organização. O resultado foi a assinatura do Acordo Geral de Tarifas e Comércio (em inglês, *General Agreement on Tariffs and Trade* – GATT).

De fato, a partir de então, o GATT viria a funcionar como um aparelho internacional para incentivar e estabelecer regras para o comércio, bem como definir restrições e proteções das economias nacionais por meio de tarifas. A ênfase do GATT era a redução tarifária e a ampliação do livre comércio. Esse intento somente foi alcançado em 1995, após seguidas rodadas de negociações de tarifas e categorias de bens atingidos, que resultaram finalmente na criação da Organização Mundial do Comércio (OMC). A nova instituição assumiu as atividades do GATT e ampliou o escopo para além das tarifas, incluindo temas como barreiras técnicas, acordos sobre marcas e patentes, serviços, entre outros.

Outro item pautado no Acordo de Bretton Woods, relacionado ao interesse de superar problemas de funcionamento convencional do padrão-ouro, era a garantia de maior controle financeiro às economias nacionais, isto é, a possibilidade de impor restrições ao movimento de capitais de curto prazo.

Fique atento!

Pelo ajustamento automático do padrão-ouro, os *deficit* no BP davam origem a saídas de reservas internacionais. Além disso, com uma taxa de câmbio fixa, esse padrão gerava uma redução da oferta monetária, levando ao aumento da taxa de juros interna, bem como à recessão e à redução de preços internos. Com isso, a tendência seria obter aumento de exportação, entrada de recursos e, por fim, reequilíbrio no BP. No entanto, havia um inconveniente: a política econômica estava presa ao ajuste externo.

Conforme já informamos, a intenção subjacente à Conferência de Bretton Woods era fazer os governos garantirem crescimento e uma situação sempre próxima do pleno emprego. Para isso, precisariam ter liberdade de aplicar políticas fiscais de recorte keynesiano (ver Apêndice 1), ou seja, políticas monetárias e fiscais ativas para garantir um alto nível de demanda, produção e emprego. Portanto, a prioridade era assegurar um equilíbrio interno no pleno emprego e dar mais condições e tempo para que houvesse o equilíbrio externo. Para dar mais liberdade à política monetária, era importante restringir os movimentos de capitais de curto prazo. Assim, a ordem econômica de Bretton Woods estava baseada num regime financeiro capaz de controlar parcialmente os fluxos internacionais, de forma a permitir que o desenvolvimento interno de cada país não fosse prejudicado pelo excesso de volatilidade na entrada ou saída de capital externo.

O modelo de crescimento econômico de Bretton Woods ficou conhecido como *liberalismo embebido* (*embedded liberalism*, em inglês)[9], por ser um sistema econômico que, apesar da relativa liberdade para o capital, era formado também por instituições, normas e regulamentações que garantiam que os Estados (ao menos os de países industrializados) protegeriam a sociedade dos custos do funcionamento do capitalismo de mercado, mesmo que parcialmente. Segundo a ordem econômica de Bretton Woods e seus novos regimes econômicos, o pilar do crescimento (elemento não tangível da referida ordem econômica) estava na produção fordista que assegurava ganhos de produtividade e aumento nos níveis de padrão de vida. De fato, de acordo com Harvey (2008), o fordismo, além de ser um modo de produção, representava uma aliança implícita entre o trabalho e o capital, cujo elemento amalgamador era o Estado (Mariutti, 2011).

---

9 Termo cunhado por John G. Ruggie (1998).

Portanto, graças aos acréscimos na produtividade gerados pela inovação do modo de produção fordista, o pacto possibilitava aumentos salariais sem afetar os lucros. Dessa forma, melhores salários e melhores condições de trabalho para os trabalhadores organizados garantiram melhor padrão de vida e, de certa forma, apaziguaram as temidas tendências dos sindicatos de se aproximarem de movimentos políticos alinhados ao socialismo e à então crescente influência, sob o contexto da Guerra Fria, da União das Repúblicas Socialistas Soviéticas (URSS), que liderava o bloco socialista na configuração geopolítica daquelas décadas.

Por outro lado, a expansão dos mercados nacionais e internacionais estimulava os empresários a investir mais. Além disso, a regulamentação dos sistemas financeiros internos permitia o controle das taxas de juros por parte do setor bancário, estimulando investimentos produtivos do setor privado. Por fim, o Estado propiciava a construção do chamado *Estado de bem-estar social*, mediante políticas de alargamento dos gastos públicos e de proteção social (por exemplo: universalização de sistemas de previdência e seguro-desemprego), investimentos em infraestrutura, e oferta de serviços de transporte, saúde, educação e assistência social.

Inicialmente, no sistema de Bretton Woods, os Estados Unidos assumiram o papel de nação economicamente hegemônica. Para dar liquidez internacional e permitir que os demais países tivessem dólar para o comércio internacional, o governo norte-americano transferiu recursos externos por meio de empréstimos (Plano Marshall) e de investimentos diretos de suas empresas multinacionais. A balança comercial favorável dos ianques (viabilizada pelas exportações) era mais do que compensada com *deficit* em suas contas Capital e Financeira. Os Estados Unidos transferiam dólar para os demais países para que estes comprassem seus produtos. Além de prover liquidez ao sistema monetário internacional baseado no dólar, essa medida assegurava a estabilidade da moeda com uma taxa de câmbio fixa.

Assim, no tocante à distribuição da riqueza e do poder nessa nova ordem, os Estados Unidos emergiam como a principal potência a se beneficiar política e economicamente. O arranjo monetário internacional de Bretton Woods permitiu aos norte-americanos atuar com pouquíssimas restrições internacionais a sua política monetária e fiscal. Por um lado, seu papel de emissor da moeda internacional dava vias a um pesado investimento em armamento, ampliando seu poder em relação aos aliados e criando praticamente um monopólio legítimo do uso da força. Por outro, a formação do complexo industrial-militar implicava investimentos públicos que impulsionavam o sistema econômico.

A ordem econômica de Bretton Woods funcionou relativamente bem, o que possibilitou o surgimento de um período de crescimento econômico designado por pensadores franceses como os *Trinta anos gloriosos*, e visto pelos americanos como a idade de ouro do capitalismo do século XX. Conjunturalmente, houve vários problemas nas economias nacionais e na economia internacional. No entanto, uma retrospectiva dos eventos nos permite afirmar que essa ordem pode ser interpretada como um período de reconstrução, estabilidade e desenvolvimento do capitalismo, que pôde entregar suas promessas de bem-estar em meio à Guerra Fria, fato significativo para a ordem internacional[10].

Devemos assinalar que o próprio sucesso da ordem internacional de Bretton Woods promoveu seu rompimento. O sistema estava baseado na estabilidade do dólar à taxa de câmbio fixa e, em sua

---

10 Sobre o assunto, consultar os seguintes trabalhos sobre o Bretton Woods: Eichengreen (2000), especialmente o Capítulo 4, para uma visão de problemas conjunturais da convenção; Frieden (2009), principalmente o Capítulo 12, para uma abordagem favorável à ordem; e Krugman, Obstfeld e Melitz (2015), para comentários sobre o colapso do sistema.

fase inicial, calcava-se na vantagem competitiva dos Estados Unidos que permitiam um *superavit* em sua balança comercial e na conta Transações Correntes de seu BP; contudo, essa prática propiciava também a reconstrução e o desenvolvimento de outras economias nacionais. Na década de 1960, os produtos dos demais países já competiam com os produtos estadunidenses. Houve uma reversão da balança comercial norte-americana de *superavit* em *deficit*, o que aumentou ainda mais o *deficit* de seu BP. Outros países começaram a acumular reservas internacionais em dólares. A competitividade da economia dos Estados Unidos começou a ser contestada no fim da década de 1960. Internamente, havia pressão por uma reação protecionista, sob a justificativa de que a taxa de câmbio fixa não garantia mais equilíbrio externo; era preciso fazer um ajuste. Externamente, o acúmulo de reservas em dólares pelos demais países e o receio de possíveis desvalorizações do dólar incentivaram um movimento de trocar dólar por ouro.

Em razão disso, em 1971, o Presidente Richard Nixon declarou unilateralmente que os Estados Unidos não afiançariam mais a conversão de ouro em dólar. Isso também desencadeou uma desvalorização do dólar perante as demais moedas, além de medidas protecionistas a importações. Em 1973, houve nova desvalorização da moeda americana, representando um sinal para que outras economias, principalmente europeias, também promovessem ajustes em suas taxas de câmbio. Finalmente, qualquer tipo de lastro em ouro para o dólar foi abandonado. O dólar acabou se tornando uma moeda fiduciária por excelência, ou seja, aceita pela confiança que os agentes depositam nas instituições que a administram.

Assim, a ordem econômica baseada no padrão dólar-ouro com taxas de câmbio fixas teve fim, dando início a um período de bastante instabilidade e crises ao longo da década de 1970, as quais foram aprofundadas pelos dois choques do petróleo[11], em 1973 e 1979, num mundo que operava com taxas de câmbio flexíveis. Em parte, com o fim do padrão dólar-ouro, houve o rompimento da ordem monetária estabelecida no Bretton Woods; porém, as organizações internacionais que surgiram do acordo permaneceram, como o FMI, o Bird e, posteriormente, a OMC.

A crise do sistema de Bretton Woods e a consolidação do neoliberalismo

Em 1971, quando o presidente norte-americano Richard Nixon rompeu, de forma unilateral, a paridade dólar-ouro, a ordem econômica de Bretton Woods entrou em um momento de transição, no qual tanto seus elementos tangíveis (regimes monetários, financeiros e comerciais internacionais) como os intangíveis (padrão de crescimento econômico e distribuição de riqueza e poder entre os países) passaram por transformações até que se consolidasse uma nova OEI.

Durante esse período, muitas mudanças aconteceram na economia política internacional, impondo a desconstrução dos fundamentos da ordem vigente e a construção de novos mecanismos de regulação de uma nova OEI. No âmbito internacional, embora fosse sustentado pela liderança dos Estados Unidos, que contavam com o apoio e a cooperação de instituições internacionais políticas, como a Organização das Nações Unidas (ONU) e a Organização do Tratado do Atlântico Norte (Otan), e econômicas (FMI, Banco

---

11 No final de 1973, a Organização dos Produtores de Petróleo (Opep) promoveu unilateralmente um substancial aumento no preço do barril de petróleo no mercado internacional. Em 1979, houve uma nova alta de preços, tendo como principal origem agora a mudança do regime de governo no Irã, que era um dos principais produtores de petróleo do mundo. Como o petróleo é um dos insumos energéticos mais utilizados (produto base de combustíveis como óleo diesel, gasolina e querosene de aviação), além de ser matéria-prima para vários ramos industriais (principalmente por conta de seus derivados, como a nafta, base da produção de plásticos, tintas, materiais sintéticos etc.), dada a dependência energética do petróleo por parte dos países mais industrializados (inclusive o Brasil, na época), as elevações de preços tiveram forte impacto sobre os custos industriais (e a partir daí, dos demais preços das diversas economias) de vários países.

Mundial etc.), o sistema tinha como principais elementos aglutinadores o desejo de estabilidade internacional e a busca pelo desenvolvimento interno.

Como afirma Sato (2012), crescimento e estabilidade são, no entanto, objetivos paradoxais, uma vez que o crescimento econômico também é um elemento fortemente desestabilizador da ordem econômica. O fato paradoxal é que, por um lado, a capacidade de promover esse crescimento é fundamental para a estabilidade da OEI; por outro, ele ocorre em ciclos e com mudanças de padrão de crescimento, as quais desencadeiam processos de transformação nas práticas e instituições econômicas.

A economia internacional entrou numa fase de expansão nas três décadas seguintes à Segunda Guerra Mundial graças ao aumento dos investimentos diretos e do comércio internacional. Assim, já nos anos 1960, após a reconstrução dos principais países do Velho Continente, economias europeias buscaram a expansão de seus investimentos diretos externos nos mercados da periferia, ampliando, assim, a concorrência capitalista e levando as empresas norte-americanas a disputar com as economias europeias os mercados dos países periféricos e semiperiféricos. Na década de 1970, o Japão, depois de um intenso desenvolvimento em tecnologia de ponta, também entrou nessa concorrência, sendo que suas empresas passaram a concentrar seus investimentos nos países centrais. Segundo Almeida (2001, p. 118):

> Os Estados Unidos, que tinham emergido como a grande potência econômica no imediato pós-guerra – detendo cerca de 25% do produto e do comércio mundiais – recuam para posições mais modestas no decorrer do período, à medida que o Japão e os países europeus retomam os patamares de produção anteriores à guerra e passam a participar mais ativamente dos intercâmbios globais.

Assim, com o tempo, em razão do aumento dos investimentos diretos e da expansão do comércio internacional, a recuperação da Europa e do Japão reduziu a assimetria econômica entre os norte-americanos e seus aliados e mudou a distribuição de riqueza entre os países centrais no sistema internacional.

No regime monetário do padrão dólar-ouro, os Estados Unidos apresentaram, em virtude dos empréstimos e investimentos diretos, *déficit* acentuados no BP, os quais eram cobertos pela situação superavitária na conta Comercial e Transações Correntes. Entretanto, com o passar dos anos, por causa da reconstrução dos demais países desenvolvidos, os saldos dos americanos nas duas contas citadas foram paulatinamente reduzidos, tornando-se negativos em 1971. Além disso, com o avanço da Guerra Fria, o país ampliou seus gastos em defesa, especialmente quando estava na dispendiosa guerra contra o Vietnã. Assim, no final da década de 1960, a economia estadunidense apresentava crescentes *déficit* orçamentários, associados aos desequilíbrios no BP.

Diante disso, logo após a recuperação dos países da Europa, a França passou a questionar a política financeira dos Estados Unidos e seu poder exorbitante[12], uma vez que o país podia "financiar seus déficits no Balanço de Pagamentos emitindo sua própria moeda sem lastro e, portanto, se beneficiando de um ganho de senhoriagem internacional" (Serrano, 2002, p. 247).

Essa situação acabou levando à ruptura unilateral do padrão dólar-ouro, pelos Estados Unidos. Esse fato, somado ao brusco aumento do preço do petróleo e à expansão da inflação mundial, gerou o desmantelamento da ordem econômica de Bretton Woods. Em acréscimo, no final da década de 1960, as economias baseadas no modo de produção fordista já apresentavam redução da produtividade e das taxas de crescimento da produção, bem como aumento dos níveis de desemprego, mostrando os primeiros sinais de crise.

---

12 O termo se refere ao comentário feito pelo Ministro de Finanças da França, Valéry Giscard d'Estaing, nos anos 1960, sobre o que ele chamou de *privilégio exorbitante* usufruído pelos Estados Unidos: o fato de o país ser o emissor da moeda internacional.

Já as décadas de 1970 e 1980, embora tenham sido marcadas pela estagnação econômica, abriram espaço para uma concepção liberal das relações econômicas internacionais. A nova ordem que emergiu e se consolidou nos anos 1990 tinha no neoliberalismo sua base política, ideológica e econômica, e adotava o Consenso de Washington[13] como síntese de ação política e econômica.

> **Consenso de Washington**
>
> O que convencionalmente passou a ser chamado pela imprensa e pela academia como *Consenso de Washington* consiste num conjunto de regras de ajuste econômico formalizados em uma síntese elaborada após um seminário promovido em Washington D.C., em novembro de 1989. A fonte das ideias desse seminário foi um artigo do economista John Williamson (1990), que elencou prescrições de políticas que, no entender dos participantes daquele evento, já eram adotadas por alguns países da América Latina e constituíam receitas bem-sucedidas de ajuste, cobrindo dez áreas de reformas políticas e econômicas:
> 1. disciplina fiscal;
> 2. prioridades nas despesas públicas;
> 3. reforma tributária;
> 4. taxa de juros de mercado;
> 5. taxa de câmbio competitiva;
> 6. política comercial de integração aos fluxos mundiais;
> 7. abertura ao investimento estrangeiro direto (IED);

---

13 A definição da década de 1990 como marco de consolidação da nova OEI e, portanto, do fim de um período de transformações que deram origem a essa nova ordem se deve ao entendimento de que, após o Consenso de Washington, as ideias neoliberais atingiram não apenas os países desenvolvidos, mas, também, aqueles em desenvolvimento. Embora não necessariamente o Consenso de Washington tenha sido aplicado na sua totalidade por todos os países, a década de 1990 representou o momento no qual as transformações ocorridas nos países desenvolvidos nas duas décadas anteriores chegaram aos países em desenvolvimento.

> 8. privatização de empresas estatais ineficientes;
> 9. desregulação de setores controlados pelo estado ou cartelizados;
> 10. direitos de propriedade.
>
> A ênfase dessa abordagem era de natureza liberalizante e entendia que essa sequência de ajustes levaria à estabilização das economias em desenvolvimento, à recuperação da credibilidade e à governabilidade do Estado, tendo como efeito a retomada do crescimento econômico.

Harvey (2008, p. 12) explica que:

> o neoliberalismo é em primeiro lugar uma teoria das práticas político-econômicas que propõe que o bem-estar humano pode ser melhor promovido liberando-se as liberdades e capacidades empreendedoras individuais no âmbito de uma estrutura institucional caracterizada por sólidos direitos à propriedade privada, livres mercados e livre comércio.

Dessa forma, o papel do Estado passou a ser garantir uma estrutura institucional adequada a essas práticas, e suas intervenções nos mercados deveriam ser mínimas, uma vez que

> de acordo com a teoria, o Estado, possivelmente não possui informações suficientes para entender devidamente os sinais do mercado (preços) e por que poderosos grupos de interesses vão inevitavelmente distorcer e viciar as intervenções do Estado (particularmente nas democracias) em seu próprio interesse. (Harvey, 2008, p. 12)

Durante a década de 1980, em decorrência da crise do fordismo, o neoliberalismo foi sendo aceito, ao mesmo tempo, como pensamento político-ideológico e como um conjunto de práticas econômicas a serem adotadas, o que justificava os processos de desregulação dos mercados, as privatizações e a retirada do Estado de muitas de suas áreas típicas de atuação na promoção do bem-estar social (Harvey, 2008, p. 12).

Esse período de transição foi marcado por:

- forte reestruturação produtiva, com o surgimento de novas tecnologias e novas formas de gestão;
- ampla liberalização dos fluxos de capital internacional;
- predominância do dólar como moeda central, embora não mais observando-se o padrão dólar-ouro;
- surgimento de novas alternativas de comércio entre os países.

Ao mesmo tempo, houve uma intensa redução da interferência do Estado na economia, por participação direta, pelo desmantelamento do Estado de bem-estar social e, ainda, pelo enfraquecimento dos vários mecanismos de controle criados pelo Estado para regulamentar o funcionamento dos diversos mercados.

A nova OEI, que emergiu das transformações ocorridas no período pós-Bretton Woods, tinha como motor do crescimento um modelo de acumulação e produção flexível, baseado na informação e no acompanhamento de inovações tecnológicas (Mello, 1999). O processo de reestruturação da produção que começou nos anos 1970 e acelerou na década seguinte, com a queda nas taxas de crescimento e a recessão em muitos países, foi permeado por uma crescente competição internacional e por inovações tecnológicas – derivadas da Terceira Revolução Industrial, como tecnologia da informação, robótica, eletroeletrônica, nanotecnologia, química fina e novos materiais. Esse cenário levou à consolidação de uma nova divisão nacional e internacional do trabalho e da produção, na qual a produção de bens e serviços seguia uma estratégia global de produção e de vendas para o mercado mundial (Mello, 1999).

Conforme mencionamos anteriormente, toda mudança no padrão tecnológico desencadeia também uma desestabilização no padrão de crescimento anterior. De fato, o impacto das mudanças geradas pela Terceira Revolução Industrial tornou obsoleto o padrão tecnológico fordista, atingindo, inclusive, aqueles países periféricos e semiperiféricos que, durante seu longo período de expansão, basearam seu padrão de crescimento no modo de produção fordista (Mariutti, 2011). Assim como nas OEIs anteriores, a mudança no padrão de acumulação foi acompanhada por profundas alterações nos regimes internacionais.

No que diz respeito ao regime de comércio, a substituição do GATT pela OMC, em 1995, visava liberalizar o comércio de acordo com regras multilaterais preestabelecidas, promovendo a harmonização das regras comerciais (Thorstensen, 1998). No entanto, o modo de acumulação flexível e as inovações tecnológicas mudaram profundamente o caráter do comércio internacional, de forma que nem todas as operações comerciais podem ser avaliadas nos limites do sistema de trocas de produtos entre unidades produtivas. No atual sistema de produção internacionalizado, os processos produtivos acontecem de forma integrada em diferentes territórios nacionais[14]. Assim, o comércio tem ganhado um caráter intrafirma, no qual o fluxo de produtos ocorre entre redes de produção, organizadas não mais nacionalmente, mas globalmente. Este passou a ser um grande diferencial do novo regime de comércio internacional: a participação ou não de um território em uma rede de produção tornou-se uma decisão privada. Aos Estados cabe apenas tornar seus territórios mais atrativos, mas eles não têm como controlar a estrutura das redes de produção global (Mello, 1999).

No que toca à divisão internacional do trabalho, as empresas transnacionais, com base em sua lógica de produção global, passaram a desenvolver uma estratégia de administração do comércio e da produção de forma essencialmente regional. Nessa estratégia, a concorrência de ponta se encontra, predominantemente, nos países centrais, com prolongamentos na Ásia. Por outro lado, dentro da cadeia de produção global, os mercados periféricos aumentaram sua participação e apuraram sua especialização na produção de

---

14 Abordamos esse tema no Capítulo 6.

recursos naturais, componentes de baixo valor agregado e montagem de produtos com nível tecnológico baixo ou intermediário[15].

No âmbito do regime monetário, desde o fim da conversão do dólar em ouro, ou seja, do fim do regime monetário em vigência durante a ordem de Bretton Woods, predomina um sistema instável, conhecido como **padrão dólar flexível**, no qual o dólar continua sendo a moeda referência do sistema de pagamentos internacionais, embora concorrendo com arranjos alternativos. O sistema monetário atual tem como pilar o domínio do dólar como moeda reserva. Esse novo padrão, no qual inexiste a necessidade de manter alguma paridade dólar-ouro, "oferece aos Estados Unidos ampla autonomia para criar liquidez internacional e ampliar o seu endividamento, fornecendo ao país emissor da moeda-chave internacional mais um grau ainda maior de autonomia na condução de sua política econômica doméstica" (Ouriques; Vieira; Arienti, 2011, p. 7). Esse papel central do dólar no sistema monetário internacional vem permitindo aos Estados Unidos estabelecer as regras do sistema comercial, financeiro e monetário multilateral do pós-Segunda Guerra Mundial, de tal forma que o país se tornou uma potência hegemônica no sistema internacional.

Acrescentamos que não existe uma estrutura que de fato regule os fluxos financeiros, a liquidez internacional e o sistema monetário internacional. As instituições criadas para tal propósito em Bretton Woods, como o FMI e o Banco Mundial, respondem muito lentamente às mudanças na nova OEI. Além disso, elas acabam sendo dominadas e controladas pelos Estados mais poderosos, principalmente os Estados Unidos[16].

Levando em conta o papel desempenhado pelo dólar no sistema monetário internacional e o posicionamento dos Estados Unidos como potência hegemônica, podemos entender o atual sistema

---

15 Ver Capítulo 6.
16 Ver Capítulo 7.

financeiro internacional. Ao longo da década de 1980, a dinâmica desse sistema sofreu transformações significativas (por exemplo: desregulamentação, securitização e presença de investidores institucionais), as quais mudaram radicalmente o regime financeiro internacional (Arienti, 2004).

A desregulamentação do movimento internacional de capitais e a liberalização financeira representam a eliminação dos controles sobre movimentos de capitais entre fronteiras, possibilitando maior mobilidade dos fluxos de capital entre os diversos países e facilitando o acesso a seus sistemas financeiros[17]. Esses dois fatores – desregulamentação financeira e liberalização – foram fundamentais para a extraordinária expansão do processo de internacionalização do capital financeiro. Tais eventos permitiram ao capital se deslocar de um país a outro em busca de maior retorno, para que os mercados de câmbio se tornassem altamente especulativos, em virtude do consequente aumento da **volatilidade das taxas de juros**.

Além disso, considerando o expressivo volume de capital financeiro que entra ou sai de um país a qualquer momento, os Estados estão perdendo a capacidade de administrar suas economias, os bancos centrais vêm perdendo o controle do valor de sua moeda e as políticas monetárias e fiscais têm perdido parte de sua eficácia. Os fluxos de capital especulativos e voláteis que circulam entre os países em busca de maior retorno representam uma fonte de instabilidade interna. Em virtude disso, os objetivos de desenvolvimento a longo prazo são sacrificados por interesses financeiros imediatos[18].

O cenário de incerteza que caracteriza o sistema financeiro internacional foi reforçado quando do surgimento dos **mercados de derivativos**, os quais oferecem produtos financeiros que buscam

---

17 O impacto da mobilidade de capital no BP será analisado nos Capítulos 3 e 4.

18 Para se ter uma noção das cifras envolvidas, lembramos as palavras de Sabadini (2014): "o estoque de ativos financeiros no mundo foi da ordem de US$ 12 trilhões em 1980, aumentando para US$ 96 trilhões em 1999, e totalizando US$ 209 trilhões em 2010; já o PIB mundial, que era de US$ 11,8 trilhões em 1980, passou para US$ 55,9 trilhões em 2010". Esses dados mostram primeiramente o enorme descolamento entre as finanças e o sistema produtivo, uma das características da atual OEI.

proteger aplicações originais contra instabilidades na taxa de inflação e variações nas taxas de juros e de câmbio. Contudo, ao mesmo tempo que oferecem *hedge* ao mercado (proteção/seguro em relação às oscilações de valores), "o próprio mecanismo de *hedge*, ao aumentar a segurança do aplicador, também facilita o processo especulativo, ampliando a volatilidade dos mercados de ativos" (Arienti; Inácio, 2010, p. 14). Essa situação tende a se agravar num regime marcado pela crescente desregulamentação do funcionamento dos sistemas financeiros domésticos nos países desenvolvidos, fato que permite a prática de operações fora do balanço (*off-balance sheet*).

Outra grande alteração no sistema financeiro internacional foi a substituição dos pequenos poupadores pelos investidores institucionais (como fundos de pensão, companhias de seguros, fundos de investimentos e fundos de cobertura)[19]. Segundo Arienti e Inácio (2010, p. 15),

> a participação dos investidores institucionais nos sistemas e mercados de capitais cresceu significativamente em todos os países que, por sua vez, passaram a reter parcela significativa dos ativos externos. Assim, a magnitude dos recursos administrados por esses fundos tem o potencial de modificar substancialmente os sistemas financeiros de diversos países.

Um último elemento a ser destacado na nova OEI é que o Estado passou a atuar como alicerce para as mudanças que ocorreram. Ao longo do período de transição, o neoliberalismo se transformou na diretriz do pensamento político, econômico e ideológico, tendo como pressuposto a ideia de que as liberdades individuais são garantidas pela liberdade de mercado. Durante as décadas de 1950 a 1970, o Estado ocupava um papel central nas estratégias de desenvolvimento nos países desenvolvidos, ao passo que, nos países em desenvolvimento, era ele o próprio motor para o crescimento.

---

19 Ver Capítulo 4.

Já nos anos 1980, o consenso liberal tornou-se explícito após a chegada de Margaret Thatcher e Ronald Reagan aos governos da Grã-Bretanha e dos Estados Unidos, respectivamente. O novo consenso criticou o papel excessivo do Estado na economia e a adoção de políticas keynesianas expansionistas, e apontou tais fatos como evidências do fracasso econômico de países tradicionalmente intervencionistas.

Nesse consenso, o modelo fordista passou a ser interpretado como excessivamente interventor e regulamentado. Caberia, assim, ao Estado oferecer condições institucionais apropriadas para a liberdade de mercado, aplicando a desregulamentação dos mercados e a redução de sua participação direta ou indireta na economia, desmontando as antigas estruturas institucionais.

Tendo em mente essas conjunturas, Harvey (2008, p. 11, grifo do original) indaga "por que meios e percursos a nova configuração econômica – frequentemente designada pelo termo *globalization* – foi arrancada das entranhas da antiga". A crise de acumulação do capital na década de 1970 gerou uma insatisfação generalizada, pois a combinação entre inflação e recessão afetou todos os envolvidos. A inflação reduzia o poder de compra do trabalhador e do capitalista, e a recessão diminuía a demanda agregada da economia. Nesse cenário, o Estado se encontrava cada vez mais incapacitado de interferir no pacto social, uma vez que as receitas caíam acentuadamente, e os gastos sociais aumentavam.

> Ao longo do período de transição, o neoliberalismo se transformou na diretriz do pensamento econômico, político e ideológico, tendo como pressuposto a ideia de que as liberdades individuais são garantidas pela liberdade de mercado.

> O neoliberalismo, como conjunto de práticas econômicas, representou a passagem de um capitalismo regulamentado pelo Estado para um sistema desregulamentado, tanto no mercado financeiro quanto no mercado de trabalho.

É importante lembrarmos que o fordismo representou um pacto entre o capital e o trabalho baseado em ganhos de produtividade, sem que a distribuição de tais ganhos atingisse os lucros capitalistas. Quando o modelo de acumulação fordista parou de crescer e entrou em colapso, com a redução da produtividade e o aumento da inflação e da recessão, todos se sentiram prejudicados. A classe capitalista temeu, ao perceber que os valores reais dos lucros e da taxa de juros se tornavam negativos. Assim, para Harvey (2008, p. 27), o neoliberalismo foi "um projeto político de restabelecimento das condições de acumulação do capital e de restauração do poder das elites econômicas". Em síntese, o Estado neoliberal representa um particular "aparelho de Estado cuja missão fundamental é criar condições favoráveis à acumulação lucrativa de capital" (Harvey, 2008, p. 17).

O neoliberalismo significou uma mudança nos padrões de regulação e de intervenção do Estado, refletindo as mudanças na ordem internacional. Em nome da liberdade de mercado e da competitividade, desmantelaram-se os arranjos que envolviam Estado e sociedade feitos na época do fordismo, mediante desregulamentação dos mercados (especialmente o financeiro), privatização, redução nos gastos com o bem-estar social e restrição da intervenção pública nos processos econômicos. O neoliberalismo, como conjunto de práticas econômicas, representou a passagem de um capitalismo regulamentado pelo Estado para um sistema desregulamentado, tanto no mercado financeiro quanto no mercado de trabalho.

Contudo, o neoliberalismo não se impôs como opção política e econômica de forma linear. Após várias tentativas caóticas, em diferentes lugares e momentos, as políticas neoliberais só se tornaram uma nova ortodoxia articulada nos anos 1990, graças ao Consenso de Washington (Harvey, 2008).

1.5 O cenário atual

Desde a década de 1990, desenvolve-se um acelerado processo de expansão, no qual a atual OEI tornou-se essencialmente transnacional, marcada por um regime financeiro internacional bastante desregulamentado, em que a volatilidade dos fluxos de capital constitui um elemento de **instabilidade global**. Além disso, o regime monetário internacional mantém a hegemonia e preponderância do dólar como moeda referência, mas, em virtude da ausência do lastro ouro, a liquidez internacional encontra-se subordinada às políticas monetárias dos Estados Unidos. Ainda, o regime comercial, embora busque funcionar segundo os parâmetros multilaterais da OMC, encontra-se limitado pelo novo padrão de comércio que surge a partir do desenvolvimento das cadeias globais de produção.

A crise financeira *subprime*, ocorrida em 2008, foi gerada, inicialmente, no mercado imobiliário norte-americano, mas se espalhou para os sistemas financeiros de outros países desenvolvidos. Ademais, graças ao comércio internacional, às transferências unilaterais ou aos investimentos diretos externos, a crise financeira atingiu a dimensão produtiva e ganhou abrangência global. Desde então, o antigo recurso de estimular a economia pelo crédito vem enfrentando dificuldades crescentes. Ao atingir quase todos os países, a crise impediu que o crescimento da economia mundial alcançasse a mesma intensidade experimentada no período entre 2000 e

2008. De mais a mais, fica claro que a crescente interdependência dos países, associada às incertezas geradas pelos sistemas financeiro e monetário, ameaça as bases da economia política internacional. Objetivos políticos e econômicos nacionais são dominados pela interdependência produtiva, financeira e comercial e envolvem outras economias nacionais.

A origem da crise econômica global deve ser entendida, portanto, no *modus operandi* da atual OEI, revelando os limites do funcionamento desse atual arranjo internacional.

Síntese

Neste capítulo, abordamos o objeto de estudo da economia política internacional e seus diversos atores no sistema internacional. Também comentamos o conceito de *ordem econômica internacional* (OEI) e sua importância como unidade de estudo da estabilidade política e econômica do sistema internacional.

Ainda, analisamos os elementos que geraram a transformação da OEI de Bretton Woods, após a Segunda Guerra Mundial, para a OEI contemporânea, marcada pela globalização e por novos desafios na configuração da economia mundial.

Por fim, apresentamos os conceitos e eventos que marcaram a compreensão da atual OEI, principalmente a ascensão da visão neoliberal, das finanças e seu descolamento da esfera produtiva tradicional, além do reforço da hegemonia política, econômica e financeira dos Estados Unidos nessa formatação.

Para saber mais

Filmes

FORD: o homem e a máquina. Direção: Allan Eastman. Canadá, 1987.

Esse filme retrata a biografia de Henry Ford e mostra, entre outros aspectos, como a criação da linha de montagem, que ficou conhecida como *fordista*, diminuiu o tempo de montagem dos carros e reduziu os custos no processo de sua produção.

COM O DINHEIRO dos outros. Direção: Norman Jewison. EUA: Warner Bros., 1991. 103 min.

Essa obra retrata a transição entre o fordismo e o novo período de financeirização da riqueza, por meio do embate entre o proprietário de uma grande empresa fordista falida (produtora de fio de cobre) e um investidor financeiro especialista em desmembrar grandes empresas e vender suas partes por preços lucrativos.

O LOBO de Wall Street. Direção: Martin Scorsese. Estados Unidos: Paramount, 2014. 179 min.

Esse é um longa sobre a saga de Jordan Belfort, um jovem ambicioso que conquista a riqueza fácil na Bolsa de Valores de Wall Street. Como pano de fundo, o filme retrata o período de euforia do mercado financeiro que levou à crise de 2008.

Questões para revisão

1. Explique sinteticamente como as três principais correntes teóricas da economia política internacional abordam a relação entre Estado e economia.
2. Compare as ordens econômicas de Bretton Woods e neoliberal.

3. É correto afirmar que o sistema internacional:
   a. é um sistema anárquico em virtude da falta de um governo central que estabeleça os parâmetros legais de seu funcionamento.
   b. é semelhante ao sistema doméstico, com o qual compartilha algumas regras e leis que regem cada Estado.
   c. é sinônimo de política internacional.
   d. é influenciado pelas organizações internacionais.
4. Sobre os atores de um sistema internacional, assinale a alternativa correta:
   a. O Estado, as organizações internacionais, as organizações não governamentais, empresas transnacionais e outros grupos formam o sistema internacional.
   b. O sistema internacional é composto por atores estatais, sendo que o conflito e a cooperação é que determinam as relações entre eles.
   c. No sistema internacional, as organizações internacionais são os atores mais relevantes, pois atuam para reduzir as diferenças de poder político e econômico entre os países.
   d. Grupos ligados aos crimes como tráfico internacional de drogas e armas não são considerados atores internacionais.
5. Uma ordem econômica internacional é:
   a. representada pelas transações econômicas internacionais entre os diversos atores, regidas por princípios, normas e regras que configuram os regimes comerciais, financeiros e monetários em determinado período.
   b. composta pelos regimes comercial, financeiro e monetário internacional.

c. composta pelos regimes comercial, financeiro e monetário internacional (elementos tangíveis) e pela estratégia de crescimento e padrão da distribuição de riqueza e de poder na esfera internacional (elementos não tangíveis).
d. é um modelo que busca garantir estabilidade e crescimento ao sistema internacional, pois os Estados dependem do crescimento econômico para alcançar seus objetivos.

Questões para reflexão

1. Relacione o fim do período de crescimento baseado na produção fordista com as transformações que ocorreram nas formas de organização do trabalho.
2. Reflita sobre os motivos que levaram a uma redução do protecionismo na ordem econômica pós-Bretton Woods e elabore um pequeno parágrafo expondo suas considerações.

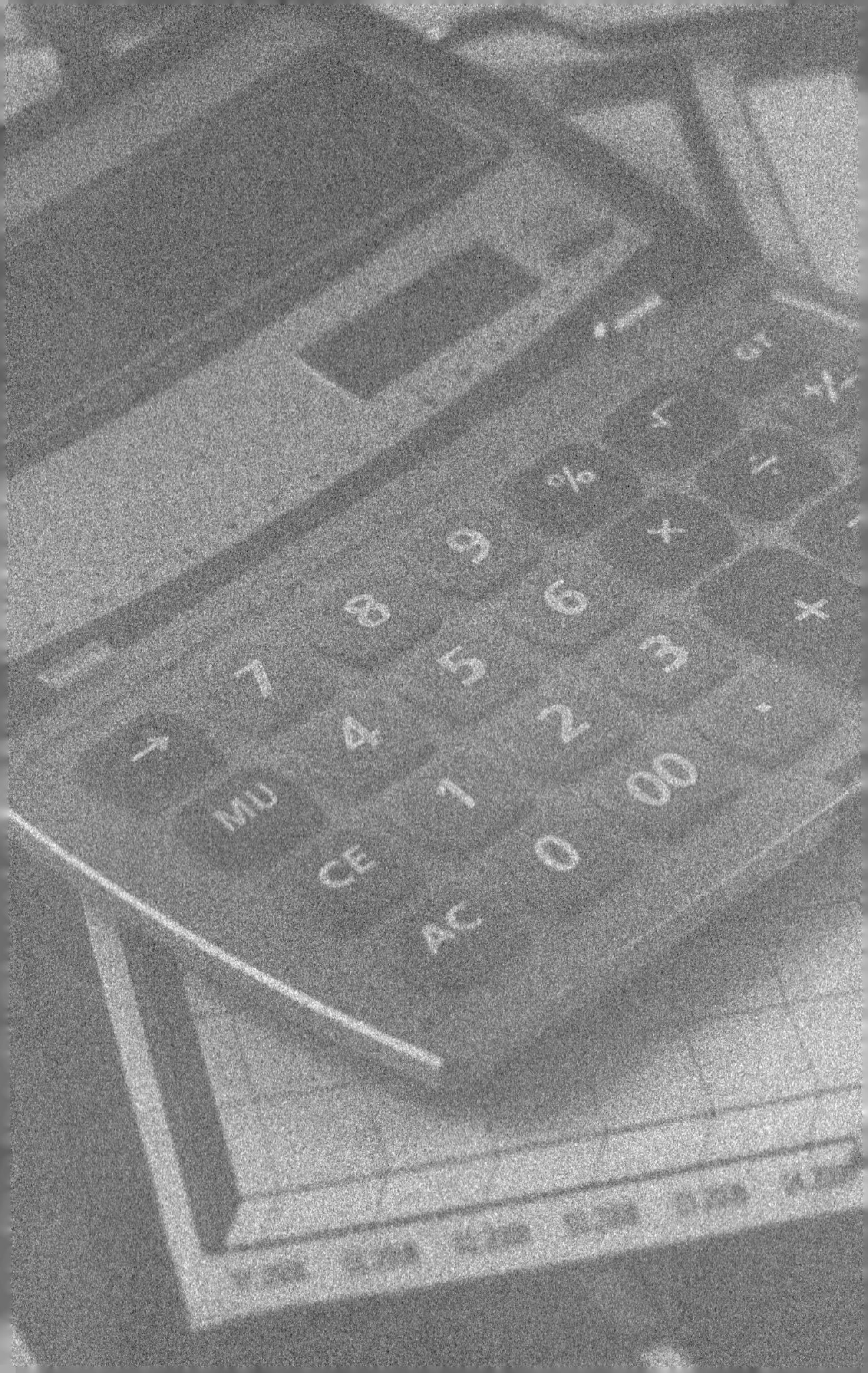

7
8
9
%
4
5
6
+
1
2
3
x
MU
CE
0
00
AC

capítulo dois

Contas nacionais e análise de agregados macroeconômicos

Conteúdos do capítulo:

- Agregados macroeconômicos utilizados em análises econômicas internacionais.
- Sistema de contas nacionais (SCN).
- Contas nacionais: fontes, dados, índices, deflatores, encadeamento de séries.

Após o estudo deste capítulo, você será capaz de:

1. definir Sistema de Contas Nacionais (SCN), utilizar e interpretar seus resultados em estudos empíricos ou comparações internacionais;
2. identificar os principais agregados macroeconômicos informados pelos órgãos de estatísticas econômicas dos países;
3. compreender como são calculados os agregados macroeconômicos e seus principais indicadores;
4. fazer comparações aplicando indicadores macroeconômicos ao longo do tempo, utilizando números, índices sintéticos e encadeamentos, e deflacionando resultados.

Certamente, você já ouviu falar de *produto interno bruto* (PIB), *renda nacional* e *crescimento de produto*. Esses termos são empregados na mídia, discutidos nas esferas políticas e governamentais e, claro, no debate acadêmico nas áreas de economia e relações internacionais. Mas, objetivamente, o que o PIB significa? O que ele mensura? A mesma pergunta pode ser direcionada a outras expressões e conceitos da área.

A aferição do desempenho econômico dos países é feita pelo uso das chamadas *medidas* ou *mensurações agregadas*, as quais são assim nomeadas por considerarem o somatório geral – devidamente qualificado segundo metodologias específicas – dos resultados de todos os consumidores, bem como de empresas, instituições de governo, instituições sem fins lucrativos, enfim, de todos os agentes e instituições de um país. As questões sobre o que medir e como fazê-lo estão ligadas ao que tecnicamente chamamos de *contas nacionais*, ou *Sistema de Contas Nacionais* (SCN). É isso que estudaremos neste capítulo.

2.1 *Contas nacionais*

O **conjunto de indicadores econômicos** conhecido como *contas nacionais*, *contabilidade social* ou, em linguagem mais técnica, *Sistema de Contas Nacionais* (SCN) constitui a base para a **mensuração dos resultados econômicos de um país**, de forma agregada. Isso significa que tais dados correspondem a uma aferição de valores totais, a um somatório padronizado de resultados econômicos dos diversos agentes e setores atuantes na economia. São, portanto, macrorresultados, ou seja, **agregados macroeconômicos**. Esse somatório é obtido num sistema, ou seja, não é realizado de qualquer maneira, mas com base numa metodologia específica que permite a qualquer pesquisador replicá-la desde que disponha dos mesmos dados e de que aplique os mesmos métodos. Além disso, tal sistematização possibilita uma compreensão uniformizada por todos os que acessam tais dados e resultados com interesse informativo.

Grosso modo, o objetivo do SCN é fornecer respostas às perguntas econômicas mais básicas, para que se torne possível compreender os resultados de determinada macrounidade econômica (como um país, um Estado ou uma região, um bloco econômico de países etc.). Tais perguntas são, por exemplo:

- Quanto o país produz?
- Qual é o crescimento do produto ao longo de certo período?
- Quanto o país consome?
- Quanto de seu produto é investido?
- Como seu investimento é financiado?
- Quanto desse investimento é distribuído, na forma de remunerações, a cada fator de produção?

Esses questionamentos são de interesse geral, e encontrar as respostas para eles demanda um trabalho meticuloso de obtenção de dados com elevado grau de confiabilidade, bem como de processamento, lançamento em categorias específicas bem definidas, além, obviamente, das próprias técnicas de cálculo desses valores. Esse é o papel de um SCN[1].

A seguir, apresentamos uma visão geral de como o SCN é estruturado, na intenção de que você, leitor, possa compreender os resultados divulgados. Nesta obra, não temos interesse em esmiuçar os pormenores e as especificidades das diversas contas nas quais se divide uma contabilidade nacional, mas pretendemos transmitir uma visão ampliada dos principais resultados macroeconômicos

---

[1] A importância do desenvolvimento das contas nacionais para a economia pode ser atestada pelo fato de que seus dois principais criadores, o russo Wassily Leontief (1906-1999) e o inglês Richard Stone (1913-1991), foram laureados com o Prêmio de Ciências Econômicas em Memória de Alfred Nobel, por suas contribuições na área de matrizes insumo-produto (Leontief, em 1973) e contas nacionais (Stone, em 1984). Os trabalhos dos dois economistas deram forma empírica às definições de mensuração de agregados econômicos introduzidos pioneiramente por John Maynard Keynes, no livro *A teoria geral do emprego, do juro e da moeda*, cuja primeira edição, em inglês, foi publicada em 1936.

que podem ser obtidos com as contas nacionais. Tais conhecimentos são importantes para aqueles que desejam trabalhar com dados, em consultorias, em pesquisas aplicadas ou na elaboração de relatórios técnicos ou artigos acadêmicos com enfoque empírico.

Os SCNs dos diversos países e blocos econômicos são organizados segundo a metodologia definida pela Organização das Nações Unidas (ONU), num padrão metodológico internacional, o System of National Accounts (SNA)[2], um documento extenso, revisto de tempos em tempos, que dispõe sobre as metodologias básicas e as regras de cálculo dos agregados macroeconômicos. Cada país que adota o SNA adapta a metodologia geral a suas capacidades particulares de implementar pesquisas mais ou menos detalhadas para obtenção de dados e, assim, formula seu SCN. O importante é que os resultados calculados estejam harmonizados com a metodologia do SNA. No Brasil, o SCN é de responsabilidade do Instituto Brasileiro de Geografia e Estatística (IBGE), que produz seus resultados de forma plenamente alinhada ao SNA[3].

Conceitos básicos

A contabilidade nacional é fundamentada em um conjunto de conceitos básicos, quais sejam: produto, renda, consumo, poupança, investimento, absorção, despesa e oferta global. Embora tais termos sejam de uso comum, seu uso em contas nacionais é bem específico.

Antes de passarmos aos conceitos, cabe salientarmos que as contas nacionais são calculadas em valores monetários baseados na

---

[2] O SNA mantém uma página própria no *site* da ONU que disponibiliza informações históricas e várias publicações adicionais sobre o tema, incluindo alguns *handbooks* importantes. A primeira versão do SNA – um documento com os princípios de mensuração empírica de agregados econômicos – data de 1947. A versão vigente na atualidade é a de 2008. Para mais informações, consulte UN (2017).

[3] O IBGE também disponibiliza todas as notas metodológicas, os resultados e demais informações sobre o SCN em sua página na internet. Na aba "Economia", o usuário pode obter acesso a todas as pesquisas econômicas da instituição, dentre as quais figura o SCN. Com relação às contas nacionais, a fonte mais completa é o *Relatório Metodológico* elaborado pelo instituto. Para mais informações, consulte IBGE (2008).

moeda corrente. Isso porque somente em moeda é possível obter um valor comum a todos os tipos de bens e serviços transacionados numa economia. Usualmente, o valor dos agregados é informado em **preços correntes** (vigentes no período de coleta dos dados) e em **preços constantes** (vigentes em determinado ano ou período de referência, como ano-base ou base móvel – quando o valor é calculado considerando-se os preços do ano/período anterior).

Feito esse esclarecimento, apresentamos os conceitos referentes às contas nacionais:

- **Produto** – Refere-se ao valor monetário do somatório de todos os bens e serviços finais produzidos por uma economia em dado período (normalmente, um trimestre ou um ano). É importante especificar porque são bens ou serviços finais. Todos os bens produzidos dependem de vários insumos intermediários; por exemplo, para produzir um automóvel, uma montadora adquire várias partes e peças, monta o veículo e entrega o produto final. Se somados todos os insumos utilizados na produção de qualquer bem (como o automóvel) ou serviço, incorre-se no erro de somar várias vezes o mesmo valor. Como o bem final já incorpora toda a produção intermediária de insumos que permitem sua obtenção, somar os bens finais é a forma mais indicada para evitar dupla contagem e, assim, obter o valor correto da produção.

- **Renda** – Corresponde às remunerações dos diversos fatores que contribuem para a produção[4]. A renda corresponde ao somatório do valor monetário das remunerações de cada fator: salários e ordenados (remuneração do fator *trabalho*); juros (remuneração do capital financeiro); aluguéis (remuneração

---

4 Os fatores são os detentores de algum tipo de insumo produtivo fundamental. *Grosso modo*, são sempre divididos em três: **terra** (posse da terra e bens/serviços ligados a sua posse); **trabalho** (todos os que trabalham em troca de salário); **capital** (posse dos meios de produção ligados à transformação de insumos em outros produtos ou serviços).

do fator *terra*, serviço da propriedade de imóveis urbanos ou rurais) e lucros (remuneração da posse de bens de capital físico ou produtivo).

- **Consumo** – Diz respeito ao valor monetário dos bens e serviços adquiridos por indivíduos e famílias para a realização de suas necessidades. O consumo praticado por famílias e pessoas comuns é chamado de *consumo pessoal*. O governo disponibiliza aos cidadãos um conjunto de serviços públicos, cuja prestação tem natureza individualizada (como os serviços de saúde, educação, assistência social etc.)[5]. O valor desses serviços é uma despesa do governo, mas seu recebimento é em benefício dos indivíduos. Por isso, é igualmente contabilizado como consumo.
- **Poupança** – Nas contas nacionais, remonta ao conceito keynesiano de *renda não gasta em consumo*. É, portanto, o valor monetário de todo o excedente de renda em relação ao consumo, a parcela da renda que não é empregada na aquisição de bens e serviços correntes.
- **Investimento** – Também chamado de *formação de capital fixo*, refere-se ao valor monetário do acréscimo de estoque físico de capital e corresponde à aquisição de máquinas, equipamentos e insumos destinados à ampliação da capacidade produtiva para períodos futuros. Pode constituir-se de aquisição de máquinas e equipamentos novos e/ou de reposição de bens de capital obsoletos. Por exemplo, máquinas e equipamentos devem ser substituídos periodicamente em virtude de desgaste por uso e/ou de obsolescência. Tal processo de reposição do estoque de capital é chamado de *depreciação*.

---

[5] Tais serviços constituem o que tecnicamente é denominado *bens semipúblicos*. Diferentemente dos chamados *bens públicos puros* (como os serviços de segurança nacional e justiça), cuja prestação é exclusiva do governo, esses serviços podem ser prestados também por entidades privadas. No entanto, são oferecidos pelo governo porque fazem parte da rede de proteção de um Estado de bem-estar social ou porque potencialmente geram externalidades positivas para a economia (como uma população mais saudável e com melhores níveis de escolaridade).

Entretanto, o investimento pode se dar também pela acumulação de insumos ou bens finais produzidos pelas empresas (formação de estoques). Outro caso em que se forma estoque, dessa vez de forma indesejada, é quando não se conseguiu vender a produção em um período de referência.

Essas operações (depreciação e formação) também devem entrar no cálculo do investimento de forma adequada. A soma de formação de capital fixo com as variações de estoques constitui o investimento bruto, ou **formação bruta de capital fixo** (FBCF).

Deduzindo-se da FBCF a depreciação, chega-se ao conceito de **investimento líquido**, ou seja: a diferença entre o total do investimento (formação bruta) e a depreciação corresponde às adições líquidas de capacidade produtiva à economia.

- **Absorção** – Trata-se da soma do consumo com o investimento. Informa, portanto, o valor monetário dos bens e serviços que uma economia absorve em dado período de referência, seja para consumo por parte das pessoas, seja para ampliar sua capacidade produtiva no futuro. Numa economia fechada (em que não há atividades de comércio exterior), a absorção coincide exatamente com o total do produto. Já numa economia aberta (em que existem transações comerciais com o exterior), o produto pode obviamente ser diferente do valor da absorção: se produz mais do que absorve, a economia exporta seu excedente; se absorve mais do que produz, importa de outras a parte de sua absorção que não é produzida internamente. A diferença entre o produto e a absorção é chamada de *absorção interna*. Portanto, o excesso (positivo ou negativo) de produto sobre a absorção interna corresponde ao saldo de uma economia em transações externas (*superavit*, se positivo; *déficit*, se negativo).

- **Despesa** – Refere-se aos possíveis usos ou destinos do produto, isto é, os componentes de dispêndio ou o tipo de gastos feitos utilizando-se o total produzido. A despesa corresponde à soma da absorção interna (consumo acrescido de investimento) com o saldo das transações externas (diferença entre exportações e importações). De forma simplificada, essas relações podem ser representadas pelas seguintes equações:

> (1) absorção interna = consumo + investimento
> (2) transações externas = exportações − importações
> (3) despesa = absorção interna + transações externas

- **Oferta global** – Trata-se de um conceito que expressa a disponibilidade total de bens a que uma economia tem acesso ao longo de um período contábil (um ano, por exemplo). Engloba toda a produção doméstica do país (ou seja, a oferta de bens e serviços finais produzidos internamente) acrescidas das importações de bens finais não produzidos domesticamente[6].

2.2 Identidades fundamentais das contas nacionais

Uma vez apresentadas as definições básicas relativas às contas nacionais, podemos avançar para as definições metodológicas, precisas, dos conceitos de um SCN. Tais conceitos são muito importantes

---

[6] A oferta global também pode ser entendida como a demanda doméstica por bens (Blanchard, 2011), pois inclui todos os bens e serviços produzidos domesticamente (muitos desses com o uso de insumos importados), adicionando-se a oferta líquida de bens exclusivamente importados (até aquele período de referência). Por exemplo, para produzir diversos tipos de produtos químicos, o Brasil importa boa parte da nafta que utiliza (a nafta é um polímero derivado do refino de petróleo, usada como insumo em vários ramos da indústria química). Já o bacalhau norueguês, que não passa por nenhuma etapa de produção no país, é um bem exclusivamente importado.

porque constituem os desejados indicadores macroeconômicos possíveis de serem obtidos a partir das contas. A metodologia consiste, portanto, em definir as identidades fundamentais e as definições precisas dos agregados. Faremos isso em duas partes: primeiramente, por simplificação, considerando uma economia fechada; depois, tendo em vista uma economia aberta.

As identidades fundamentais da contabilidade nacional numa economia fechada são:

(4) produto = despesa = renda

(5) despesa = consumo + investimento

(6) renda = salários + lucros + juros + aluguéis

(7) investimento = poupança

(8) poupança = renda − consumo

Numa economia aberta, é preciso considerar sua absorção, abrangendo, portanto, exportações e importações. A absorção afeta a despesa e a poupança, a qual se especifica em: poupança interna e poupança externa. Com esses conceitos, é possível redefinir o investimento.

Na economia aberta, a despesa explicita o saldo em transações correntes (saldo da balança comercial de bens e serviços), ou seja, adiciona as exportações e subtrai as importações. Logo:

(5a) despesa = consumo + investimento + exportações − importações

Como já assinalamos, numa economia aberta, a poupança se divide em dois componentes: poupança interna (ver 8a) e poupança externa (ver 8b); esta corresponde ao excesso de absorção sobre o produto, ou seja, à diferença entre importações e exportações. Ocorre de tal forma porque, se o volume de importações é maior que o de exportações, a economia utiliza mais recursos do que consegue produzir. Isso equivale a dizer que essa economia utiliza poupança externa – os demais países, de alguma forma, fornecem-lhe recursos via importações. Assim:

(8a) poupança interna = renda – consumo
(8b) poupança externa = importações – exportações

Note que podemos agora utilizar as identidades para obter o investimento sob economia aberta. Primeiramente, devemos assumir a identidade 5a e combiná-la com a identidade 4, o que resultará em:

(9) renda = consumo + investimento + exportações – importações

Aplicando esse resultado em 8a, chega-se a uma nova equação:

(10) poupança interna = ~~consumo~~ + investimento + exportações – importações – ~~consumo~~

Observe que o consumo se anula por entrar com sinais inversos. Colocando o investimento do lado esquerdo da operação, obtemos:

(11) (–) investimento = exportações – importações – poupança interna

O investimento está negativo do lado esquerdo. Ao multiplicar a fórmula por –1, temos:

(12) investimento = importações – exportações + poupança interna

Como a diferença entre importações e exportações (os dois primeiros termos depois da igualdade) constitui a poupança externa (identidade 8b), o investimento numa economia aberta pode ser dado por:

(7a) investimento = poupança externa + poupança interna

Todas essas operações em que são usadas identidades básicas podem ser reescritas utilizando-se símbolos algébricos para as variáveis, assim determinadas: Y = produto; D = dispêndio (ou despesa); R = renda; C = consumo; I = investimento; X = exportações; M = importações; w = salários (do inglês, *wages*); l = lucros; j = juros; a = aluguéis; S = poupança (do inglês, *savings*).

Então, as identidades fundamentais podem ser assim reescritas:

(4) $Y = D = R$
(5) $D = C + I$
(5a) $D = C + I + X - M$
(6) $R = w + l + j + a$
(7) $I = S$
(7a) $I = S_{int} + S_{ext}$
(8a) $S_{int} = R - C$ ou $S_{int} = Y - C$
(8b) $S_{ext} = M - X$

Observamos anteriormente que os bens e serviços prestados pelo governo são categorizados como parte do consumo. Isso porque, sendo o governo uma entidade não mercantil (isto é, que não pode obter lucros), todas as suas receitas são, em certo sentido, gastas na prestação desses bens ou serviços. Portanto, no tocante às identidades de contas nacionais, a produção do governo é igual a seu gasto. E como se trata de um agente econômico consideravelmente grande entre as economias, cujas atividades são diferenciadas daquelas dos demais agentes, é importante tratá-lo separadamente.

Em linguagem de contas nacionais, o governo é um setor institucional, assim como são as famílias, empresas etc. Os gastos (G) desse setor institucional destinam-se, por exemplo, à administração da máquina pública e à prestação de bens públicos puros, em todos os níveis de governo de um país. Esse gasto é um item do dispêndio total da economia. Portanto, de forma completa, a identidade da despesa (dispêndio) fica:

(5c) $D = C + I + G + X - M$

Lembrando que a despesa é idêntica ao produto, reescrevemos a identidade 5c e obtemos, assim, a identidade macroeconômica fundamental nas contas:

(13) $Y = C + I + G + X - M$

Essa identidade mostra que o produto (que é igual à renda) é inteiramente empregado nestes grandes componentes: consumo, investimento, gastos do governo e transações externas.

2.3 Definições agregadas

Como já mencionamos, o produto se refere à soma de bens e serviços finais de uma economia, embora, na prática, não seja tão simples definir o que são bens ou serviços finais. Assim, para calcular efetivamente o produto, utilizamos a noção de *valor adicionado*. Produzir bens ou prestar serviços implica necessariamente o consumo de insumos, os quais são transformados (como na indústria) ou acrescidos de serviços (como no comércio).

O processo de transformação ou de prestação de um serviço adicional implica agregar valor ao bem ou serviço. Ao vender, o produtor ou prestador do serviço obtém uma receita de vendas por unidade. O somatório das receitas obtidas corresponde ao valor bruto da produção (VBP), o qual equivale ao preço (P) praticado multiplicado pelo número de unidades (quantidade Q) de bens vendidos ou serviços prestados. Assim:

(14) $VBP = P \times Q$

É possível obter o VBP de todos os bens e serviços de uma economia por meio dos registros contábeis das empresas, ou por informações de pesquisas econômicas, como as conduzidas pelo IBGE[7]. Além disso, é possível deduzir do VBP todo o valor do consumo intermediário (CI) de insumos e serviços utilizados no processo produtivo. O CI também corresponde aos preços multiplicados pelas quantidades dos insumos ou bens intermediários utilizados na produção/prestação de dado bem ou serviço. Com a diferença entre o valor da produção e o consumo intermediário, podemos obter o valor adicionado (VA) de cada produto/serviço da economia. Logo:

(15) VA = VBP - CI

Teoricamente, o produto é igual ao somatório de todo o valor adicionado aos bens e serviços de uma economia. É por isso que a definição de *produto* está ligada aos bens finais: estes apresentam VA no último estágio da cadeia produtiva, o que já inclui todo o CI de insumos e serviços necessários até sua obtenção. Para entender isso com maior clareza, considere uma economia organizada em três setores – mineração, siderurgia e produção de automóveis – os quais estão interligados: a mineração produz insumos para a siderurgia, e esta serve insumos à produção de automóveis. Suponhamos que a mineração não apresente gastos de consumo intermediário. Assim, dispomos na Tabela 2.1, a seguir, as relações entre esses setores, em unidades monetárias:

---

[7] No caso brasileiro, o IBGE conduz uma série de pesquisas anuais pelas quais obtém dados de produção das empresas industriais, comerciais, de serviços e da construção civil. Essas pesquisas são: Pesquisa Industrial Anual (PIA); Pesquisa Anual do Comércio (PAC); Pesquisa Anual de Serviços (PAS); Pesquisa Anual da Indústria da Construção (Paic). Além dessas, o instituto também conduz, entre outras, pesquisas em áreas referentes à produção agrícola, à economia informal, a microempresas e ao Cadastro Central de Empresas (Cempre), que lhe permitem estimar com maior grau de confiança os resultados de produção para as contas nacionais. Dados e aspectos metodológicos dessas pesquisas podem ser obtidos na página do IBGE.

Tabela 2.1 – Exemplo de relações entre os setores de uma economia

Setor	VBP ($)	CI ($)	VA ($)
Mineração	1 000	0	1 000
Siderurgia	2 500	1 000	1 500
Indústria automobilística	4 000	2 500	1 500
TOTAL	7 500	3 500	4 000

Legenda: VBP = valor bruto da produção; CI = consumo intermediário; VA = valor adicionado.

Note que o valor total da produção (o somatório do VBP) é de 7 500, mas esse não é o valor do produto agregado, pois adiciona mineração e siderurgia mais de uma vez no resultado final, incorrendo em dupla contagem. O valor do produto agregado, portanto, é igual à soma dos valores adicionados de cada setor, ou seja, 4 000, pois esse é o valor que desconta, adequadamente, o consumo intermediário de cada etapa produtiva: a siderurgia consumiu insumos da mineração, e a indústria de automóveis consumiu insumos da siderurgia. Equivalentemente, 4 000 é o valor da produção do único bem final dessa economia hipotética: o VBP do setor produtor de automóveis. Assim, obtém-se o valor do produto sem dupla contagem, pelo valor do bem final ou pela soma do valor adicionado em cada etapa produtiva.

A seguir, listaremos as grandes medidas agregadas macroeconômicas que constituem os principais indicadores econômicos das contas nacionais.

Produto interno bruto e produto nacional bruto

O PIB é o total dos bens e serviços produzidos nos limites do território do país, destinados ao consumo final. Rigorosamente, esse indicador equivale à soma de bens e serviços finais produzidos num país ao longo de determinado período. Esse indicador é calculado com base no valor dado pelos chamados *preços de mercado*[8] – aqueles que os consumidores pagam para consumir bens ou serviços. Como preços incluem impostos, deve-se adicionar o valor destes ao preço. Pela mesma lógica, se um produto recebe subsídios governamentais para sua produção, deve-se descontar o valor desses subsídios.

O PIB pode ser calculado segundo duas óticas. A primeira é a da produção, por meio da qual é possível obter o valor adicionado por cada setor, empresa etc. Nesse caso, o PIB a preços de mercado (PIB_{pm}) equivale ao valor bruto da produção somado à diferença entre impostos (II) sobre produtos e subsídios (sub), decrescido o consumo intermediário; ou:

(16) $PIB_{pm} = VBP + (II - sub) - CI$

A segunda alternativa para calcular o PIB é adotar a ótica da despesa. Nessa perspectiva obtém-se o PIB a preços de mercado somando despesa de consumo final, formação bruta de capital fixo, variação de estoques (ΔEst) e exportação, reduzindo-se importação; ou:

(17) $PIB_{pm} = C + FBCF + \Delta Est + X - M$

O PIB é uma medida de produção do país dentro de suas fronteiras. Tomando como referência o Brasil, uma economia aberta, empresas domésticas podem ter filiais ou subsidiárias em outros países, produzindo e recebendo transferências de lucros ou outras remunerações obtidas no exterior, as quais aumentam a riqueza nacional. Da mesma forma, empresas estrangeiras podem produzir no Brasil e enviar seus lucros e outras remunerações para suas matrizes, ou seja, remeter para suas sedes parte da riqueza gerada aqui. Por essa razão, é necessário calcular o resultado líquido entre as rendas recebidas

---

8 Antigamente, usava-se a definição de custo de fatores para determinação do PIB. Essa definição não está mais em uso pelo SCN brasileiro (IBGE, 2008).

do exterior (RRE) e as rendas enviadas ao exterior (REE). Eis aí um conceito importante: renda líquida externa (RLE), calculada segundo a seguinte equação:

(18) RLE = RRE − REE

Atente para o fato de que se as rendas recebidas são menores que as enviadas, a RLE é um número negativo. Por exemplo, se um país envia 1 000 e recebe 500, sua RLE é de −500. De posse desse valor, é possível calcular o Produto Nacional Bruto (PNB). Esse é o produto gerado por economias nacionais, ou seja, dentro e também fora das fronteiras do país, por meio de filiais de multinacionais domésticas atuando no exterior. Adicionando-se ao PIB a RLE (ou deduzindo-se, se for negativa), obtém-se o PNB. Considerando os resultados a preços de mercado (pm), temos:

(19) $PNB_{pm} = PIB_{pm} + RLE$

É importante observar que, para países economicamente muito desenvolvidos, é normal que a RRE seja maior que a REE. Nesse caso, o valor da RLE é positivo, e o PNB, maior que o PIB. Já países em desenvolvimento, como o Brasil, enviam mais renda ao exterior do que recebem. Assim, o PNB é menor que o PIB, pois a RLE é negativa. Portanto, *grosso modo*, em países avançados com forte presença externa de suas empresas, o PNB normalmente é maior que o PIB; já em países em desenvolvimento, o PIB tende a ser maior que o PNB[9].

Renda nacional bruta e renda nacional disponível bruta

A renda nacional bruta (RNB) é uma aplicação direta da identidade 4. O indicador que se deseja obter, ao mensurar rendas, pode ser de

---

9 Na literatura e nas bases de dados internacionais, o PIB corresponde ao *gross domestic product* (GDP), e o PNB, ao *gross national product* (GNP).

dois tipos: 1) quanto os residentes conseguiram gerar como renda para si, interna e externamente; 2) quanta renda esteve efetivamente disponível aos residentes para efetuar consumo e/ou poupança. No primeiro caso, busca-se um valor agregado que informe o total da renda gerada. *Grosso modo*, trata-se da renda dos fatores de produção, do somatório da contrapartida recebida por sua participação no produto, incluindo-se aquela recebida pela participação na produção em outros países. Então, no primeiro caso, a RNB é igual ao somatório do PIB com os rendimentos líquidos dos fatores de produção enviados e recebidos, tal como escrito a seguir:

(20) RNB = PIB + RLE

Além da renda efetivamente gerada por remunerações de fatores, podem ocorrer duas situações que aumentam ou diminuem a renda à disposição dos residentes (segundo caso mencionado anteriormente). Um país pode receber ou enviar *outras transferências correntes* do/para o exterior. A diferença é que, nesse conceito, o que chamamos de *outras transferências correntes* não são contrapartidas a serviços de fatores de produção como donativos (monetizados) enviados por motivações humanitárias ou remessas monetárias de brasileiros que vivem no exterior para suas famílias aqui residentes. Tais recursos são transferidos voluntariamente, sem configurar uma obrigação por obtenção de bens e serviços.

Considerando os dois tipos de transferência – outras transferências correntes recebidas do exterior (TCR) e outras transferências correntes enviadas ao exterior (TCE) –, é possível calcular as transferências correntes líquidas (TCL):

(21) TCL = TCR − TCE

Quando o país é um receptor líquido, ou seja, tem TCR maior que TCE, seu TCL é positivo, aumentando a renda disponível dos residentes; porém, se o país é um emissor líquido, seu TCL é negativo e sua renda disponível diminui.

Portanto, podemos especificar outro importante indicador, a renda nacional disponível bruta (RNDB), que é o valor resultante da soma da RNB com o resultado das TCL[10]:

(22) RNDB = RNB + TCL

Finalmente, podemos observar os destinos (usos) dessa renda disponível. Como já mencionamos, são dois os usos para a renda: ser empregada nos gastos de consumo das famílias, para satisfação de suas necessidades; e poupar a parcela não consumida. Assim, pela ótica do uso dos recursos, a RNDB, corresponde à soma da despesa de consumo final (C) com a poupança bruta (S):

(23) RNDB = C + S

2.4 O trabalho com os resultados das contas nacionais

Os dados das contas nacionais são tabelados e informados em formatos padronizados pelas instituições oficiais de estatísticas econômicas. Em muitos países, são os bancos centrais que realizam essa tarefa. Em outros, a responsabilidade é das instituições oficiais de estatísticas (no Brasil, as contas nacionais

---

10 Podemos ilustrar com números para esclarecer o conceito. Considere um país com PIB igual a 1 000, cuja RLE é de −300. Esse país tem RNB = 1 000 − 300 = 700 (que corresponde, também, ao valor de seu PNB). Suponha que esse país envie para o exterior 50 em transferências, mas receba 150. Então, suas transferências líquidas são: TLC = 150 − 50 = 100. Agora, podemos calcular quanto seus residentes têm de renda disponível: RNDB = RNB + TCL = 700 + 100 = 800. Isso mostra que esse país gera internamente uma renda total de 1 000, mas precisa remunerar fatores de produção estrangeiros em 300, sobrando como renda nacional somente 700. No entanto, sua capacidade de consumo é ampliada pelas transferências líquidas externas que recebe, maiores do que as que envia: seus residentes têm, ao final, 800 para consumo e/ou poupança.

são calculadas pelo IBGE). Para comparações internacionais, existem bases de dados muito completas, em instituições como a ONU ou o FMI. No entanto, ao analisar dados de contas nacionais, é importante saber interpretar não só os números em si, mas também como eles são obtidos. Estão em jogo, portanto, as diferenças entre valores reais e nominais e, no caso de análise de séries históricas de dados, há a necessidade de deflacionar valores de agregados macroeconômicos a períodos de referência ou obter séries encadeadas. A seguir, versaremos sucintamente sobre cada um desses aspectos aplicados.

Produto real e produto nominal

O produto pode variar tanto na quantidade produzida como no preço dos bens/serviços produzidos. É importante saber diferenciar três situações de crescimento de um produto: (1) em preço; (2) em quantidade; (3) em preço e quantidade. Associadas a isso, duas definições são importantes: (1) variação real e (2) variação nominal. Se uma produção varia em preços, sem variar suas quantidades, há variação nominal. Se, no entanto, variam as quantidades (em termos físicos, ou seja: toneladas de produto, quantidade de serviços ofertados), há variação real.

Considere o exemplo a seguir, exposto na Tabela 2.2. Suponha que não haja consumo intermediário, de forma que o VBP seja, portanto, o próprio valor da produção (ou do produto):

Tabela 2.2 – Variação anual do produto a preços correntes

Ano	Preço ($)	Quantidade (toneladas)	Valor do produto ($)
1	10	1000	10 000
2	10	1100	11 000
3	8	1375	11 000
4	11	1000	11 000
5	11	1100	12 100

Note que no ano 1, o valor do produto foi de 10 000. Nos três anos seguintes, ele alcançou o valor de 11 000 e ficou aparentemente estagnado. Logo, a economia cresceu ou não nesses anos? Perceba que esse produto foi obtido, nos anos 2 e 4, por meio de diferentes combinações de mudança em preços e/ou quantidades: no ano 2, os preços estiveram estáveis (constantes), mas houve aumento do produto (em quantidades, portanto); no ano 3, os preços caíram, enquanto as quantidades produzidas aumentaram, mas no ano 4 os preços se elevaram, embora a quantidade tenha sido menor que no ano anterior; finalmente, no ano 5, preço e quantidade tiveram acréscimo. Como lidar com isso? É possível falar em aumento do produto simplesmente porque os preços aumentam, mesmo que as quantidades fiquem no mesmo nível ou, até mesmo, diminuam? Para dirimir essa dúvida, há duas formas de medir a variação do produto. Uma envolve o produto real, e a outra, o produto nominal.

Produto real é o valor do produto medido a preços constantes. Nesse caso, portanto, as quantidades variam, mas o valor do produto é obtido multiplicando-se as quantidades por preços constantes, isto é, os preços de determinado ano-base. Se chamarmos Q_t as quantidades no ano t (no exemplo, t = 1, 2, 3, 4, 5), e P_0 os preços de um ano considerado ano-base, então[11]:

(23) produto real = $\sum P_0 Q_t$

Com base nas informações da Tabela 2.2, poderíamos determinar o valor do produto real, por exemplo, considerando o ano 1 como o ano-base. Assim, multiplicaríamos todas as quantidades de cada ano (do ano 2 ao 5) pelo preço do ano 1, obtendo a Tabela 2.3:

---

11 A letra grega $\sum$ (sigma) é usada para designar uma soma de vários termos. Isso se aplicaria ao caso de termos vários produtos com preços e quantidades diferentes, que precisassem ser somados para obtermos um VBP agregado para todos esses produtos em um ano t, em relação ao ano-base.

Tabela 2.3 – Variação do produto a preços constantes (tomando um ano-base)

Ano	Preço ($)	Quantidade (toneladas)	Produto real ($) – ano-base 1
1	10	1 000	10 000
2	10	1 100	11 000
3	8	1 375	13 750
4	11	1 000	10 000
5	11	1 100	11 000

Observe que, agora, poderíamos interpretar que a economia cresceu em termos reais (o produto aumentou em quantidades) entre os anos 1 e 3, diminuiu no ano 4 (em relação ao ano 3) e voltou a crescer no ano 5. De fato, o produto real, assim obtido, reflete mais fielmente o crescimento do produto em quantidades.

Já o produto nominal refere-se ao valor do produto medido a preços correntes. Nesse caso, portanto, as quantidas variam, e o valor do produto é obtido multiplicando-se as quantidades pelos preços correntes (isto é, os preços vigentes em cada ano).

(24) produto nominal = $\sum P_t Q_t$

Retomando a Tabela 2.2, é possível perceber que ela apresenta o produto calculado como produto nominal. O efeito das variações de preços fica visível: mesmo que variem as quantidades, o produto em termos nominais fica aparentemente estagnado em alguns anos da série.

Deflator implícito do produto

Já explicitamos que o produto pode apresentar variações reais ou nominais. Nas contas nacionais, os órgãos de pesquisa divulgam os agregados macroeconômicos das duas formas: a preços constantes (em relação a um ano-base, ou tomando os preços do ano anterior como base), com variação real; e a preços correntes, com variação nominal. É importante perceber que as variações de preços ocorrem de forma normal numa economia e que elas afetam a aferição do produto, bem como sua comparação em anos diferentes. Em especial, é preciso estimar o efeito de variação de preços no valor do produto em anos diferentes. Para isso, utilizamos o conceito de *deflator do produto*.

Por definição, um deflator é uma medida da variação média dos preços de dado período em relação à média dos preços de um período anterior. Na divulgação das contas nacionais, o conceito relevante é o de **deflator implícito**, uma medida indireta da inflação do período de referência em relação ao precedente, ou seja, uma forma indireta de medir a variação agregada do índice de preços da economia de um ano para outro. No caso do deflator implícito do produto (DI), obtém-se uma medida da variação do valor da produção nominal de um período e seu produto real a preços do período anterior. O cálculo do DI consiste em determinar a razão entre o produto nominal e o produto real e multiplicá-la por 100, para se obter um número inteiro, por razões práticas de divulgação de resultados.

(25) $DI = (\sum P_t Q_t / \sum P_0 Q_t) \times 100$

O deflator é diferente dos indicadores usuais de inflação (os índices de preços), que são medidos diretamente em pesquisas e levam em consideração cestas específicas de bens e serviços (índices ao consumidor) ou de insumos (índices ao produtor). Na divulgação das contas nacionais, é usual informar explicitamente o DI do PIB, que serve como referência para "desinflacionar" o valor do produto de determinado ano em relação a um ano-base, considerando, portanto, os preços praticados no ano de referência como constantes.

Seguindo o exemplo que temos utilizado, calculamos o DI para o valor do produto de duas formas: em relação a um ano-base (no nosso exemplo, o ano 1, da Tabela 2.2) e ao ano anterior (por exemplo: ano 3 em relação ao ano 2):

Tabela 2.4 – Deflatores implícitos do produto

Ano	Preço ($)	Quantidade (toneladas)	Valor do produto	DI ano-base = ano 1	DI ano-base = ano anterior
1	10	1 000	10 000	100,0	-
2	10	1 100	11 000	110,0	100,0
3	8	1 375	11 000	137,5	80,0
4	11	1 000	11 000	100,0	137,5
5	11	1 100	12 100	110,0	100,0

Analisemos as duas novas colunas. Na coluna em que o DI é calculado sempre com base num mesmo ano de referência, há uma indicação da variação real do produto: como os preços não estão constantes, nos anos 2, 3 e 5 o produto foi maior que o do ano 1 em 10%, 37,5% e 10%, respectivamente; no ano 4, o produto foi igual ao do ano-base. Já na coluna final, na qual o DI é calculado tendo como referência os preços de cada ano imediatamente anterior àquele em foco, esse DI evidencia as variações nominais: entre os anos 1 e 2, como os preços foram os mesmos, embora a quantidade tenha aumentado, o produto não variou em termos nominais. No ano 3, houve queda nominal de cerca de 20% (caiu do patamar de 100 para 80). No ano 4, verificou-se elevação de preços de 37,5% em relação ao ano 3 – note que o preço subiu de 8 para 11; o DI saltou de 80 para 137,5). No ano 5, os preços ficaram estáveis em relação ao ano 4; por isso, o DI ficou estável em 100[12].

---

12 Os números aqui estão obviamente exagerados, em termos das variações de preços. Em economias estabilizadas, não são normais variações de preços dessa magnitude.

Taxas de crescimento e números índices

Um número de grande interesse na macroeconomia é a taxa de crescimento do PIB entre dois períodos de tempo. Essa taxa sempre é divulgada pelo SCN, mas é importante saber calculá-la tanto para o PIB como para quaisquer outras variáveis de interesse.

A taxa anual de crescimento é a razão entre o PIB no ano t (ano de referência) e o PIB no ano anterior (t–1)[13]:

(26) taxa de crescimento do $PIB_t = [(PIB_t / PIB_{t-1}) - 1] \times 100$

Para o cálculo da taxa de crescimento, é importante determinar a variação real do produto. Na Tabela 2.5, calculamos a taxa de crescimento do ano 2 ao ano 5, em relação ao ano anterior, considerando as variações reais do produto.

Tabela 2.5 – Taxas de crescimento (produto real)

Ano	Preço ($)	Quantidade (toneladas)	Produto real	Taxa de crescimento
1	10	1 000	10 000	-
2	10	1 100	11 000	10,0
3	8	1 375	13 750	25,0
4	11	1 000	10 000	−27,3
5	11	1 100	11 100	10,0

---

13 Caso se deseje descobrir a taxa de crescimento de períodos menores que o ano (por exemplo: trimestre ou mês), é possível proceder de duas formas: 1) calcular a taxa entre o trimestre/mês (t) e o trimestre (t-1), como na fórmula do PIB; 2) calcular a taxa entre o trimestre/mês (t) e o mesmo trimestre/mês do ano anterior. No primeiro caso, obtém-se um indicador direto, mas sem ajuste sazonal. No segundo, ao comparar o produto em períodos semelhantes do ano (por exemplo: o trimestre do inverno do ano corrente com o trimestre do inverno do ano anterior), realiza-se um ajuste sazonal. Sempre que se utilizam períodos menores que o ano civil como referência, é importante obter as taxas de crescimento por ajuste sazonal, já que se espera que os mesmos fatores sazonais operem ao longo de trimestres idênticos, mesmo em anos diferentes.

Em linhas gerais, expusemos os grandes conceitos, as identidades e os agregados macroeconômicos que podem ser obtidos a partir de um SCN. Evidentemente, um sistema é algo bem mais amplo do que isso, e o SCN compreende uma série de contas ou identidades contábeis e busca determinar as relações intersetoriais da economia, por meio de matrizes insumo-produto ou, simplificadamente, das tabelas de recursos e usos (TRU), bem como as relações entre os grandes setores institucionais[14] da economia, mediante contas econômicas integradas (CEI)[15].

Síntese

Neste capítulo, explicamos que um SCN disponibiliza informações sobre os resultados econômicos do país, sintetizados em grandes indicadores agregados de produção, despesa e renda. Os indicadores são agregados macroeconômicos calculados segundo uma metodologia comum das Nações Unidas, o System of National Accounts (SNA).

Tais agregados têm definições precisas, que fogem ao senso comum. De acordo com uma delas, um produto representa a soma de bens e serviços finais produzidos por uma economia ao longo de um período. Para obter esse resultado, a metodologia de cálculo estima o valor adicionado em cada etapa produtiva, o qual corresponde à diferença entre o valor bruto da produção e os gastos com insumos, chamados de *consumo intermediário*.

---

14 Setores institucionais são, por definição, o conjunto de unidades institucionais caracterizadas por autonomia de decisões e unidade patrimonial. Tais setores são: famílias, empresas financeiras, empresas não financeiras, administrações públicas (governo, nos seus diversos níveis e poderes), instituições sem fins lucrativos a serviço das famílias, como organizações não governamentais (ONGs), e instituições filantrópicas em geral, entre outras (IBGE, 2008).

15 Caso você, leitor, deseje conhecer aspectos mais técnicos de tais especificidades, secundárias para os estudantes e pesquisadores da área de relações públicas, consulte a seção "Para saber mais", ao final do capítulo.

Por fim, analisamos que os dados divulgados num SCN precisam ser tratados adequadamente para uso em pesquisas empíricas ou relatórios técnicos, o que pode ser feito empregando-se deflatores do PIB, que harmonizam os valores de cada ano ou trimestre a um mesmo período-base.

Para saber mais

Livro

FEIJÓ, C. M.; RAMOS, R. L. O. (Org.). **Contabilidade social**: a nova referência das contas nacionais do Brasil. 4. ed. Rio de Janeiro: Campus, 2013.

Embora essa obra seja de natureza muito técnica, alguns textos presentes nela podem ajudar na compreensão tanto do SCN quanto do uso de dados macroeconômicos.

Questões para revisão

1. Considere os países A e B. Sabe-se que o país A informa nas contas nacionais o valor de seu PIB, enquanto o país B informa o valor do PNB. Com base nessas informações, justifique por que ambos não informam o valor de sua produção utilizando a mesma métrica (PIB ou PNB).

2. Com base nos dados do quadro a seguir, calcule:
   a. O PIB dessa economia.
   b. O total do valor adicionado.

Setor	Valor bruto da produção (VBP)	Consumo intermediário (CI)	Valor adicionado (VA)
Agricultura	500	0	
Indústria	3 500	500	

(continua)

(conclusão)

Setor	Valor bruto da produção (VBP)	Consumo intermediário (CI)	Valor adicionado (VA)
Comércio	5 000	3 500	
Serviços	1 000	0	
TOTAL			

c. Agora, responda: O PIB e o total do valor adicionado são iguais? Por quê?

3. Com relação ao produto interno bruto (PIB), é **incorreto** afirmar que:

   a. consiste em uma medida da capacidade de produção do país, já descontada a remessa de recursos para fatores não residentes (estrangeiros).

   b. segundo a identidade fundamental das contas nacionais, corresponde ao valor da renda interna bruta e ao dispêndio interno bruto.

   c. representa a soma de tudo o que foi produzido por um país ou uma região ao longo de um período.

   d. seu valor, somado à renda líquida externa, resulta no valor do produto nacional bruto (PNB).

4. Assinale a seguir a afirmação **incorreta**:

   a. Na divulgação das contas nacionais, o conceito relevante é o de *deflator implícito*, que corresponde a uma medida indireta da inflação do ano de referência em relação ao ano anterior.

   b. Para a obtenção da taxa de crescimento do produto entre dois períodos, devemos considerar o valor real da produção.

c. Para a obtenção da taxa de crescimento do produto entre dois períodos, devemos considerar o valor nominal da produção.

d. O produto real de uma economia é obtido pela multiplicação das quantidades do ano corrente (ano "t") pelos preços de um ano-base de referência (ano "o").

5. Considere as seguintes afirmativas:
   I. O valor adicionado de qualquer setor produtivo de um país é igual à diferença entre o valor bruto da produção e seus custos intermediários.
   II. Com relação ao investimento, a soma da formação de capital fixo com as variações de estoques constitui o investimento bruto, ou formação bruta de capital fixo (FBCF).
   III. O investimento líquido de um país ou região é igual à formação bruta de capital fixo deduzida do valor da depreciação do capital.

   Estão corretas as afirmativas:
   a. I e II.
   b. II e III.
   c. I e III.
   d. I, II e III.

Questões para reflexão

1. O PIB de um país foi de $ 1,2 trilhão em termos nominais, mas de $ 1,1 trilhão em termos reais. O deflator implícito do PIB foi de 9%. Explique a diferença entre as duas métricas e o que esse deflator indica.

2. Quando se faz referência a crescimento econômico, comunica-se que algo está aumentando: no caso, o produto, em termos reais. Agora, considere um grande bloco econômico hipotético que, atingido por uma recessão econômica profunda, registre crescimento negativo por dois anos consecutivos. Suponha que esse bloco econômico tenha um produto dado pelo índice de 100, em 2010, e que registre as seguintes taxas de crescimento: –2,5% em 2011 e –2% em 2012. Calcule o valor do número-índice do produto para 2011 e 2012 e interprete o que isso significa no tocante a variação do produto.

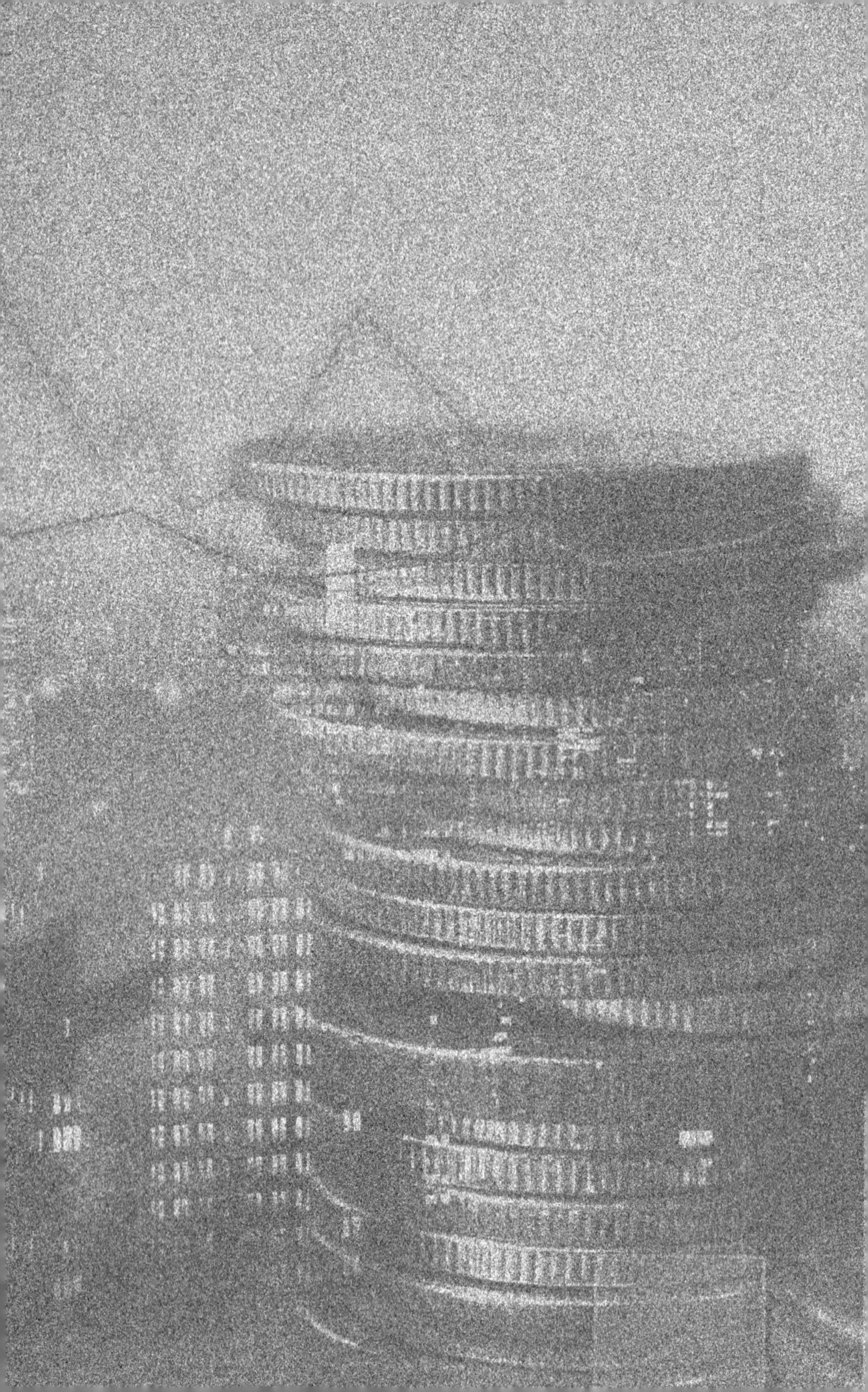

capítulo três

Balanço de Pagamentos: estrutura e análise

Conteúdos do capítulo:

- Conceito e estrutura do Balanço de Pagamentos (BP).
- Interpretação do BP: *deficit* ou *superavit*, contas e financiamento.
- Relações entre contas nacionais e contas financeiras do BP.

Após o estudo deste capítulo, você será capaz de:

1. identificar a estrutura das contas e subcontas do Balanço de Pagamentos (BP), bem como a relação entre todas elas para a determinação da situação final (*superavit* ou *deficit*) do BP de um país durante determinado período de referência;
2. perceber a relação entre a contabilidade social e as contas Capital e Financeira do BP (financiamento);
3. sistematizar a metodologia adotada pelo Banco Central do Brasil para apresentar as contas Capital e Financeira do BP e a conta Posição de Investimento Internacional, com destaque para o caso da economia brasileira;
4. analisar a noção contábil e econômica de equilíbrio do BP, a relação entre o produto nacional bruto (PNB), os gastos internos e o resultado das transações correntes do BP, bem como observar como este pode ser financiado por recursos externos, registrados na conta Financeira;
5. interpretar as informações prestadas nas contas Capital e Financeira do BP da economia brasileira.

No capítulo anterior, apresentamos o instrumental analítico e a estrutura de um Sistema de Contas Nacionais (SCN). Neste capítulo, trataremos de outro instrumento muito importante para fazer uma análise econômica e estabelecer comparações internacionais de desempenho, voltado especificamente para retratar as relações econômicas entre os países: o Balanço de Pagamentos (BP). Na análise de economia política internacional, o BP é de especial importância, uma vez sua aplicação permite obter dados sobre o desempenho externo dos países.

Assim, neste capítulo, apresentaremos a estrutura padrão do BP e demonstraremos seus procedimentos de análise, com ênfase para as relações financeiras entre os países. Além disso, atentaremos para conceitos como *superavit* e *deficit* nas várias contas do BP

Versaremos também sobre a abertura das contas de capital dos países avançados – ocorrida após o fim do acordo de Bretton Woods, que assegurou uma formatação ao sistema financeiro internacional entre 1944 e 1971 –, e o processo de abertura financeira, que ganhou maior volume e dimensão com a globalização. Mais especificamente, analisaremos essas questões atreladas à economia brasileira.

3.1 *Balanço de Pagamentos*

Conceitualmente, o BP é o registro estatístico de todas as transações realizadas entre os residentes de uma economia e o restante do mundo, ocorridas em determinado intervalo de tempo, em moeda estrangeira[1]. Essas transações são os fluxos de bens

---

1 O BP reflete transações em moeda de reserva internacional. Para os Estados Unidos, por exemplo, emissor da principal moeda de reserva, o BP é todo em moeda "doméstica", portanto.

e direitos de valor econômico entre residentes e estrangeiros[2]. Portanto, refletem a criação, a extinção, a transformação e a transferência de valores econômicos que envolvem a troca de propriedade de bens e ativos financeiros, bem como o fornecimento de serviços, capital e trabalho entre o país e o resto do mundo.

Não obstante o nome consagrado pelo uso, o BP não é propriamente um balanço em sentido contábil, já que registra fluxos – transações –, e não estoques. Tampouco o BP informa apenas pagamentos, já que sua estrutura de divulgação de dados também apropria transferências que não envolvem necessariamente pagamentos. Assim como as contas nacionais, o BP respeita metodologias internacionais para aferição e divulgação de resultados. No Brasil, a responsabilidade de coletar e comparar os dados, bem como de divulgar o BP, é do Banco Central do Brasil (BCB). O BP brasileiro é elaborado segundo as diretrizes conceituais estabelecidas na sexta edição do *Manual de Balanço de Pagamentos e Posição de Investimento Internacional (BPM6)* (BCB, 2017a).

Para desenvolver a análise do BP, bem como para trabalhar com os tipos de dados por ele fornecidos, é fundamental conhecer sua estrutura, sustentada em quatro grandes contas[3]:

1. Transações Correntes;
2. Capital;
3. Financeira;
4. Erros e Omissões.

---

2 O BP brasileiro é divulgado tendo como moeda de referência o dólar norte-americano. A unidade é informada em milhões de dólares. Todas as transações são convertidas para o valor do dólar segundo a cotação do dia (da transação). Para fins de definição, consideram-se residentes no país as empresas que tenham interesse econômico estabelecido no país e os indivíduos domiciliados no país por um ano ou mais, que tenham nesse país seu centro de interesse econômico; não são considerados residentes os viajantes, pessoas em tratamento de saúde no país, estudantes, pessoas ou instituições a serviço de seus países de origem ou em atividade econômica sazonal, ainda que quaisquer desses permaneçam no país por um ano ou mais (BCB, 2017a).

3 Anteriormente à sexta edição do *Manual de Balanço de Pagamentos e Posição de Investimento Internacional (BPM6)*, a divisão era a seguinte: (1) Transações Correntes; (2) Capital e financeira; (3) Erros e Omissões; e (4) Variação de reservas (a qual foi incorporada, na sexta edição, à conta Financeira).

Essas quatro contas são dispostas em uma estrutura padronizada, conforme o esquema a seguir:

> Estrutura do BP
> A – Balança comercial (bens) e serviços
> B – Balanço de rendas e transferências
> **C – Saldo em transações correntes = A + B**
> D – Conta Capital
> E – Conta Financeira
> **F – Saldo do balanço de capitais e conta financeira = D + E**
> G – Erros e Omissões
> **H – Saldo do BP = C + F + G**

A conta Transações Correntes envolve as transações em bens e serviços entre residentes e não residentes. Assim, é dividida entre três subcontas: Balança comercial; Balanço de serviços e rendas; Transferências unilaterais. O Quadro 3.1, a seguir, mostra a subdivisão interna dessa conta, especificando os itens que constituem cada subconta.

Quadro 3.1 – Estrutura do BP: conta Transações Correntes

Transações Correntes
A. Balança comercial (bens) e serviços[i]
Balança comercial (bens) – Balanço de Pagamentos
Exportações de bens – Balanço de Pagamentos
Importações de bens – Balanço de Pagamentos
Serviços
Serviços de manufatura sobre insumos físicos pertencentes a outros
Serviços de manutenção e reparo

(continua)

(Quadro 3.1 – continuação)

Transportes
  Passageiros
  Fretes
  Outros serviços de transportes
Viagens
Negócios
Pessoais
Saúde
Educação
Outras viagens pessoais, inclusive turismo
Construção
Seguros
Serviços financeiros
  Serviços financeiros – tarifas explícitas e outros serviços financeiros
  Serviços financeiros – serviços de intermediação financeira indiretamente medidos
Serviços de propriedade intelectual
Telecomunicação, computação e informações
Aluguel de equipamentos
Outros serviços de negócio, inclusive arquitetura e engenharia
Serviços culturais, pessoais e recreativos
  Serviços audiovisuais e relacionados
  Serviços de saúde, educação e outros culturais, pessoais e recreativos
Serviços governamentais

B. Balanço de rendas e transferências[i]
Renda primária
Salários e ordenados
Renda de investimentos

(Quadro 3.1 – conclusão)

> Renda de investimento direto
> Lucros e dividendos remetidos
> Lucros reinvestidos
> Juros de operações intercompanhia
> Renda de investimento em carteira
> Lucros e dividendos
> Juros de títulos negociados no mercado externo
> Juros de títulos negociados no mercado doméstico – despesas
> Renda de outros investimentos (juros)
> Renda de reservas – receitas
> Demais rendas primárias
> **Renda secundária**
> **Governo**
> **Demais setores**
> Transferências pessoais
> Outras transferências
>
> **C. Saldo em transações correntes = A + B**

(i) saldo = receita–despesas

Fonte: Elaborado com base em BCB, 2014.

Com a abertura da conta Financeira, que a maior parte dos países realizou a partir dos anos 1980, o BP incorporou também as entradas e saídas de capitais ligadas exclusivamente a movimentações financeiras. Daí a importância e o detalhamento das contas Capital e Financeira, na estrutura do BP. Esse detalhamento, acrescido ao das duas outras contas do balanço, está no Quadro 3.2.

Uma observação importante é que, sendo o BP um registro de fluxos, frequentemente há imprecisão ou falta de dados ou registros, os quais os bancos centrais obtêm ou estimam por métodos indiretos. Os ajustes derivados dessas dificuldades de aferição, fiscalização e registros administrativos são feitos, normalmente, numa conta à parte, a conta Erros e Omissões. Finalmente, após obtido o saldo das contas Transações Correntes, Capital e Financeira, e feitos os ajustes em Erros e Omissões, chega-se ao saldo do BP[4].

Quadro 3.2 – Estrutura do BP: contas Capital, Financeira, Erros e Omissões e saldo do BP

D. Conta Capital[i]
Ativos não financeiros não produzidos
Passes de atletas
Transferências de capital

E. Conta Financeira: concessões líquidas (+)/captações líquidas (–)
Investimento direto
Investimentos diretos no exterior[ii]
Participação no capital – total
Participação no capital, exceto de lucros reinvestidos
Participação no capital – lucros reinvestidos no exterior – saídas
Operações intercompanhia[iii]
Matrizes no Brasil a filiais no exterior
Filiais no Brasil a matrizes no exterior (investimento reverso)
Operações entre empresas-irmãs
Investimentos diretos no país[ii]
Participação no capital – total – passivos
Participação no capital, exceto lucros reinvestidos – passivos
Participação no capital – lucros reinvestidos no Brasil – ingressos
Operações intercompanhia – passivos[iv]
Matrizes no exterior a filiais no Brasil
Filiais no exterior a matrizes no Brasil (investimento reverso)
Operações entre empresas-irmãs

(continua)

---

4 Na nova metodologia, objetivamente, não há mais um saldo do BP em termos contábeis, como no item H do Quadro 3.2. Essa, no entanto, é a forma tradicional de apresentação (e até de avaliação dos resultados) do Balanço de Pagamentos. Apenas para fins didáticos, optamos por manter dessa forma na apresentação geral.

(Quadro 3.2 – continuação)

Investimentos em carteira
Investimentos em carteira – ativos[i]
Investimentos em ações – ativos[v]
Investimentos em fundos de investimento – ativos[v]
Títulos de renda fixa – ativos[v]
Títulos de renda fixa – ativos – curto prazo
Títulos de renda fixa – ativos – longo prazo
Investimentos em carteira – passivos[i]
Investimentos em ações – passivos[ii]
No país
No exterior
Investimentos em fundos de investimento – passivos[ii]
Títulos de renda fixa – passivos[ii]
Negociados no mercado doméstico
Negociados no mercado externo
Curto prazo
Longo prazo
Banco Central
Governo
Bancos
Demais setores
Derivativos
Ativos
Passivos
Outros investimentos
Ativos
Passivos

(Quadro 3.2 – continuação)

Outras participações em capital
Ativos[ii]
Passivos[ii]
Moeda e depósitos
Ativos
Banco Central
Bancos
Governo
Demais setores
Passivos
Banco Central
Bancos
Governo
Demais setores
Empréstimos
Ativos[ii]
Passivos[ii]
Passivos – curto prazo
Passivos – longo prazo
Banco Central – passivos
Bancos – passivos
Governo – passivos
Demais setores – passivos
Seguros, esquemas de pensão e de fundos de garantia
Ativos
Passivos

(Quadro 3.2 – continuação)

Créditos comerciais e adiantamentos
Ativos
Passivos[ii]
Curto prazo
Longo prazo
Outras contas a pagar/receber
Ativos[ii]
Passivos[ii]
Direitos especiais de saque (incidência líquida de passivos)
Ativos de reserva
Ouro monetário
Ouro em barras
Contas em ouro não alocado
Direitos especiais de saque
Posição de reserva no FMI
Outros ativos de reserva
Moeda e depósitos
Direitos sobre autoridades monetárias
Direitos sobre outras instituições
Títulos
Títulos de renda fixa
Curto prazo
Longo prazo
Investimentos em ações
Instrumentos derivativos
Demais ativos

(Quadro 3.2 – conclusão)

F. Saldo do balanço de capitais e da conta financeira = D + E

G. Erros e Omissões

H. Saldo do BP = C + F + G

I. Movimento de capitais compensatórios

Se o saldo for positivo – acumulação de reservas
Se o saldo for negativo – financiamento do BP

(i) saldo = receitas - despesas;
(ii) investimentos de agentes ou empresas brasileiras no exterior representando recursos enviados líquidos – saldo = saídas - ingressos (números negativos expressam saídas superiores a entradas). Quando se tratar de investimento recebido líquido (investimentos diretos no país) correspondente ao que normalmente se denomina *investimento externo direto* (IED) – saldo = entradas - saídas;
(iii) saldo = amortizações recebidas do exterior - créditos concedidos ao exterior;
(iv) saldo = créditos recebidos do exterior - amortizações pagas ao exterior;
(v) saldo = vendas - aquisições.

Fonte: Elaborado com base em BCB, 2014.

O saldo do BP (conta de chegada) pode ser positivo (*superavit*) ou negativo (*déficit*). Para neutralizar o resultado final, o saldo deve ser utilizado para a ampliação de reservas (no caso de *superavit*) ou financiado (no caso de *déficit*), obtendo-se recursos externos ou utilizando reservas acumuladas anteriormente.

Ainda, o saldo do BP é um indicador importante para a análise da **solvência externa** de um país (Sachs; Larrain, 2000)[5]. Como argumentam Krugman, Obstfeld e Melitz (2015)[6], nenhuma economia pode apresentar *déficit* externos permanentes e elevados como proporção do produto interno bruto (PIB)[7]. Em algum

---

[5] Na obra *Macroeconomia em uma economia global*, Sachs e Larran (2000) apresentam o conceito de saldo de capitais externos, definido como o somatório dos saldos em transações correntes de todos os períodos com a dívida externa inicial de um determinado país, revelando, assim, um indicador do uso de recursos externos para financiar a economia doméstica.

[6] Ver, em particular, os capítulos 12, 18 e 22 dessa obra.

[7] Salientamos que a definição do que seria um *déficit* externo elevado em proporção do PIB não é consensual.

momento, esse *déficit* persistente pode ser interpretado como falta de capacidade de pagamento, e o financiamento internacional pode se tornar restrito. Nessas situações-limite, os países com desequilíbrios externos acentuados podem recorrer ao FMI, por exemplo, mas essa é uma solução geralmente adiada ao máximo porque tal medida implica aceitar as condicionalidades que o Fundo pode impor para conceder socorro financeiro[8]. Por outro lado, *superavit* persistentes e muito elevados (como proporção do PIB) no BP, como no caso em que uma economia opere com algum tipo de câmbio fixado, podem gerar retaliação de outros países: os parceiros comerciais podem desconfiar que estejam sendo empobrecidos ou prejudicados pelo crescimento agressivo do país[9].

3.2 Contabilidade social e Balanço de Pagamentos

Se recordarmos os conteúdos apresentados no Capítulo 2 e os associarmos às informações que prestamos sobre o BP até este ponto do texto, podemos afirmar que, por medirem agregados macroeconômicos importantes, há uma relação entre as contas nacionais e o BP, a qual merece ser aprofundada. É o que faremos após uma breve revisão, para seguirmos em bases seguras antes de adicionarmos novos conceitos.

---

8 Mais sobre isso no Capítulo 7 desta obra.

9 Um exemplo disso é a situação dos grandes *superavit* comerciais chineses em relação ao resto do mundo. Frequentemente, a imprensa, particularmente a voltada ao noticiário econômico, divulga informações sobre as críticas de governos ou grupos que se sentem prejudicados pela política cambial e comercial bastante agressiva da China, nação que, ao longo das últimas décadas, tornou-se a principal fornecedora de produtos industrializados do mundo. Todavia, o país não opera com câmbio flexível; por isso, é capaz de conduzir políticas com algum grau de semelhança àquelas chamadas de *empobrecimento do vizinho*, obtendo significativos *superavit* comerciais por ter preços competitivos de seus produtos industriais derivados de fatores cambiais, e não puramente de eficiência econômica, uma das razões pelas quais sua posição no comércio internacional é, por vezes, severamente criticada pelos países que se sentem prejudicados.

Conforme explicamos anteriormente ao tratar das contas nacionais, partimos da identidade contábil:

(1) produto = renda = demanda (gastos)

Particularmente, tomando o PIB como medida do produto, podemos substituir a demanda pela soma de consumo (C) com investimento (I), gasto do governo (G) e exportação de bens e serviços, decrescida da importação de bens e serviços, conforme segue:

(1a) PIB = renda = demanda
PIB = renda = C + I + G + X − M

Como analisamos na estrutura do BP, são detalhadas as exportações e importações na balança comercial de bens e serviços da conta Transações Correntes. Note que os dados de exportações (X) e importações (M) também estão explicitados na identidade contábil das contas nacionais. Ainda em Transações Correntes consta o registro, nas subcontas Renda primária e Renda secundária, dos pagamentos pelos serviços de fatores e transferências de renda. Assim, no BP são explicitamente registradas as rendas enviadas e recebidas do exterior. Esse registro demonstra que parte da renda gerada internamente – Renda Interna Bruta (RIB) ou Produto Interno Bruto (PIB) – é enviada ao exterior (para pagar importações, ou remunerar fatores estrangeiros, por exemplo) e que, inversamente, há acréscimo no valor do produto quando há rendas vindas ou obtidas por nacionais em transações com o exterior.

No caso brasileiro, o saldo das contas Renda primária e Renda secundárias costuma ser negativo, ou seja, o país apresenta renda enviada ao exterior (REE) maior que a renda recebida do exterior (RRE). Para fins didáticos, a diferença entre as rendas recebidas e enviadas (do/ao exterior) é aqui designada como *renda líquida enviada ao exterior* (RLEE). Para a economia brasileira, a RLEE é um número positivo (o que significa que o país envia mais do que recebe, como já declaramos). Parte expressiva desse resultado se deve ao fato de que o Brasil remunera serviços internacionais (como fretes e seguros) e fatores de produção de propriedade de não residentes em volume maior do que recebe nas mesmas rubricas contábeis[10]. Isso pode ser incorporado às contas nacionais como o produto ou a renda nacional dos residentes, ou produto ou renda nacional.

(2) $PIB - RLEE = PNB =$ renda nacional $= C + I + G + (X - M) - RLEE$

A conta Transações Correntes do BP é formada pelo saldo da balança comercial – que nas identidades contábeis corresponde à diferença entre exportações e importações $(X - M)$ – e pela conta Renda primária e Renda secundária (cujo saldo corresponde à RLEE). Podemos juntar esses resultados para obter um indicador importante para a análise da solvência externa de um país, isto é, sua capacidade de honrar seus pagamentos internacionais, no referente a seu BP: saldo em transações correntes (S_{TC})[11]. Assim:

(3) $(X - M) - RLEE = S_{TC}$

Considerando que o saldo em transações correntes se trata da diferença entre a balança comercial de bens e serviços (A) e a balança de rendas e transferências (B), podemos reescrever essa identidade da seguinte forma:

(3a) $A - B = S_{TC}$

Observe que, em (3), especificamos as subcontas do BP de onde se originam os dados utilizados para obter esse resultado. Em (2),

---

10 Veremos mais adiante, no Estudo de caso, alguns dados sobre esses resultados.

11 É importante observar que, na metodologia anterior e no jargão ainda em uso na imprensa e entre alguns analistas, é comum o uso da expressão *saldo na conta corrente do BP*, o que, pela nova metodologia, denomina-se tecnicamente *saldo em transações correntes*.

uma parte da renda (que, por sua vez, é contabilmente igual ao produto e à despesa) é representada por gastos eminentemente internos ou domésticos, representados pela soma de consumo, investimento e despesas do governo (C + I + G). A outra parte da renda é representada pelo saldo em transações correntes do BP. Desse modo, podemos reescrever a identidade 2 utilizando o conceito S_{TC}, dado na identidade 3:

(4) PNB = renda nacional = C + I + G + S_{TC}

Ou, definindo explicitamente:

(4a) PNB = renda nacional = gastos internos + S_{TC}

Ao atentarmos para essa identidade contábil, podemos deduzir que existe a possibilidade numérica de que um país registre as três posições contábeis alternativas que seguem:

1. **PNB = gastos internos** – Equilíbrio na conta Transações Correntes do BP (S_{TC} = 0). Para verificarmos isso, basta considerar que: se PNB = C + I + G, então S_{TC} = PNB – (C + I + G). Logo, S_{TC} = 0.
2. **PNB > gastos internos** – *Superavit* na conta Transações Correntes do BP. O S_{TC}, portanto, é positivo: o país apresenta *superavit* em transações correntes. Para verificarmos essa conclusão, é preciso entender que: se PNB > C + I + G, então a diferença entre esses dois resultados é positiva, isto é: PNB – (C + I + G) > 0. Essa diferença positiva corresponde justamente ao saldo positivo (*superavit*) na referida conta, isto é, S_{TC} = PNB – (C + I + G) > 0. Logo, S_{TC} > 0.
3. **PNB < gastos internos** – *Déficit* na conta Transações Correntes do BP, ou seja, o S_{TC} é negativo. Verificamos isso pelo mesmo raciocínio do caso anterior, apenas invertendo os sinais: se PNB < C + I + G, então a diferença é negativa,

isto é: PNB − (C + I + G) < 0. Essa diferença negativa corresponde justamente ao saldo negativo (*deficit*) na conta em foco, isto é: S_{TC} = PNB − (C + I + G) < 0. Logo, $S_{TC} < 0$[12].

Análise do Balanço de Pagamentos sob a ótica da demanda efetiva

Já mencionamos repetidas vezes a igualdade entre produto, renda e gasto como uma identidade contábil. Entendemos ser necessário explicitar a determinação econômica que permite essa igualdade. Uma linha de pensamento que analisa essa determinação é baseada no princípio da demanda efetiva (PDE), princípio calcado na formulação original de dois teóricos da ciência econômica: John Maynard Keynes (1982) e Michal Kalecki (1983)[13].

Pelo PDE, o nível de produção, denominado *oferta*, ajusta-se ao nível esperado de vendas, chamado *demanda efetiva*. Podemos, por simplicidade, considerar que não há formação de estoques não planejados (por exemplo: estoques resultantes de vendas abaixo do esperado) por parte dos produtores, ou que o valor desses estoques indesejados é muito baixo como proporção do produto agregado da economia.

Os empresários, em suas decisões de produção, têm expectativa de vender determinada quantidade de produto, a certo nível de preços e ajustada a dado nível de emprego. Consideremos inicialmente

---

12 Normalmente, esse é o caso mais comum no que se refere aos dados do BP do Brasil, já que parte do gasto interno corresponde, também, à remuneração de fatores de produção de propriedade de não residentes e ao pagamento de serviços internacionais em volume maior do que aquilo que o país recebe nessas mesmas rubricas.

13 A formulação original dos SCNs, como já discutimos no Capítulo 2, feita por Wassily Leontief e Richard Stone, bebeu bastante das fontes de Keynes e Kalecki, fundadores da macroeconomia que em suas obras apresentaram importantes e precisas definições agregadas, as quais foram incorporadas às formulações das matrizes insumo-produto e das contas nacionais. Por exemplo, o quarto capítulo da obra *A teoria geral do emprego, do juro e da moeda*, de Keynes, é basicamente uma listagem de definições de métricas para agregados econômicos; Kalecki apresenta também definições e métodos de mensuração nos Capítulos 3 a 5 do livro *Teoria da dinâmica econômica*. Para uma apresentação mais detalhada do PDE, ver: Possas (1999), Davidson (1994) e Migliolli (2004).

uma situação ideal: tais expectativas são atendidas, portanto, tudo o que é produzido é vendido. Explica-se, assim, a igualdade entre produto e demanda (vendas = gastos).

> **Fique atento!**
>
> Alternativamente, sem a hipótese simplificadora do perfeito acerto de expectativas – ou seja, um caso mais geral –, erros nas expectativas levariam a algum tipo de acumulação indesejada de estoques e posteriores ajustes nos níveis de preços, bem como de emprego e de produção. Na formulação de Keynes, essa acumulação indesejada entra no investimento, e essa é a forma também adotada nas contas nacionais; em termos metodológicos, o ajuste em estoques é uma variedade de investimento.
>
> Outra formulação teórica a respeito da igualdade entre oferta e demanda, com determinação dada na direção daquela para esta, é a resultante da Lei de Say, implícita nas análises ortodoxas de economia, segundo a qual, no agregado, a oferta determinaria sua própria demanda. No entanto, essa lei opera sob a hipótese de uma economia que opera continuamente em pleno emprego, sendo quaisquer erros de produção contornados graças às variações nos preços de venda (caindo, se houver produção maior que a demanda, ou subindo, em caso contrário).
>
> O princípio da demanda torna o pleno emprego um caso possível (mais precisamente, um caso particular) dentre as muitas situações de equilíbrio previstas, incluindo aquela em que há equilíbrio entre oferta e demanda efetiva abaixo do pleno emprego – quando os ajustes não são somente via preços, mas também via quantidades, ou seja, com variações indesejadas de estoques, reduções na produção e desemprego de fatores (Keynes, 1982). Essa seria uma explicação mais geral, portanto quaisquer erros nas expectativas implicariam ajustes indesejados em estoques, preços e também no nível de emprego, sob essa perspectiva analítica de Keynes[14].

---

14 A esse respeito, ver Miglioli (2004).

Quando decidem produzir, os empresários têm de adquirir insumos (incluindo compra de bens de capital, itens novos ou de reposição), contratar trabalhadores e pagar salários. A diferença entre as receitas totais e os custos (por exemplo: com insumos e mão de obra) representa os lucros das atividades empresariais. As empresas, portanto, produzem e empregam porque têm em vista vendas e lucros (baseados nas vendas esperadas e nos custos incorridos na produção). Se ao final de cada período produtivo (isto é, no tempo-calendário em que normalmente opera – um mês, um trimestre etc.) conseguirem efetivamente vender tudo o que produzirem, as corporações obtêm, com sua receita de vendas, os custos totais de produção e o lucro.

O PDE, como princípio explicativo da igualdade entre produto, renda e demanda, demonstra que a variável autônoma e determinante dessa tripla igualdade é o **nível de gastos**, ou seja, a demanda efetivamente verificada no mercado a cada período. Em termos agregados, os gastos determinam as receitas das empresas que, por sua vez, pagam salários, insumos, tributos, outros serviços e obtêm lucros. Os empresários só conseguem receita para cobrir custos, pagar salários e lucrar quando efetivamente vendem sua produção em níveis compatíveis com suas previsões de vendas feitas antes de iniciar a produção. Acertar no planejamento de produção para os períodos futuros (meses ou trimestres, por exemplo) é crucial nesse processo, embora não seja possível (nem provável) acertar sempre.

Assim, sob a perspectiva analítica do PDE, o processo de produção é crucialmente afetado pelas expectativas das empresas a respeito de suas vendas no futuro próximo. Os lucros são diretamente proporcionais à proximidade entre as expectativas formadas antes da decisão de produção e os resultados das vendas. Quando, no entanto, há erro nas previsões (isto é, se as expectativas são frustradas), as empresas devem revisá-las e corrigi-las.

Tais processos são comuns e constantes em economias de mercado. Para tomar suas decisões sobre quanto produzir no presente, as empresas levam em conta as expectativas sobre vendas esperadas no futuro próximo.

> **Fique atento!**
> É importante notar que a produção é um processo que ocorre em tempo cronológico, ou tempo-calendário, isto é: a produção é realizada no presente para ser vendida num período futuro próximo, para o qual seja possível algum grau de previsão (por exemplo: a produção de sorvetes ou refrigerantes voltada para atender ao aumento da demanda esperada por esses produtos no verão).
>
> Por isso, o elemento de incerteza (desconhecimento a respeito de como será precisamente o futuro), que reflete no estado da confiança nas condições de funcionamento da economia períodos à frente, bem como as expectativas sobre o futuro próximo influenciam na decisão do quanto as empresas devem produzir (e, portanto, empregar) em dado momento para atender à demanda de semanas ou meses posteriores.

Pelo PDE, portanto, o nível de gastos agregados é uma variável determinante da produção e da renda. Assim, no que se refere a determinação:

(1a) PIB = renda = C + I + G + X – M
(determinação econômica)

(5) produto = renda = gastos
(determinação econômica pelo PDE)

Em uma economia monetária de produção, os gastos são pagos em moeda nacional ou internacional. Assim, indivíduos, empresas e governos devem dispor de moeda para realizar seus gastos. Tratemos, então, das fontes disponíveis de financiamento de gastos:

- Normalmente, as empresas obtêm moeda pela venda de seus produtos ou pela prestação de serviços.
- Para os indivíduos, uma fonte de moeda é a renda pessoal, advinda do trabalho assalariado (caso dos trabalhadores) ou de dividendos e lucros distribuídos por participação social em empresas (caso dos empresários e acionistas).
- Desconsiderando o caso extremo (e indesejado) da emissão monetária pura e simples, normalmente governos soberanos obtêm moeda corrente via tributação.

Devemos explicitar, porém, que não se deve analisar uma economia aplicando a visão estilizada do trabalhador sem riqueza e sem crédito, cuja única fonte de moeda é seu salário, pois, numa economia monetária moderna, as fontes de obtenção de recursos monetários para honrar compromissos e adquirir bens e serviços são muito mais amplas e complexas.

Todas as fontes citadas anteriormente são de renda corrente (salários, lucros, tributos etc.). Economias capitalistas são mercantis, monetárias e financeiras – *mercantis* porque voltadas à produção com finalidade comercial, *monetárias* porque baseadas em transações e formação de poupança por meio do uso da moeda, e *financeiras* porque dispõem de um setor financeiro que opera ativamente no financiamento de gastos e investimentos. Esse último aspecto é fundamental para entender que, numa economia com setores financeiros maduros, é possível realizar gastos monetários com recursos diferidos no tempo, isto é, recursos acumulados no passado podem ser empregados presentemente, ou indivíduos e empresas podem obter recursos antecipados que poderão ser ressarcidos posteriormente por meio de ganhos esperados no futuro, como no caso da obtenção de crédito e, em particular, de financiamentos (ver Apêndice 2, "Crédito, financiamento e investimentos numa economia aberta").

Assim, é possível a indivíduos e empresas gastar moeda além de sua renda corrente, ao menos por um horizonte finito de tempo. Os indivíduos podem ter riqueza acumulada e, em determinado momento, gastar uma parte, que deve ser transformada em moeda, isto é, tornar-se riqueza líquida, para comprar produtos (por exemplo: retirar dinheiro da poupança pessoal para adquirir um veículo novo). Caso não tenham poupanças pessoais suficientes para comprar um bem, os indivíduos podem comprometer sua renda futura para adquiri-lo, o que corresponde à obtenção de um financiamento bancário. No caso dos governos com economias abertas, recursos podem ser obtidos externamente (ver Apêndice 2).

A diversidade de fontes de obtenção de moeda no capitalismo permite que o gasto determine o nível de produto e renda, como explicado pelo PDE. É importante, então, saber também como os gastos são financiados. Empreguemos novamente as identidades contábeis para verificar isso:

(1b) PIB = renda = gastos ← financiamento

Quando relacionamos também as transferências de renda para o exterior, obtemos a identidade 4:

(4c) PNB = renda nacional = $C + I + G + S_{TC}$
(determinação econômica)

(4d) PNB = renda nacional = $C + I + G + S_{TC}$
(financiamento)

Os gastos para a compra de produtos nacionais são geralmente feitos com moeda doméstica[15], mas os gastos e as transferências externas são realizados com moeda de aceitação internacional ou,

---

15 Ressalvamos que há diferentes arranjos institucionais dos países, havendo casos em que bens domésticos podem ser pagos internamente com moeda nacional e também com moeda estrangeira.

tipicamente, em moeda de reserva[16]. Quando os gastos internos ultrapassam o produto nacional (PNB < gastos internos), ocorre um *deficit* na conta Transações Correntes do BP, como exposto na Seção 3.2. Em termos objetivos: o país demanda mais recursos do que é capaz de produzir ou, visto de outro modo, seu gasto é maior que sua renda. Portanto, demanda mais moeda (estrangeira) para pagar por esses recursos do que é capaz de gerar internamente (via comércio exterior de bens e serviços). Esse é o sentido monetário de um saldo negativo na conta Transações Correntes, ou seja, de um $S_{TC} < 0$. Esse *deficit* cobre a diferença entre os gastos realizados na economia doméstica e a renda dos residentes.

Para financiar o *deficit* em Transações Correntes do BP, é necessário entender as fontes da moeda internacional que entram em uma economia doméstica. Um S_{TC} negativo significa que o resto do mundo está financiando, com moeda internacional, o excesso de gastos dos residentes de um país em relação a sua renda. Em termos técnicos, essa economia está utilizando poupança externa (isto é: poupança de agentes de outros países) para financiar seus gastos correntes acima de sua capacidade de geração de renda. Esta é uma importante informação econômica fornecida pelas contas Capital e Financeira do BP: registrar a origem econômica dos recursos externos que financiam o *deficit* na conta Transações Correntes do BP.

Consideremos especificamente a economia brasileira, que vivencia uma situação semelhante à que descrevemos até este ponto: *deficit* na conta Transações Correntes e consequente necessidade de financiá-los. Para saber quais são as formas de financiamento dos excessos de gastos e transferências em moedas internacionais do país, não basta lançar mão apenas do valor do *deficit* em si, é

---

16 É possível que parceiros comerciais – por exemplo, Brasil e China – aceitem mutuamente as moedas nacionais um do outro para pagamentos internacionais realizados entre empresas e indivíduos localizados nesses países parceiros. Nesse caso, as transações podem ocorrer sem que se lance mão diretamente das moedas de reserva internacional mais comuns, como o dólar norte-americano ou o euro, por exemplo.

preciso fazer uma análise dos elementos subjacentes a ele. Portanto, é necessário descobrir se esse financiamento:

- é uma contribuição da economia internacional para o desenvolvimento da economia brasileira (por exemplo: entrada de recursos externos para investimento externo direto – IED);
- é um empréstimo para financiar os gastos externos (por exemplo: financiamento de curto ou longo prazo por bancos internacionais ou organismos como o Fundo Monetário Internacional – FMI), ou seja, se resultaria em endividamento externo e necessidades de negociação para a quitação da dívida;
- é uma aposta internacional na valorização de ativos financeiros puros, como títulos e oportunidades de arbitragem com taxas de juros, ou mesmo de ativos que reflitam o crescimento, a valorização e a lucratividade das empresas brasileiras (ou outros ativos domésticos) refletidas no mercado de valores mobiliários (acionário, de títulos, mercados futuros etc.) – todos esses são casos típicos da entrada de capitais especulativos, de curtíssimo prazo;
- resulta de utilização de riqueza líquida da economia brasileira para pagar suas despesas externas imediatas (por exemplo: utilização das reservas internacionais para abater ou zerar *deficit*).

Por conseguinte, informações importantes sobre a situação da economia brasileira perante a economia internacional estão disponíveis nas contas Capital e Financeira do BP. A análise desses resultados, no entanto, demanda informação histórica e qualitativa adicional. Ainda assim, de posse de tais dados, podemos fazer uma análise do grau relativo de vulnerabilidade financeira externa da economia brasileira. Uma análise das fontes externas de financiamento e seus impactos sobre a economia nacional, com ênfase na economia brasileira, será feita no próximo capítulo.

3.3 Uma análise alternativa: equilíbrio do Balanço de Pagamentos sob câmbio administrado

Uma alternativa ao equilíbrio automático entre as contas do BP, o que se verifica sob câmbio flexível, é buscar o equilíbrio em ambientes com câmbio administrado[17]. Por essa razão, descreveremos brevemente a possibilidade de equilíbrio do BP com desequilíbrios entre as contas, via câmbio administrado – quando há *déficit* no somatório das contas Transações Correntes e Capital e *superavit* na conta Financeira, por exemplo. É importante entender o significado econômico de tais desequilíbrios para compreender a situação da economia doméstica em relação à internacional.

Conforme mencionamos, as contas do BP (isto é, o saldo nas contas Transações Correntes, Capital e Financeira) devem estar, idealmente, equilibradas. No entanto, isso é difícil de acontecer. O *déficit* em uma conta pode ser compensado pelo *superavit* em outra. Com relação à política econômica de gestão do equilíbrio externo, as economias nacionais e seus governos perseguem um equilíbrio intertemporal, ou seja, ao longo dos anos, as tendências de *déficit* ou *superavit* devem reverter para posições mais estáveis, em que ambos se anulem mutuamente. Isso significa que se busca uma situação na qual as posições deficitárias de algumas contas passem a ser superavitárias em alguns períodos, ocorrendo o oposto em outras contas. O *déficit* na conta Transações Correntes não deve ser persistente, tampouco exagerado (como proporção do PIB do país), pois, nesse caso, precisaria de financiamentos recorrentes e elevados via conta Financeira, o que não é eternamente possível. Da mesma

---

17 Embora em desuso atualmente, salvo raras exceções, com destaque para a experiência chinesa, o tipo de equilíbrio descrito nesta seção (isto é, os casos de economias que operam com câmbio administrado) constituiu-se na experiência vivenciada durante algumas décadas por muitos países, particularmente durante a vigência da arquitetura financeira internacional sob Bretton Woods (ver Capítulo 1).

forma, *superavit* muito acentuados e persistentes podem despertar ações corretivas por parte dos parceiros comerciais – retaliações em instituições multilaterais como a OMC, por exemplo. *Déficit* temporários na conta Transações Correntes podem ser financiados por *superavit* na conta Financeira[18].

O importante das informações providas pelo BP é analisar se o financiamento de posições deficitárias é sustentável ao longo do tempo. Por exemplo, um *deficit* na conta Transações Correntes resultado de um grande esforço da economia nacional para importar bens de capital que incorporam uma tecnologia inovadora consiste em um investimento da economia com grandes expectativas de aumento da produção e, possivelmente, de exportação no futuro. Esse é um caso de expectativa de *deficit* temporário com perspectivas positivas de se reverter em *superavit* futuros, pela exportação de produtos com maior valor agregado. Quando o *deficit* na conta Transações Correntes é financiado por empréstimos de longo prazo, frutos de contratos estáveis e em condições favoráveis para pagamento futuro de juros e amortização, trata-se de um financiamento do esforço de desenvolvimento com possibilidades de ser sustentável ao longo do tempo. Nessa situação, espera-se que a receita de exportação futura, ou a redução de importações, gere recursos externos, os quais serão futuramente utilizados para pagar juros e amortizações.

---

18 Dado o pequeno volume da conta Capital, no caso brasileiro, a comparação deve ser entre as contas Transações Correntes e Financeira do BP.

> **Fique atento!**
>
> Essa situação está sujeita a mudanças de cenário na economia internacional, capazes de abalar a estrutura de pagamentos contratada. Por exemplo: se há uma grande depreciação cambial da moeda doméstica em relação à moeda em que as dívidas devem ser pagas, as condições de pagamento de juros e amortização de dívidas podem tomar trajetórias explosivas. Se os juros contratados são do tipo pós-fixados (sujeitos a aumento concomitante aos dos juros de referência internacional especificados nos contratos), elevações imprevistas nas taxas de juros internacionais podem igualmente deteriorar as condições de pagamento do país que contraiu dívida. Essas situações típicas efetivamente ocorreram no caso das crises de dívida na América Latina, no fim dos anos 1970 e início da década de 1980. No contexto internacional, infelizmente, é sempre possível que elementos endógenos (como a explosão de bolhas financeiras em casos de crise) ou exógenos (deflagração de guerras ou choques do petróleo, por exemplo) afetem as condições futuras de pagamento de dívidas contraídas externamente. Por isso, a realização de investimentos via endividamento externo é um processo bastante crítico.

Exemplos de vulnerabilidade externa de economias nacionais também podem ser citados. Quando uma economia nacional financia seu *deficit* na conta Transações Correntes, por exemplo, como consequência de gastos excessivos em consumo de importados, com *superavit* na conta Financeira via empréstimos de curto prazo (uso de capitais especulativos), pode encontrar problemas num futuro próximo. Caso não haja entrada recorrente de empréstimos de curto prazo, ou seja, na hipótese de esses fluxos de curto prazo se interromperem (como após uma mudança de cenário internacional), a economia nacional pode enfrentar dificuldades para financiar o *deficit*. A economia nacional, nesse contexto, encontra-se em uma situação de vulnerabilidade e, por essa razão, precisa fazer ajustes, transformando em *superavit* o seu *déficit* na conta Transações Correntes.

Isso pode ser feito com um grande esforço para reduzir as importações e aumentar as exportações (o que, geralmente, só ocorre após algum período de ajuste, normalmente com pequenos resultados líquidos no curto prazo). Isso pode ser realizado, no curto prazo, reduzindo-se o nível de atividade da economia, isto é, com recessão – caso problemático para qualquer economia nacional[19].

No caso de *déficit* na conta Transações Correntes, é importante saber como o gasto é financiado – por isso as subcontas da conta Financeira são importantes. É necessário saber se o financiamento é de longo ou curto prazo, bem como se o risco pela entrada de recursos financeiros é do aplicador dos recursos (no caso de investimento estrangeiro) ou do tomador (no caso da tomada de empréstimo por nacionais). É preciso, também, investigar se a entrada de recursos via subcontas da conta Financeira gera rendas para os não residentes que, posteriormente, serão enviadas para o exterior, no futuro, pela subconta Renda primária da conta Transações Correntes.

A entrada de IED de empresa multinacional, por exemplo, é considerada um passivo de longo prazo, pois não se espera que ela se retire do Brasil num futuro próximo. No entanto, a empresa que se instalou no país com o objetivo de auferir lucro pode remeter parte deste a sua matriz, o que implica saída de moeda internacional na conta Transações Correntes (registrada na conta Renda primária). Por outro lado, um empréstimo é uma entrada de recursos externos que deve ser paga, de acordo com o contrato bancário, com juros contabilizados na conta Transações Correntes, bem como com devolução do principal da dívida em amortizações contabilizadas

---

19 Vale ressaltar que, numa situação de crise econômica mundial, como na década de 1930, ou mais recentemente, após a crise financeira de 2008, tais esforços podem ser inócuos. Dado que, em situações de crise, muitos países passam por desequilíbrios, todos tentando ao mesmo tempo ajustar suas economias, pode ser difícil tentar reverter *déficit* via aumento de exportações; afinal, todos podem decidir reduzir suas importações.

na conta Financeira. Esse empréstimo pode ser de curto ou de longo prazo, com pagamento do principal em vários anos.

Além disso, uma economia nacional pode financiar seu *deficit* na conta Transações Correntes com suas reservas internacionais ou ativos externos, os quais são reduzidos. Tais reservas devem ser mantidas pelas economias nacionais para casos em que o saldo negativo na referida conta não seja financiado pela entrada de recursos externos. Assim, para o pagamento das contas externas, os ativos mais líquidos[20], que constituem suas reservas, podem ser utilizados. Salientamos, porém, que uma economia nacional não pode utilizar esses recursos recorrentemente, pois isso pode reduzir suas reservas para níveis perigosamente baixos, inviabilizando o financiamento de importações necessárias, gerando desconfiança nos emprestadores quanto à solvência externa do país e levando à necessidade de recorrer a socorros internacionais – por exemplo, do FMI.

A relação entre o saldo das contas Transações Correntes, Capital e Financeira está atrelada ao equilíbrio do BP, uma vez que este depende da simetria entre elas. Os *deficit* podem ser temporários e financiados por *superavit* na Financeira; no entanto, em termos intertemporais, a economia nacional deveria teoricamente perseguir o equilíbrio em sua conta Transações Correntes. Quando há recorrência de *superavit* em tempos-calendários subsequentes, ocorre acúmulo de reservas que podem ser utilizadas nos anos de *deficit*. Por sua vez, nesses períodos, é tanto possível recorrer à entrada de recursos externos quanto utilizar as reservas internacionais acumuladas. Mas para a entrada de capitais externos, é preferível que estes sejam de longo prazo, como no caso do IED.

---

20 Normalmente: moeda de reserva (dólar norte-americano, euro, iene japonês), ouro monetário (ou de reserva), Direitos Especiais de Saque (DES) no FMI e títulos soberanos de grande liquidez internacional.

Taxas administradas

Como expusemos no Capítulo 1, durante várias décadas, a experiência dos países sob o arcabouço do Acordo de Bretton Woods foi operar sob **câmbio administrado**, isto é, com taxas de câmbio fixadas em relação ao dólar, e este em relação a um lastro em ouro. Com o fim desse sistema, essa realidade foi se tornando cada vez mais restrita a alguns países em desenvolvimento, sendo substituída nos países avançados e em boa parte do mundo por **câmbio flexível** – quando as taxas de câmbio são determinadas livremente por mecanismos de mercado.

No entanto, países em desenvolvimento costumam ser relutantes quanto a aceitar plenamente as vantagens práticas do câmbio flexível no que se refere ao equilíbrio do BP e à flexibilidade das políticas monetárias domésticas. Esclarecido isso, apresentaremos a seguir alguns argumentos no intento de responder a esta difícil questão: Por que, num mundo globalizado e onde cada vez mais economias operam sob câmbio flexível, alguns países ainda escolhem adotar algum tipo de câmbio administrado? A resposta não se pretende exaustiva, tampouco definitiva. Para tal, procuraremos levantar didaticamente alguns aspectos ligados a essa resposta.

Idealmente, as economias nacionais não deveriam ter *deficit* em Transações Correntes. Essa situação é aceitável apenas por um curto período. Como temos assinalado, o saldo negativo nessa conta significa que a economia nacional está com despesas acima de sua renda corrente. Está claro que o ideal seria que essa conta estivesse equilibrada, com nível de gastos igual à renda nacional, sem necessidade de financiar *deficit* pela entrada de recursos na conta Financeira.

As economias nacionais poderiam buscar esse equilíbrio adotando uma taxa de câmbio perfeitamente flexível. Quando houvesse tendência de *deficit* em Transações Correntes (por exemplo: com excesso de importações sobre exportação na balança comercial), uma alteração rápida na taxa de câmbio (com depreciação cambial, isto é, queda no valor da moeda nacional em relação à internacional) permitiria um ajuste. Isso seria um incentivo ao exportador, com aumento da receita em reais das exportações em dólar, e um desincentivo às importações, com aumento do custo em reais das importações pagas em dólar, por exemplo. Em síntese, uma taxa de câmbio perfeitamente flexível e com impactos rápidos poderia promover ajustes na conta Transações Correntes em direção ao equilíbrio. Entretanto, os governos das economias nacionais são resistentes em adotar um regime de taxa de câmbio completamente flexível, como recomendado por vários manuais de economia internacional. Por que isso ocorre?

Podemos expor dois argumentos favoráveis a uma taxa de câmbio administrada – um tipo de câmbio pelo qual o governo assume uma taxa de câmbio flexível, mas com limites, e utiliza intervenções no mercado de câmbio para obter uma taxa não totalmente determinada pelo mercado, mas sim controlada, em algum grau, pelo banco central daquela economia[21]:

1. Os governos procuram se proteger de ataques especulativos ou grandes movimentos de saída de capitais, os quais podem provocar súbitas e grandes alterações na taxa de câmbio e, por essa razão, gerar efeitos desestabilizadores para a economia (por exemplo: uma depreciação cambial pode ter um efeito muito lento no incentivo às exportações, mas muito rápido no aumento do custo das importações e, com isso, provocar uma inflação de custos durante o período do ajuste). O banco central atua como um supervisor no mercado de câmbio e busca influenciar indiretamente as oscilações das operações financeiras, evitando, assim, movimentos exagerados que possam ter repercussão negativa sobre a economia.

---

21 A literatura internacional chama esses arranjos de *dirty floating*.

2. Os governos apostam em um equilíbrio intertemporal de sua conta Transações Correntes, no entendimento de que *deficit* em determinados anos podem ser compensados por *superavit* em anos posteriores. Com isso, consideram que pode haver financiamento do *deficit* em Transações Correntes com *superavit* na conta Financeira. Também assumem que é possível adotar uma política cuja taxa de câmbio não seja perfeitamente flexível, para garantir equilíbrio imediato na conta Transações Correntes.

Como os governos adotam políticas de câmbio administrado e apostam em equilíbrio intertemporal – uma aposta, sem dúvida, de alto risco, como a história recorrentemente demonstra –, deve estar claro que o equilíbrio contábil do BP pode revelar, economicamente, um desequilíbrio entre as contas, ou seja, um *deficit* em Transações Correntes compensado com um *superavit* na conta Financeira.

3.4 *Análise da conta Financeira do Balanço de Pagamentos e a Posição do Investimento Internacional*

A partir de 2015, o Banco Central do Brasil (BCB), órgão responsável pela apresentação do BP da economia brasileira, adotou a metodologia recomendada pelo FMI na sexta edição do *Manual de Balanço de Pagamentos e Posição do Investimento Internacional (BPM6)*, documento que alterou a forma de apresentação dos dados das transações internacionais. Diante disso, para compreender a nova forma de apresentação do BP da economia brasileira[22], é necessário entender algumas noções básicas de contabilidade.

---

22 Ver IMF (2009), BCB (2017a) e Ribeiro (2015).

Uma das alterações importantes em relação à edição anterior foi a incorporação das reservas internacionais como item da conta Financeira, e não mais como movimento de capitais compensatórios em face do resultado do BP, seja *superavit* (aumento das reservas) ou *deficit* (redução das reservas). Pela nova metodologia, não se verifica explicitamente *superavit* ou *deficit* do BP, pois os lançamentos de aumento ou redução de reservas na conta Financeira implicam que o resultado final do BP, em termos contábeis, estará sempre em equilíbrio. Para entender o significado econômico das contas e subcontas do BP, é necessário compreender, primeiramente, como os dados são apresentados contabilmente.

No manual, o FMI recomenda a adoção do **sistema de partidas dobradas,** uma metodologia normal da contabilidade que faz de cada transação um lançamento a crédito em uma conta e, simultaneamente, a débito em outra, de forma a preservar o equilíbrio (a soma final é igual a zero). Assim, um lançamento como crédito em um item da conta Transações Correntes tem como contrapartida contábil um lançamento a débito na conta Financeira[23]. Como resultado das duas entradas, a soma dos créditos é igual à dos débitos. Por isso, de acordo com essa metodologia, contabilmente, o BP está sempre em equilíbrio. Nos Quadros 3.3 a 3.7, apresentamos exemplos desses lançamentos em partidas dobradas de transações no BP:

---

[23] Ainda de acordo com o método das partidas dobradas, um aumento de ativos financeiros é registrado na conta Financeira como débito. Uma redução de ativos financeiros é registrada como crédito. Um aumento do passivo externo é registrado como crédito. Uma redução do passivo externo é registrada como débito.

Quadro 3.3 – Exportação no valor de US$ 100 mil

Débito	Crédito
Conta Transações Correntes (transações correntes) - Balança comercial (bens e serviços) Conta Financeira - Ativo de reserva: Aumento de ativo: US$ 100 mil	Exportação: US$ 100 mil

Fonte: Elaborado com base em IMF, 2009, p. 10.

Note que, no Quadro 3.3, que a exportação de US$ 100 mil é um crédito da conta Transações Correntes, lançado como débito na Financeira na subconta Ativos de Reserva. Isso mostra que a fonte desses ativos de reserva foi a obtenção de um saldo positivo na conta. A conta Financeira tem, contabilmente, um "débito" com a Transações Correntes.

Quadro 3.4 – Remessa de lucros e dividendos no valor de R$ 50 mil

Débito	Crédito
Conta Transações Correntes - Renda primária Lucros e dividendos remetidos: US$ 50 mil Conta Financeira - Ativo de reserva	Redução de ativo: US$ 50 mil

Fonte: Elaborado com base em IMF, 2009, p. 10.

A remessa de lucros (US$ 50 mil) saiu via conta Transações Correntes, que foi debitada. A essa remessa de lucros e dividendos corresponde uma redução de ativos de reserva, cuja conta é creditada em US$ 50 mil (repare que o crédito, na verdade, é uma redução de ativos nessa conta, isto é, o estoque de reservas diminuiu).

Quadro 3.5 – Ingresso de US$ 400 mil em investimentos diretos no país

Débito	Crédito
Conta Financeira - Investimento direto no país Aumento do passivo externo - Ativo de reserva: Aumento de ativo: US$ 400 mil	US$ 400 mil

Fonte: Elaborado com base em IMF, 2009, p. 10.

O ingresso de investimentos diretos significa aumento das reservas do país, embora este constitua, na verdade, uma espécie de dívida de longo prazo com os investidores externos no país. Por isso, a conta Financeira é creditada (essa é a conta que, em tese, recebe um empréstimo externo via IED, o que aumenta o passivo externo – o crédito é dos investidores internacionais), ao passo que a conta de ativos de reserva registra o aumento de ativo como débito.

Quadro 3.6 – Obtenção de empréstimo no valor de US$ 600 mil

Débito	Crédito
Conta financeira - Empréstimos Aumento do passivo externo - Ativo de reserva: Aumento de ativo: US$ 600 mil	US$ 600 mil

Fonte: Elaborado com base em IMF, 2009, p. 10.

O empréstimo, nesse caso, tem um lançamento parecido com o do Quadro 3.5: as reservas do país têm aumento, o qual especificamente corresponde a uma dívida com os financiadores externos. O aumento em reservas (aumento de ativo) é debitado, pois as reservas têm uma dívida de US$ 600 mil com a conta Financeira; daí a necessidade de fazer o lançamento a crédito em Empréstimos/ Aumento do passivo externo.

Quadro 3.7 – Pagamento de juros de empréstimos no valor de US$ 250 mil

Débito	Crédito
Conta Transações Correntes	
- Renda primária	
Pagamento de juros: US$ 250 mil	
Conta financeira	
- Ativo de reserva:	
	Redução de ativo: US$ 250 mil

Fonte: Elaborado com base em IMF, 2009, p. 10.

O pagamento de juros de empréstimos é um débito que sai da conta Transações Correntes, subconta Renda primária, para a conta Financeira, a qual é creditada com uma redução de ativos de reserva no exato valor do pagamento dos juros do empréstimo. Sendo assim, ao pagar juros de um empréstimo, o país diminui seu estoque de ativos em reservas.

Para melhor explicarmos a apresentação dos dados da conta Financeira, precisamos recorrer a mais um método contábil: o lançamento de itens como ativo e passivo em um balanço patrimonial. Isso porque o manual do FMI também recomenda que as economias nacionais apresentem a conta Posição do Investimento Internacional. Nessa conta é registrada a informação do agregado do patrimônio, em moeda internacional, de residentes da economia doméstica localizados no exterior (por exemplo: ativos de brasileiros no exterior), que se refere aos ativos externos de uma economia.

Contabilmente, no lado do ativo, registram-se os direitos de residentes da economia brasileira sobre não residentes. Por direitos, no sentido contábil, são entendidos os valores monetários (em moeda internacional) da riqueza de residentes aplicada no exterior. Como exemplos, podemos citar a exportação de uma empresa brasileira que teve como contrapartida do fluxo de mercadorias (do Brasil para o exterior) a entrada de dólares como pagamento. Essa entrada de dólares é registrada como acúmulo de reservas internacionais no ativo da conta Posição de Investimento Internacional.

Um segundo exemplo pode ser a existência de subsidiárias de uma empresa brasileira no exterior, fruto de investimentos realizados em anos anteriores. O valor monetário do patrimônio dessas subsidiárias é contabilizado como ativo externo da economia brasileira. Caso a empresa faça mais investimentos em sua subsidiária, isso será contabilizado como um aumento do ativo externo da economia nacional.

Aplicando a mesma metodologia, a Posição de Investimento Internacional registra o total do patrimônio, em moeda internacional, de estrangeiros localizados na economia doméstica, que corresponde ao passivo externo da economia brasileira. Tratam-se de direitos de estrangeiros em relação à economia doméstica. Por exemplo: para uma empresa multinacional estrangeira instalada no Brasil, o valor de seu patrimônio significa uma riqueza de estrangeiros aplicada na economia brasileira, portanto, um ativo para o estrangeiro e um passivo para a economia nacional.

Outro exemplo é um empréstimo de um banco internacional a uma empresa brasileira. O valor monetário desse empréstimo, que é uma entrada de recursos na forma de endividamento, deve ser registrado como uma obrigação da economia brasileira para com o exterior e lançado no passivo da conta Posição de Investimento Internacional.

Em mais um exemplo aplicado ao caso do Brasil, a filial de uma indústria localizada em outro país é parte do patrimônio brasileiro no exterior, assim como são os direitos de recebimento de empréstimos internacionais realizados por bancos brasileiros no exterior. Da mesma forma, as filiais de empresas multinacionais localizadas no Brasil são patrimônio dos seus respectivos países de origem, assim como os financiamentos externos obtidos por agentes brasileiros em outros países.

Esse balanço patrimonial do Brasil com o exterior é apresentado na conta Posição de Investimento Internacional, esquematizada no Quadro 3.8, a seguir[24].

Quadro 3.8 – Posição de Investimento Internacional da economia brasileira: versão estilizada

Ativo externo	Passivo externo
Investimento de empresas brasileiras no exterior.	Investimento direto de empresas estrangeiras no Brasil.
Investimento de brasileiros em carteira de ativos financeiros no exterior:	Investimentos de estrangeiros em carteira de ativos financeiros no Brasil:
- ações;	- ações;
- títulos.	- títulos.
Empréstimos para empresas estrangeiras.	Empréstimos de bancos estrangeiros para brasileiros.
Crédito comercial para empresas estrangeiras.	Crédito comercial de bancos estrangeiros para empresas brasileiras.
Ativos de reserva internacional.	

Fonte: Elaborado com base em BCB, 2017c.

Estudo de caso

O setor externo na economia brasileira nas décadas recentes
Desde as últimas décadas do século XX, a economia brasileira vem apresentando um comportamento bastante errático no que tange ao comércio internacional. Diante disso, a seguir, apresentamos uma análise do setor externo da economia nacional no período

---
24 Para obter a conta Posição de Investimento Internacional do Brasil, consulte BCB (2017c).

citado. Os dados que citamos são úteis para ilustrar alguns aspectos do comportamento do setor externo do Brasil, os quais constituíram um papel importante no ajuste da economia no período, que envolveu a superação da crise econômica nos anos 1980, a luta contra a inflação e implantação do Plano Real em julho de 1994, bem como as crises na segunda metade da década de 1990 e, mais recentemente, desde os anos 2000.

O Gráfico 3.1 mostra o desempenho da balança de comércio do Brasil, em termos mensais, desde janeiro de 1980 até junho de 2016.

Gráfico 3.1 – Exportações e importações brasileiras, de janeiro de 1980 a outubro de 2015 (em US$ 1 000, preços FOB)[25]

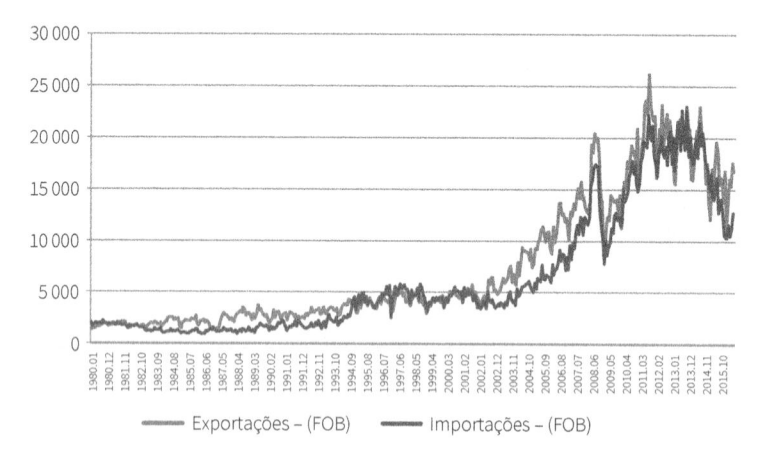

Fonte: Elaborado com base em Ipeadata, 2017[26].

Podemos notar claramente dois períodos de grande contribuição da balança comercial para o desempenho econômico do país –

---

25 FOB (*free on board*) é um tipo de transação que informa somente o preço da mercadoria embarcada, sem incluir custos adicionais como fretes e seguros. Quando estes últimos são informados, a sigla usual é CIF (*cost, insurance and freight*).

26 Os dados apresentados nos gráficos constantes neste estudo de caso foram extraídos do *site* do Ipeadata (http://www.ipeadata.gov.br/Default.aspx), uma grande base com compilação de dados das mais diversas fontes oficiais e/ou institucionais. Nele é possível selecionar uma série específica, a fim de se agrupar essas informações e realizar trabalhos estatísticos. Cada série deve ser buscada dentro de uma grande base de metadados, divididos em três grandes áreas: macroeconômico (de onde foram extraídas todas as séries aqui apresentadas), regional e social.

um referente ao período que vai do segundo semestre de 1982 até meados de 1994; outro referente ao intervalo entre 2002 e 2008 –, em que a economia exibiu *superavit* comerciais de forma consistente. A sequência de *superavit* de 2002 a 2008 só foi interrompida pela crise financeira desencadeada em setembro de 2008.

Entre 1995 e 1998, o país apresentou *déficit* comerciais ligados principalmente às políticas de implantação do real, como a manutenção da chamada *âncora cambial*, que manteve a moeda doméstica atrelada ao valor do dólar, com câmbio oscilando em uma banda de flutuação muito próxima da paridade – R$ 1,00 aproximadamente igual a US$ 1,00.

O *boom* de exportações dos anos 2000 merece uma análise um pouco mais aprofundada: a década foi um momento de expressiva expansão da economia chinesa e também de crescimento da economia norte-americana. No caso da China, esse processo estava voltado à consolidação da transformação estrutural do país. Por sua vez, a economia norte-americana passava por uma expansão especulativa ligada a preços de imóveis (a qual resultou na crise financeira de 2008). Durante a fase de crescimento de ambos os mercados, houve uma valorização expressiva dos preços das *commodities* (mercadorias e insumos produtivos, como petróleo, minerais e produtos agrícolas). Diante disso, o Brasil foi fortemente beneficiado por esse incremento nos preços desses produtos primários, que naquele momento constituíam a maior parte da pauta exportadora do país.

O Gráfico 3.2, a seguir, mostra como esse ciclo de *commodities* afetou os preços internacionais. Repare como, nesse período, os preços do petróleo tiveram um aumento da ordem de 100 para quase 700.

Gráfico 3.2 – Ciclo de *commodities*, de fevereiro de 1980 a maio de 2012

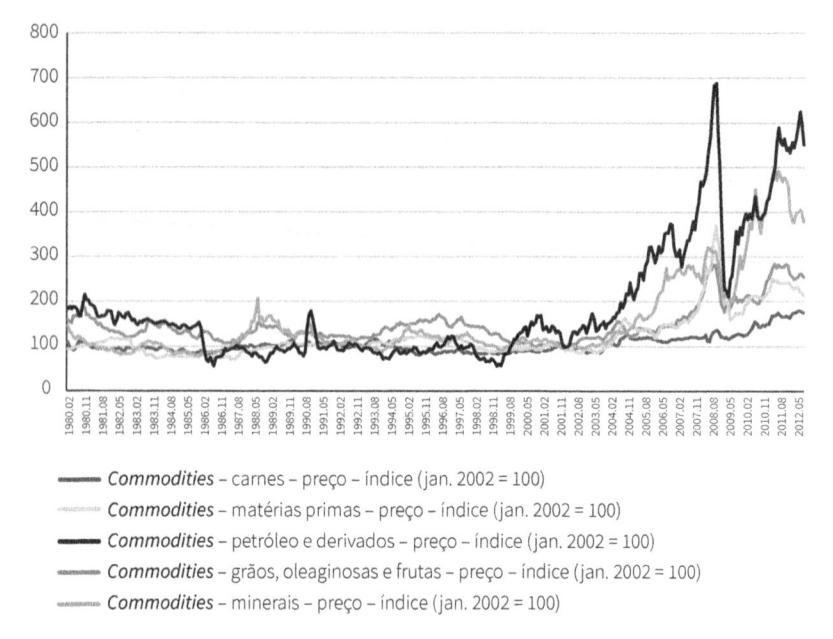

— *Commodities* – carnes – preço – índice (jan. 2002 = 100)
— *Commodities* – matérias primas – preço – índice (jan. 2002 = 100)
— *Commodities* – petróleo e derivados – preço – índice (jan. 2002 = 100)
— *Commodities* – grãos, oleaginosas e frutas – preço – índice (jan. 2002 = 100)
— *Commodities* – minerais – preço – índice (jan. 2002 = 100)

Fonte: Elaborado com base em Ipeadata, 2017.

Esse período equivaleu ainda a uma expansão das relações comerciais entre Brasil e China. De fato, nesses anos, a economia chinesa se tornou a principal parceira comercial brasileira. O Gráfico 3.3 ilustra o desempenho do balanço de bens brasileiro em relação a seus parceiros comerciais mais significativos: a China e o Mercosul.

Gráfico 3.3 – Exportações e importações brasileiras (China e Mercosul), dados mensais de janeiro de 1995 a junho de 2015, em US$ milhões

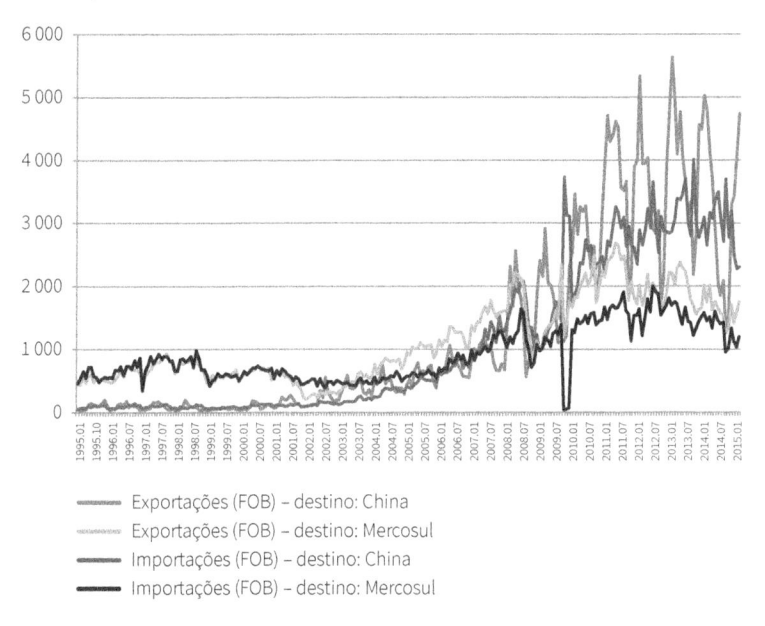

― Exportações (FOB) – destino: China
― Exportações (FOB) – destino: Mercosul
― Importações (FOB) – destino: China
― Importações (FOB) – destino: Mercosul

Fonte: Elaborado com base em Ipeadata, 2017[27].

Com base nesses dados, podemos observar que o balanço de bens, tanto com a China quanto com o Mercosul, que estava relativamente equilibrado na segunda metade da década de 1990, passou a ser superavitário para o Brasil a partir de 2001.

Concluindo essa breve análise, é importante verificar como se comportaram as transações correntes do BP do Brasil nos anos recentes. O Gráfico 3.4 mostra esses resultados no período de 1995 a 2015.

---

27 O Ipeadata cita, nesse caso, dados do Ministério do Desenvolvimento, Indústria e Comércio (MDIC) e AliceWeb.

Gráfico 3.4 – Transações correntes do Brasil, de 1995 a 2015, em US$ mil

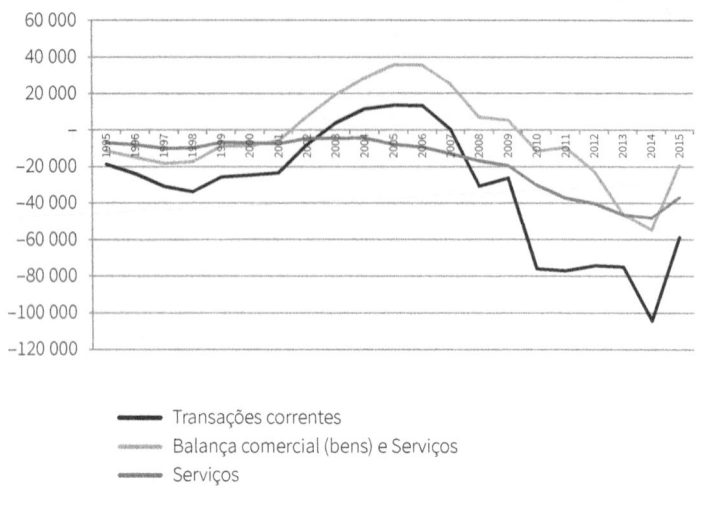

― Transações correntes
― Balança comercial (bens) e Serviços
― Serviços

Fonte: Elaborado com base em BCB, 2017d.

Nesse gráfico, observe como a balança de serviços do país é consistentemente negativa, indicando dependência de serviços internacionais, como fretes, seguros, serviços financeiros, viagens, entre outros. Os resultados refletem igualmente o ciclo positivo de crescimento das exportações, nos anos 2000, o que tornou o saldo positivo durante alguns anos, até a chegada da crise de 2008 e o quadro de crise econômica e política interna, a partir de meados de 2013. Desde então, o cenário vem sendo de aprofundamento das condições que levaram à deterioração dos saldos da conta Transações Correntes.

Síntese

Neste capítulo, estudamos a estrutura e as formas de avaliar as condições econômicas do país, refletidas nas contas do Balanço de Pagamentos (BP). Apresentamos a estrutura atualizada do BP, segundo a nova metodologia adotada pelo Banco Central, e como sua situação de equilíbrio pode ser avaliada sob a ótica de câmbio flexível e, alternativamente, sob câmbio administrado. No primeiro caso, o equilíbrio do balanço é automático, via câmbio. No segundo, detalhamos as características das necessidades de financiar *deficit* no BP.

Em síntese, explicamos que o equilíbrio de um BP que apresenta desequilíbrio entre as contas deve ser avaliado com cautela e não de forma repetida. Sucessivos e elevados *deficit* em Transações Correntes precisam de entrada de recursos financeiros, o que pode gerar complicações para a economia nacional em determinados períodos. Isso porque a economia nacional pode apresentar algum grau de dependência do sistema financeiro internacional, o qual, conforme suas avaliações, pode reduzir a entrada de capitais externos (como detalharemos no capítulo seguinte), fato que gera insuficiência de recursos externos para financiar o *deficit* em conta Transações Correntes. Essa situação exige, primeiramente, a utilização de reservas internacionais. Para evitar uma deterioração perigosa nas reservas, há a exigência de um rápido ajuste, o qual, normalmente, é recessivo, para reduzir rapidamente as importações e gerar *superavit* na balança comercial, oportunizando uma situação próxima do equilíbrio na conta Transações Correntes.

Por fim, é importante saber como as economias nacionais, principalmente a brasileira nos últimos anos, financiam seus desequilíbrios na conta Transações Correntes do BP. Por isso, é importante entender as subcontas que compõem as contas Capital e Financeira, seu significado econômico, seu peso no ativo e no passivo externo da economia e seus prazos de retorno ao exterior.

Para saber mais

Documentos

BCB – Banco Central do Brasil. **6ª edição do Manual de Balanço de Pagamentos e Posição de Investimento Internacional (BPM6)**. Disponível em: <http://www.bcb.gov.br/pt-br/#!/n/6MANBALPGTO>. Acesso em: 2 out. 2017.

A fonte de informações mais detalhada sobre o Balanço de Pagamentos é o Banco Central do Brasil. Na página indicada, você encontra os elementos que compõem o *Manual de Balanço de Pagamentos e Posição de Investimento Internacional (BPM6)*, com notas metodológicas, uma seção de questões (FAQ) e apresentações do grupo de trabalho responsável pelo BP. Além disso, você tem à disposição o *link* para acessar as séries históricas de dados do BP brasileiro.

IMF – International Monetary Fund. **Balance of Payments Manual**. Disponível em: <https://www.imf.org/external/pubs/ft/bopman/bopman.pdf>. Acesso em: 11 ago. 2017.

Se você tem domínio da habilidade de leitura em língua inglesa, adicionalmente pode consultar o manual de Balanço de Pagamentos editado pelo FMI.

Questões para revisão

1. Qual é a relação entre o Balanço de Pagamentos e as contas nacionais?

2. Cite e explique uma vantagem e uma desvantagem de dada economia nacional apresentar *déficit* em transações correntes no BP.

3. Analise as afirmações a seguir:
   I. Constatar que a renda nacional é menor que os gastos internos é indício de que o resto do mundo está ajudando a economia doméstica a financiar seu nível de gastos.
   II. O fato de a renda nacional ser menor que o nível de gastos internos pode não ser necessariamente um problema, quando o excesso de gastos internos é financiado por entrada de recursos externos de longo prazo (investimento externo direto) na conta Financeira do BP.
   III. O investimento externo direto (IED) é uma categoria de fluxos externos que surgem no BP, configurando capitais de curto prazo que entram no país.
   Está(ão) correta(s) a(s) afirmativa(s):
   a. I.
   b. II.
   c. III.
   d. I, II e III.

4. Quais instituições são responsáveis pela elaboração do BP e de suas regras de cálculo, definições e conceitos?
   a. Os bancos centrais e o FMI.
   b. Somente os bancos centrais.
   c. Somente o FMI.
   d. Os bancos centrais e o Banco Mundial.

5. Considerando PNB o produto nacional bruto, C o consumo, I o investimento e G os gastos do governo, assinale a alternativa **incorreta**.
   a. Se o PNB for maior que os gastos internos, o saldo em transações correntes será negativo.
   b. Se o PNB for igual a C + I + G, então o saldo em transações correntes será igual a zero.

c. O saldo em transações correntes é igual à diferença entre a balança comercial líquida e as rendas líquidas enviadas ao exterior.

d. Se o PNB for igual a C + I + G, o país estará em equilíbrio em transações correntes.

Questões para reflexão

1. O Banco Central do Brasil publicou os seguintes dados sobre o resultado da conta Transações Correntes do Balanço de Pagamentos:

Discriminação	2010	2011	2012	2013	2014	2015
Transações Correntes	−75 824	−77 032	−74 218	−74 839	−104 181	−58 882

Explique o significado desse resultado no que se refere à relação entre gastos internos e produto nacional bruto.

2. De acordo com a nova metodologia de apresentação do BP adotada pelo Banco Central do Brasil, as variações das reservas internacionais são registradas como uma subconta da conta Financeira do BP. Considere os seguintes dados do BP do Brasil em anos recentes:

Discriminação	2010	2011	2012	2013	2014	2015
Conta Financeira: Concessões Líquidas (+)/ Captações Líquidas (−)	−76 012	−79 242	−73 954	−72 696	−100 599	−54 734
Ativos de Reserva	49 101	58 637	18 900	−5 926	10 833	1 569

Explique a seguinte situação: Houve aumento dos ativos de reserva internacional em 2010? Se sua resposta for positiva, explique de onde poderiam ter vindo os recursos monetários externos para esse aumento. Por que há esses números negativos nos lançamentos de ativos de reserva?

capítulo quatro

A globalização e seus efeitos sobre as contas Capital e Financeira do Balanço de Pagamentos

Conteúdos do capítulo:

- Entrada e saída de recursos externos.
- Conta Financeira do Balanço de Pagamentos.
- Financeirização da riqueza e movimento de capitais.
- Globalização financeira.

Após o estudo deste capítulo, você será capaz de:

1. relacionar os fenômenos identificados como *globalização financeira*;
2. discutir os efeitos da globalização financeira no Balanço de Pagamentos da economia brasileira;
3. reconhecer os movimentos do capital internacional e seus efeitos sobre a economia brasileira, a partir dos dados apresentados nas subcontas do Balanço de Pagamentos;
4. identificar as possibilidades de crises financeiras e cambiais;
5. definir o papel econômico das reservas internacionais.

Neste capítulo, continuaremos a análise de uma economia aberta com base nos dados do BP, mas, agora, com foco específico nas contas Capital e Financeira e no processo de mundialização ou financeirização do capital, que constitui uma das principais características do processo de globalização.

4.1 Contas Capital e Financeira: uma análise detalhada

As contas Capital e Financeira registram os movimentos de recursos monetários referentes à riqueza de residentes de um país a ser aplicada em outro[1]. Como a aplicação da riqueza visa ao rendimento ou à valorização, esses movimentos são considerados autônomos de capital[2]. Quando o capital entra em uma economia nacional, deve ser registrado na conta Financeira do Balanço de Pagamentos (BP) como aumento no passivo externo da economia hospedeira. Quando retorna ao país de origem, é registrado como redução do passivo externo da economia nacional que o hospedou. A situação do ativo e passivo externo relativa ao estoque, não ao fluxo (movimento), é registrado na conta Posição de Investimento Internacional, conforme esclarecemos no Capítulo 3.

Vale observarmos que, como movimento de capitais, os valores são registrados na conta Capital e/ou na Financeira. Mas quando os capitais geram renda no país hospedeiro, seja na forma de lucros, juros ou dividendos, e retornam ao país de origem, essa saída de recursos monetários internacionais é registrada na subconta Renda Primária da conta Transações Correntes do BP. Assim, quando da

---

1 Com exceção da subconta Ativos de Reserva.
2 Em uma economia capitalista, a riqueza busca rendimentos e valorização. Quando essa riqueza está em sua forma mais líquida, isto é, na forma monetária, está livre para ser aplicada em ativos em que há expectativa de boa rentabilidade e valorização. No entanto, quando se encontra em outra economia nacional, há o movimento desses recursos monetários de um país para outro.

análise econômica dos movimentos de capitais, é preciso atentar tanto para a entrada (ou saída) de capitais nas contas Capital e Financeira, quanto para a saída (ou entrada) de moeda internacional na subconta Renda Primária.

As aplicações da riqueza financeira são variadas, pois podem ser alocadas em diferentes ativos – tanto produtivos quanto financeiros. As subcontas das contas Capital e Financeira visam expressar essas diferenças para se ter uma ideia melhor da ação e do impacto do movimento de capital nas economias nacionais. Tais subcontas estão explicadas no decorrer deste capítulo. Nossa intenção é informar sobre a diferenciação e o significado econômico delas, sem entrar em informações e detalhes contábeis.

4.2 *Conta Capital*

A Capital é uma conta especial que, comparativamente com as demais, tem pouco peso no BP. Nela são registradas as transferências de capitais sem fins de valorização, geração de renda e retorno, sendo mais relacionadas a doações, principalmente entre governos nacionais, como ajuda humanitária, por exemplo.

Nessa conta, inclui-se também um item que dificilmente seria incorporado por rubricas de outras contas, como compra e venda de ativos não financeiros e não produzidos; por exemplo, as despesas e receitas relacionadas a passes de atletas. É interessante que a sociedade brasileira receba essa informação para tomar conhecimento das transações milionárias que envolvem atletas, principalmente jogadores de futebol. Embora sejam transações milionárias em termos individuais, tendo alcançado a receita de US$ 243 milhões em 2015[3] (BCB, 2017c), têm pouco peso quando comparadas às demais subcontas, as quais apresentam valores absolutos registrados em bilhões de dólares.

4.3 Conta Financeira

As subcontas da conta Financeira registram os movimentos de capitais em busca de rentabilidade e valorização, em ativos produtivos ou financeiros. Tais subcontas informam se o capital foi aplicado em ativos com interesse de controle do capital produtivo, caracterizado como investimento direto, ou se o capital foi aplicado em ativos financeiros, seja na forma de compra de títulos e ações de empresas brasileiras, mas sem intenção de controle, seja na forma de empréstimo para indivíduos e empresas brasileiras.

Investimento Direto

Na subconta Investimento Direto, devem ser registrados e informados os movimentos de capitais relacionados à aquisição de propriedade de ativos (1) produtivos ou (2) financeiros que permitam ter controle das empresas. No que diz respeito aos ativos produtivos, um exemplo é a entrada de capital de uma empresa multinacional que pretende se instalar no Brasil ou que, estando já instalada, faz uma injeção de capital em uma subsidiária. Outro exemplo é a entrada de uma empresa multinacional estrangeira que pretende se estabelecer no Brasil e compra uma empresa brasileira já existente, adquirindo seu controle. Os ativos que estavam em propriedade de residentes passam a ser propriedade de não residentes. Quanto

---

3 Informação de acordo com o BP fornecido pelo Banco Central do Brasil. Para acesso ao BP da economia brasileira, ver BCB (2017d). É aconselhado ao leitor baixar o documento com dados do BP da economia brasileira a partir de 1995.

aos ativos financeiros, um exemplo seria a seguinte situação: investidores estrangeiros compram ações de empresas brasileiras em quantidade tal que lhes permite ter a propriedade de uma parte das ações, sendo normalmente suficiente para controlar a empresa.

Devemos considerar que o BP apresenta **dados agregados**, isto é, o somatório de vários agentes econômicos. As empresas capitalistas são dinâmicas em seus investimentos, pois procuram rentabilidade e valorização de capital; de tal modo, podem colocar seu capital em economias nacionais, sendo registrado como ingresso de recursos na economia hospedeira, ou retirar parte ou todo seu capital para investir em outra economia nacional ou retornar à matriz. Por isso, na subconta Investimento Direto, há o registro de ingressos e saídas de capital e, por fim, seu resultado líquido (ingresso menos saída). São registradas as variações líquidas nos ativos e passivos externos da economia nacional.

> **Fique atento!**
> Ao se consultar o *site* do Banco Central do Brasil (BCB) – "Série histórica do Balanço de Pagamentos" – para observar os dados do BP brasileiro em anos recentes, é possível observar que, quando indivíduos e empresas brasileiras fazem investimento no exterior, registram-no sob o item investimento direto no exterior. Já quando indivíduos e empresas estrangeiras investem no Brasil, registram esse investimento no item investimentos diretos no país. Como esperado em uma economia em desenvolvimento, com expectativas de boa rentabilidade e valorização do capital produtivo, a economia brasileira tem uma entrada líquida de investimento direto no país (isto é, capital estrangeiro investido no país) maior do que a saída de capitais nacionais para investimento direto no exterior (isto é, empresas brasileiras abrindo subsidiárias no exterior).

Conforme abordamos no capítulo anterior, dada a nova metodologia de apresentação do BP na conta Financeira, o registro concentra-se na variação líquida do ativo e do passivo dos investimentos internacionais na economia brasileira. O ingresso de capitais de investimento direto no país significa entrada de recursos para compra, por parte de estrangeiros, de ativos na economia brasileira, e está registrado na sexta edição *Manual de Balanço de Pagamentos e Posição de Investimento Internacional (BPM6)* (BCB, 2017a) como um aumento no passivo externo da economia brasileira.

No BP, tanto variações no ativo quanto no passivo são registradas com sinal positivo. No entanto, o resultado líquido, com variações no passivo externo (ingresso de investimento direto no país) maiores que no ativo (investimento direto brasileiro no exterior) é sinalizado como negativo. Como registrado pelo BCB (2017c)[4], no ano de 2015 o resultado na subconta Investimento Direto foi de aproximadamente USS 61,5 bilhões (que aparece com sinal negativo). Esse resultado é a expressão do investimento direto no país (líquido) de cerca de US$ 75 bilhões menos o investimento brasileiro no exterior (também líquido) de quase US$ 13,5 bilhões.

O movimento de entrada de capitais autônomos como investimento externo direto (IED) no país significa que capitais externos procuram rentabilidade e valorização nas atividades produtivas de outras economias. Para a economia brasileira, esse ingresso representa a contribuição do capital externo, com sua *expertise*, para complementação da estrutura produtiva. A avaliação da contribuição do capital externo, normalmente de empresas multinacionais, deve ser feita em estudos setoriais sobre a estrutura produtiva da economia brasileira.

Em termos gerais, entre os argumentos favoráveis ao investimento direto estão a associação à entrada de conhecimento incorporado aos investimentos e a defesa à geração de oportunidades de negócios para o país, inscrevendo-o nas cadeias globais de valor. Já entre os argumentos contrários estão: a perspectiva pessimista

---

[4] Para acessar o BP da economia brasileira, consulte BCB (2017d).

sobre a necessidade de enviar lucros às matrizes das multinacionais, causando vazamentos da renda nacional; a percepção de um baixo conteúdo tecnológico das filiais implantadas, em alguns casos; a crítica a uma indesejável exploração predatória das riquezas nacionais por estrangeiros. Não cabe neste capítulo analisar e avaliar o impacto desses IEDs nas economias nacionais. Nosso escopo se resume a explicar que é na subconta Investimento Direto que é mensurada a quantidade de recursos externos que entram na economia como investimento externo.

Esses recursos externos podem ser direta ou indiretamente utilizados pela empresa investidora. Na realidade, os recursos externos de investimento direto são depositados no Banco Central e trocados por moeda doméstica à taxa de câmbio do dia em que cada operação é realizada. A empresa estrangeira investidora pode usar esses recursos para fazer gastos externos ou internos. No primeiro caso, trata-se de importações necessárias para a empresa viabilizar sua estrutura produtiva. No segundo, a empresa estrangeira pode utilizar a moeda nacional para financiar a compra de equipamentos e materiais fornecidos por empresas instaladas na economia nacional.

Devemos esclarecer neste ponto que a empresa estrangeira que faz o investimento direto e entra com recursos externos não necessariamente irá utilizá-los para suas próprias importações ou transferências de renda. Para o Banco Central, significa uma entrada de moeda internacional que, por sua vez, quando convertida em moeda doméstica, representa maior disponibilidade de moeda estrangeira, que pode ser vendida para residentes (por exemplo: importadores que necessitem pagar por aquisições no exterior) ou acrescentada às reservas internacionais (quando são adquiridas pelo Banco Central).

Para ser hospedeira de IED, uma economia nacional precisa apresentar condições que atraiam esse capital, as quais devem estar relacionadas à estrutura de oferta, como infraestrutura para a instalação de novas fábricas e rodovias e portos para que os insumos cheguem às fábricas e os produtos atinjam o mercado. As condições também estão relacionadas à demanda, pois a economia nacional deve contar com um mercado interno, para que a produção seja vendida com lucros e garanta rentabilidade e acesso ao mercado externo, quando há estratégia de exportação. Há uma boa literatura sobre as condições de atração de investimento externo no país hospedeiro[5].

De acordo com o Banco Central do Brasil (2017c), no que se refere ao estoque do capital externo na economia brasileira, a conta Posição do Investimento Internacional apresenta os dados do ativo (estoque de capital de residentes brasileiros no exterior) e do passivo (estoque de capital de estrangeiros no Brasil). Com a disponibilidade de dados fornecidos pela Posição de Investimento Internacional, o capital externo em investimento direto (portanto, passivo externo da economia brasileira, hospedeira deste capital) alcançou quase US$ 615 bilhões em dezembro de 2015, o que significa cerca de 50% do total do capital externo no Brasil.

Vale apontarmos alguns problemas envolvendo políticas de atração de IED. Primeiro, os investimentos diretos devem ser uma via de mão dupla, isto é, deve-se incentivar seu ingresso e permitir sua saída. Isso porque, caso um país imponha condições muito restritivas para a saída de capital, haverá resistência do capital externo para ingressar nessa economia. Ainda de acordo com os dados do BCB (2017c) referentes à conta Posição de Investimento Internacional, houve, em 2015, um grande fluxo de ingresso (US$ 123,5 bilhões) e de saída (US$ 48,5 bilhões) de capital externo.

---

5 Para mais informações sobre condições de atração de investimento externo no país hospedeiro, sugerimos a leitura do Capítulo 5 desta obra e, sobretudo, de Chesnais (1996).

> **Fique atento!**
>
> A economia nacional hospedeira tem de fazer um grande esforço de atração e retenção do capital estrangeiro, bem como considerar que, apesar de estarem aplicados na propriedade de ativos produtivos, muitas vezes como capital majoritário e exercendo o controle societário de empresas produtivas, tais recursos podem sair com a venda de ações para residentes no país hospedeiro. Se o movimento for suavizado ao longo do tempo, o impacto não será muito grande: a economia poderá absorvê-lo e, ainda, continuar com os ativos fixos resultantes desse investimento (fábricas, por exemplo). Entretanto, se ocorrer uma saída abrupta, isso afetará o câmbio e poderá gerar desequilíbrios externos por algum tempo.

Apesar de haver menor rotatividade do que no caso do investimento em carteira (tema que abordaremos na seção seguinte), ainda assim, nos casos de investimento direto, se não houver boas **expectativas de rentabilidade** a médio e longo prazos, o ingresso líquido de capital externo no país pode ser reduzido. O capital externo procura boas oportunidades de remuneração, isto é, lucros de atividades econômicas produtivas, comerciais ou de serviços, ou ganhos de capital em investimentos em carteira. Se as oportunidades diminuem ou se tornam mais duvidosas – por mudanças no cenário político-administrativo do país, por exemplo –, há maior reticência em se investir no país. Portanto, a entrada do capital externo em investimento direto e sua manutenção devem ser garantidas pela via da manutenção de um ambiente favorável aos negócios, com expectativas de rentabilidade e/ou valorização dos ativos no futuro iguais ou superiores à esperada em outras economias nacionais concorrentes, ponderadas pelo nível de risco de se investir em cada uma delas.

O segundo problema relativo ao IED diz respeito à controvérsia sobre a **desnacionalização da estrutura produtiva** da economia nacional. Hipoteticamente, isso ocorre porque, com a entrada constante de investimento direto no país, há empresas estrangeiras que produzem e vendem bens e/ou serviços em território nacional, concorrendo com empresas domésticas. Por um lado, isso amplia a concorrência e a competitividade no ambiente de negócios doméstico; por outro, pode levar à desnacionalização, à medida que as empresas estrangeiras desloquem o setor produtivo nacional ou adquiram seus ativos.

Há defensores dos dois lados da análise, tanto otimistas quanto pessimistas. Além disso, há outro argumento, bastante crítico, que acusa as empresas estrangeiras de explorarem as riquezas naturais e a força de trabalho doméstica para obterem lucros e remetê-los para sua matriz em seu país-sede. Nesse tipo de relação, a empresa estrangeira não demonstra maiores compromissos com o desenvolvimento da economia doméstica e somente aproveita as oportunidades referentes a custos reduzidos ou exploração de recursos naturais abundantes.

Fique atento!

Em economias capitalistas, as empresas, estrangeiras ou nacionais, visam obter lucro. As vantagens devem ser pensadas levando-se em consideração estratégias de desenvolvimento, de maneira a causar impactos mais duradouros e mudanças qualitativas na estrutura produtiva nacional. Portanto, é relevante que os governos de economias hospedeiras não apenas atraiam o capital externo, mas também avaliem qual tipo de capitais deseja atrair.

Há capitais que podem representar uma exploração predatória, mas há também outros cujos efeitos sobre a economia podem proporcionar mudanças para estruturas mais competitivas, tecnologicamente mais avançadas e inscritas em fluxos internacionais de comércio ou cadeias globais de valor. O importante é desenvolver uma política de atração do capital externo em conjunção com uma estratégia de desenvolvimento nacional, o que constitui um desafio para qualquer país em uma economia globalizada (Gonçalves, 2005).

Outro problema recorrentemente apontado se refere à saída de recursos monetários como remessa de lucros obtidos pela empresa estrangeira que fez investimento direto no país. Como já comentamos, o lucro é considerado uma remuneração ao capital produtivo, uma renda registrada, quando de sua saída, como renda primária do investimento direto na conta Transações Correntes do BP. De um lado, ingressam recursos externos na conta Financeira como investimento direto. De outro, a economia nacional hospedeira precisa aceitar que parte dos lucros e dividendos resultantes do capital externo que entrou, por ser remuneração de fatores estrangeiros, deve ser remetido anualmente para a sede da empresa. De acordo com dados do BCB (2017c), em 2015, a entrada líquida de investimento direto foi de US$ 61,5 bilhões, e a saída de recursos por remessa de lucro e dividendos no mesmo ano foi de US$ 21,2 bilhões[6].

Para as economias nacionais hospedeiras, o ideal seria que as empresas mantivessem a maior parte desses recursos na economia doméstica, via reinvestimentos, por exemplo. Não é fácil, porém, coordenar os interesses domésticos e os dos investidores estrangeiros, que entre outros fatores pautam-se em suas estratégias globais de competitividade e expectativas sobre o desempenho na economia doméstica.

Em termos analíticos, cabe à economia política internacional a reflexão sobre as estratégias de desenvolvimento adotadas pelas economias nacionais, bem como sobre a participação do capital produtivo externo nesse empreendimento. Essa é uma análise ampla que leva em conta muitos outros fatores e que demanda uma avaliação direta dos volumes de entrada e saída do capital externo ao longo do tempo, os quais são registrados na subconta Investimento Direto.

---

6 Com a nova metodologia do BP, há uma dupla contagem quando um lucro é reinvestido. Isso porque é considerado como remessa de lucro e, portanto, é indicado com sinal negativo na subconta Renda Primária da conta Transações Correntes e como investimento direto no país (ingresso de capital) na subconta Investimento Direto da conta Financeira.

Investimento em Carteira: globalização financeira

A subconta Investimento em Carteira expressa um dos fenômenos mais intensos que caracteriza a globalização financeira. Trata-se de registrar a entrada e a saída de capital externo aplicado em produtos financeiros, isto é, em ações, títulos e cotas de fundos de investimento. Esse fenômeno se acentua com a abertura das economias nacionais para receber capitais externos aplicados em ações e títulos da economia hospedeira.

Façamos novamente uma comparação com as decisões de alocação da riqueza individual a fim de explicar melhor esse fenômeno financeiro. Como afirmamos anteriormente, uma pessoa pode ter uma riqueza pessoal fruto de heranças dos ascendentes e de poupanças acumuladas no passado. Parte dessa riqueza é alocada para conferir a essa pessoa segurança e conforto, como na compra de uma casa própria ou de um automóvel. Entretanto, quando a riqueza ultrapassa esse patamar de gerar melhores condições de vida, é possível aplicá-la na intenção de obter renda anual e valorização ao longo do tempo. Em casos como esse, indivíduos mais empreendedores e mais propensos ao risco podem decidir alocar em um negócio a riqueza de que dispõem, montando uma empresa na agricultura ou na indústria ou abrindo uma loja comercial, por exemplo. Por sua vez, pessoas que também querem alocar dinheiro para gerar renda anual e valorização, mas que são menos propensas a riscos ou não têm tempo, interesse ou disposição para montar seu próprio negócio podem optar por instrumentos financeiros compatíveis com seus perfis de risco e desejos de retorno.

O sistema financeiro, formado por empresas capitalistas, dispõe de vários produtos financeiros para atrair essa riqueza, pois dinheiro parado não gera renda, tampouco se valoriza. Por isso, as instituições desse sistema atraem essa riqueza para ser aplicada em tais produtos. Obviamente, os recursos aplicados não ficam parados; eles constituem fundos monetários que serão aplicados, permitindo às instituições financeiras ganhar diferencial de juros mediante *spread*, isto é, os juros dos empréstimos ou da aplicação dos fundos devem ser maiores que os conferidos pela instituição para os depósitos dos detentores de riqueza (ou, como normalmente são denominados, *poupadores*).

Os sujeitos avessos ao risco normalmente alocam parte de sua riqueza em instituições financeiras, para que estas a administrem e façam aplicações de forma a garantir rentabilidade e valorização. O desenvolvimento do sistema financeiro no capitalismo atraiu a alocação da riqueza em produtos financeiros diversificados, os quais oferecem as seguintes vantagens:

- rentabilidade, com geração de juros e dividendos quando da aplicação de longo prazo em títulos e ações;
- valorização, quando o preço de venda é maior que o preço de compra do produto financeiro (por exemplo: ações);
- liquidez, isto é, facilidade de resgate da riqueza aplicada pelo seu valor corrente (por exemplo: é mais fácil vender um lote de ações ou resgatar a caderneta de poupança ou um fundo de investimento do que vender um imóvel, um automóvel ou um iate).

Há um amplo, diversificado e altamente profissional sistema que capta a riqueza dos indivíduos e a aplica. Está claro, essa atração da riqueza para produtos financeiros deve-se à promessa das instituições de que tal aplicação gerará valorização ao longo do tempo. Em suma, no fenômeno da **financeirização da riqueza**, uma parcela crescente do montante mantido pelas pessoas é alocada em produtos financeiros com expectativas de rentabilidade e valorização futuras (Belluzzo; Coutinho, 2004)[7].

---

7 Uma questão importante e frequentemente levantada relaciona-se ao grau em que tais processos estariam ancorados na economia real, ou seja, não são somente fruto de giro financeiro, arbitragem com taxas de juros, prazos, assimetrias informacionais entre os agentes e/ou atividades puramente especulativas do mundo das finanças.

Apresentamos mais uma consideração necessária para explicarmos o investimento em carteira. Quando precisam de recursos para novos investimentos ou para pagar dívidas, as organizações procuram novos sócios mediante **emissão e venda de ações**, casos em que fazem a venda primária, abrindo seu capital em oferta pública inicial (IPO, do inglês *initial public offering*) ou inserindo um novo lote. Para atrair detentores de riqueza para a compra de suas ações, a empresa precisa mostrar solidez, isto é, uma posição firme no mercado, expectativas de lucratividade futura e promessas de pagamento de dividendos.

Empresas e governos também podem captar recursos por meio de **colocação de títulos** com pagamentos de juros, ou emissão primária de títulos. Por exemplo, quando governos colocam títulos da dívida pública, a intenção é obter empréstimo diretamente com o público. Outra opção é a venda de títulos com juros menores do que os praticados em empréstimos em banco.

Uma das atratividades dos produtos financeiros é sua **liquidez**. Por exemplo, um indivíduo que alocou sua riqueza em ações ou títulos, caso queira fazer uma realocação de seu dinheiro – para comprar um novo imóvel, por exemplo –, pode vendê-los rapidamente. Uma das grandes e importantes instituições do sistema é o mercado secundário de compra e venda de ações e títulos. É o caso da bolsa de valores – mercado de ações emitidas em anos passados formado não apenas por detentores de riqueza que eventualmente querem fazer uma realocação de seus ativos – por exemplo, vender ações para comprar um apartamento. No capitalismo, há indivíduos e empresas de alta propensão a risco que visam aumentar sua riqueza por meio de valorização rápida, comprando na baixa e vendendo na alta. São esses especuladores profissionais que garantem o volume de negócios no mercado secundário de títulos e ações. Caso tenham expectativas de que o preço das ações aumentará, compram ações; quando suas expectativas se realizam, vendem-nas. Seu interesse não é fazer um investimento de longo prazo e esperar pelo pagamento de dividendos, mas comprar e vender ações rapidamente, quando expectativas de aumento de preços são confirmadas.

Nesses mercados secundários, há um grande giro de negócios, isto é, um grande volume de compras e vendas. A riqueza ali aplicada visa à valorização rápida; por isso, é chamada de *hot money*.

Nesse ambiente, a compra não está atrelada à intenção de obter um número de ações tal que garanta a administração da empresa, como no caso do investimento direto; ao contrário, o objetivo é meramente a especulação.

Normalmente, a busca por valorização é feita por investidores profissionais e instituições do sistema financeiro, como bancos, corretoras e fundos de investimento e de previdência privada. Tais instituições financeiras atraem os indivíduos para alocarem uma parte de sua riqueza em quotas de seus fundos de investimento e prometem valorização do dinheiro aplicado. Esses recursos de milhares de poupadores (na verdade, detentores de riqueza) formam o fundo de recursos monetários que serão aplicados pelos profissionais.

O desenvolvimento do capitalismo e das instituições financeiras promoveu um fenômeno marcado por duas facetas:

1. **Financeirização da riqueza** – Diz respeito ao incentivo para alocar em produtos financeiros boa parte da riqueza individual. A necessidade de acumular poupança para garantir uma aposentadoria tranquila, por exemplo, possibilitou aos indivíduos fazer planos de previdência ou depósitos em fundos de previdência e de investimento, para obter riqueza e renda no futuro.
2. **Globalização financeira** – Refere-se à ampliação dos mercados para aplicação em carteiras de ações e títulos. A aplicação da massa de recursos monetários com vistas à valorização

não se restringiu aos mercados secundários locais e nacionais. Se há expectativa de valorização maior em mercados de outras economias nacionais, esse capital é aplicado nesses mercados[8].

As economias nacionais, principalmente as qualificadas como *em desenvolvimento*, paulatinamente abriram seus mercados para receber esse capital. Para aquelas que o recebem em carteira, há vantagens e desvantagens, o que exige cuidado no sentido de se evitar uma crise cambial. De forma genérica, a vantagem é que há entrada de capital externo para a economia hospedeira sem necessidade de contrato de garantia de remuneração, apenas expectativas – o risco da aplicação é do aplicador. A desvantagem, no entanto, é que esse capital pode se tornar altamente especulativo e volátil, com grandes momentos de entrada no país hospedeiro, mas também de saída, quando constatado um panorama pessimista de expectativas.

Essa situação pode criar uma grande pressão sobre o banco central desse país e sua política cambial. Caso essa instituição opte por uma política de câmbio livre, é possível que ocorra uma acentuada flutuação na taxa de câmbio nos momentos de concentração na entrada e na saída desse capital. No entanto, se adotar o câmbio administrado a fim de se resguardar de grandes flutuações, precisará acumular reservas internacionais e colocar títulos públicos, para evitar a expansão monetária. Quando ocorre saída concentrada desse capital, pode haver deterioração rápida do nível de reservas internacionais.

Numa economia nacional, a entrada de capital em carteira não representa um contrato de pagamento, como no caso de empréstimos com obrigação de pagamentos de juros e do principal. Nesse caso, a remuneração, seja por rentabilidade, seja por valorização,

---

8 Para mais informações, ver Paula (2014), especialmente o terceiro capítulo, intitulado "Financiamento, crescimento econômico e funcionalidade do sistema financeiro".

é um risco do aplicador, que está especulando com o preço futuro, que pode aumentar ou diminuir. Os recursos externos entram e são trocados por moeda nacional à taxa de câmbio do dia e aplicados nos mercados secundários das economias nacionais, com a expectativa de que haja boa valorização de ações e títulos no futuro próximo.

Quando desejam realizar seus lucros, os aplicadores do capital em carteira precisam vender ações e títulos e, com a receita da venda em moeda nacional, trocar por moeda internacional à taxa de câmbio do dia de saída. Para a economia nacional hospedeira, é importante que os recursos continuem em seus mercados secundários, para que não haja saída de moeda internacional (no caso brasileiro, de dólares). Trata-se, portanto, de uma aplicação de capital altamente arriscada. Por isso, há agências de *ratings* – classificação de risco de crédito –, que buscam, mesmo havendo muitas incertezas nesse campo, estimar os riscos de se aplicar recursos em ações e títulos de empresas e governos nacionais e estrangeiros.

O ideal seria que esse capital aplicado em carteira tivesse uma expectativa de rentabilidade e valorização a médio e longo prazos, representando uma aposta na lucratividade futura das empresas do país hospedeiro e no desenvolvimento da economia desse país. No entanto, isso não se confirma na prática: esse capital, na realidade, costuma ser altamente especulativo e volátil, visando à rentabilidade rápida e à livre mobilidade, com vistas a sair rapidamente dos países. A saída de capital, quando concentrada em curtos intervalos de tempo e em volumes expressivos, é capaz de provocar crises financeiras e cambiais em várias economias.

O mecanismo para atrair capitais internacionais combina competitividade, atratividade do mercado interno e/ou capacidade de inserção na economia internacional e diferenciais de custos, entre outras condições que se resumem às perspectivas de lucratividade. No entanto, a atração de capitais especulativos passa mais fortemente pela manutenção de taxas de juros internos com *spreads* significativos em relação às taxas médias praticadas em mercados internacionais ou em economias avançadas.

Mais uma vez, idealmente, o capital de risco deve ser atraído pela expectativa de desenvolvimento da economia, com grandes oportunidades de investimento e lucratividade futura. Nesse caso, as empresas esperam que a rentabilidade na economia hospedeira, bem como nas ações e títulos, seja maior do que nas demais economias nacionais. Tal diferença de rentabilidade também se refletiria no diferencial de taxas internas e externas de juros.

Com relação à diferença das taxas de juros internas e externas, é preciso considerar também o diferencial do capital ao entrar e sair da economia, pois qualquer alteração na taxa de câmbio durante o período de permanência pode afetar a rentabilidade (Tabela 4.1). Quando da decisão de entrar no mercado secundário de uma economia nacional, os administradores do capital em carteira devem ter uma expectativa quanto à taxa de câmbio no futuro.

Tabela 4.1 – Simulação de rentabilidade com juros e câmbio

Aplicação (R$)[i]	Taxa de juros Brasil	Retorno total (R$)	Taxa de câmbio futuro R$/US$	Retorno total (US$)
350	0,1	385	3,5	110
350	0,1	385	4	96,25
350	0,1	385	3	128,33

(i) Hipótese de taxa de câmbio (R$/US$) igual a 3,5 e entrada de US$ 100.

Outro fator é o risco atrelado ao país e às empresas cujos títulos são negociados. Quando uma economia nacional não demonstra capacidade de honrar seus compromissos externos ou não dispõe de reservas suficientes em moeda estrangeira para conter fugas de capital (que, sob câmbio flexível, tornam-se relativamente mais escassas), há grande risco quanto à rentabilidade esperada do capital especulativo. Sob câmbio fixo, por exemplo, o risco de fugas de capital se intensifica à medida que os investidores percebem que as reservas são insuficientes para cobrir a sangria de divisas. Em tais casos, as taxas de juros internas costumam ser expressivamente elevadas, a fim de que, por um *spread* mais alto, os investidores sejam convencidos a estancar a saída desse capital – tentativas realizadas quase sempre sem sucesso. A **avaliação do risco-país** é feita pelas já citadas agências internacionais de avaliação de crédito, mais conhecidas como agências de *rating*.

Em termos teóricos, sendo r^{int} a taxa de juros interna, r^{ext} a taxa de juros externa, e^{ent} a taxa de câmbio na entrada; e^{esp} a taxa de câmbio esperada (formada pelas expectativas do especulador quanto ao futuro) e R a taxa de risco do país, a inequação que expressa a atração do capital em carteira para uma economia nacional é dada por:

(1) $r^{int} > r^{ext} + [(e^{esp} - e^{entr})/e^{ent}] + R$

Já o limite é dado pela equação conhecida como *paridade da taxa de juros*:

(2) $r^{int} = r^{ext} + [(e^{esp} - e^{ent})/e^{ent}] + R$

O problema é o país hospedeiro se tornar refém no sentido de ter que demonstrar um bom comportamento de acordo com os critérios das agências de *rating* e das demais instituições do sistema financeiro internacional para, assim, atrair e reter o capital em carteira. A dependência de ingresso de recursos externos por meio desse capital pode gerar constrangimentos à política cambial, monetária e fiscal de uma economia nacional[9].

Pode haver restrição da liberdade de alterar a política cambial, quando há motivos estruturais para ajustar a taxa de câmbio, visando a um incentivo à exportação e a um desincentivo

---

[9] Entre esses constrangimentos ou limitações estaria a não adoção de política de taxa de câmbio livremente flutuante, determinada pelo mercado livre de câmbio, para evitar expectativas de instabilidade da taxa de câmbio, o que poderia afetar o cálculo de rentabilidade, como exposto na Tabela 4.1.

à importação para que haja um equilíbrio na conta Transações Correntes do BP. Isso porque as expectativas de mudanças futuras na taxa de câmbio para além do previsto pode afugentar o capital especulativo internacional.

A política monetária, que controla a taxa de juros interna, também fica restringida, pois precisa garantir um diferencial que atraia a entrada de capital[10]. O mesmo ocorre com a política fiscal, uma vez que o aumento do endividamento público ou sua manutenção, com a rolagem da dívida – isto é, troca de títulos vincendos por novos títulos –, pode ser interpretado pelo capital especulativo internacional como uma necessidade constante de novos financiamentos. Em determinado momento, as instituições do sistema financeiro internacional podem exigir uma demonstração de capacidade de pagamento e geração de *superavit* primários para pagamento de parte da dívida pública.

Nesse sentido, ao se tornar dependente da entrada do capital em carteira, a economia nacional deve mostrar um bom comportamento para o sistema financeiro internacional. Por isso, políticas de austeridade fiscal passam a ser necessárias. Também por essa razão, é possível que haja períodos em que a taxa de câmbio possa ser administrada, ou seja, momentos em que não se garanta o equilíbrio na conta Transações Correntes, pois a rigidez da política cambial é necessária para o ingresso de capital em carteira.

Conforme temos registrado, é difícil reunir as condições ideais para atrair e reter capital em carteira, pois este demanda uma rentabilidade no curto prazo e com diferencial perante as demais economias. Para ter sucesso nessa tarefa (atração e retenção de capital), é necessário manter variáveis que constrangem a política econômica interna, na intenção de garantir o diferencial

---

10 Isso cria mais um constrangimento para a política macroeconômica. A política monetária com variações na taxa de juros é utilizada para controlar a inflação e também para manter um diferencial na taxa de juros interna em relação à externa, na intenção de garantir condições mínimas para atrair capital a ser aplicado em carteira de títulos e ações.

da taxa de rentabilidade interna em relação à externa. A dependência desse capital em carteira, como item importante da conta Financeira do BP, pode tanto gerar constrangimentos à política econômica quanto implicar aumento da vulnerabilidade da economia nacional. Isso porque esse capital pode sair de forma concentrada quando se percebe a possibilidade de que o governo não conseguirá manter uma política que garanta as condições de rentabilidade.

Por exemplo, uma expectativa de que o governo de um país hospedeiro não tenha meios de garantir determinada taxa de câmbio pode resultar em uma rápida retirada de capital antes que o governo adote qualquer medida de desvalorização de sua moeda. A rápida, volumosa e altamente concentrada saída de capital em carteira está na origem de várias crises financeiras e cambiais.

Mesmo quando as economias nacionais hospedeiras demonstram um bom comportamento perante o sistema financeiro global, podem ocorrer crises financeiras e, para as economias nacionais dependentes da entrada de capital especulativo externo, crises cambiais.

Crises financeiras

Uma breve e didática explicação pode facilitar o entendimento das causas das crises financeiras[11] e cambiais que ocorreram na economia internacional nas décadas de 1990 e 2000.

Crises financeiras ocorrem porque o capital em carteira, de modo geral, é altamente especulativo, faz apostas de valorização futura dos títulos e ações que compra. O que valida essa valorização, passado o tempo e chegado o momento de obter lucros, é a crescente demanda pelos títulos. Assim, ao vender para realizar lucros e, por vezes, pagar dívidas, o capital especulativo deve encontrar com demais frações de capital do mesmo tipo que também querem

---

[11] A explicação segue a análise de Minsky (2009). Para uma análise usando a visão de Minsky, ver: Paula (2014), especialmente o segundo capítulo, intitulado "Comportamento dos bancos e oferta de crédito no ciclo minskyano".

fazer apostas no futuro, sob a premissa de que os títulos serão futuramente vendidos a um preço maior do que o praticado na compra.

Assim, o capital especulativo desenvolve-se nessa espiral crescente e considera que no futuro haverá compradores dispostos a pagar preço próximo ao esperado quando da decisão pela especulação. Enquanto há entrada de recursos nessa espiral, constata-se valorização crescente nos mercados secundários. Uma via de crescente demanda por ações e títulos, como já analisamos, é a financeirização da riqueza. Outra via é a aposta de que a valorização no mercado de títulos e ações será maior do que a taxa de juros dos empréstimos. Com isso, vale a pena emprestar dinheiro dos bancos para aplicar em títulos e ações, com expectativa de valorização.

Quando a economia está em prosperidade, normalmente traçam-se expectativas de lucro, tanto para o capital produtivo quanto para o especulativo. Esse momento próspero pode criar uma euforia, fazendo acreditar que a lucratividade futura será ascendente e contínua. O capital especulativo faz apostas cada vez maiores no anseio de obter valorização de títulos e ações. Assim, o nível de endividamento dos especuladores aumenta, pois eles avaliam que a remuneração na especulação financeira será maior do que os juros pagos nos empréstimos. Então, de acordo com esse julgamento, é viável adquirir dívidas para aplicar o dinheiro em especulação. De tal modo, realmente ocorre maior demanda por ativos financeiros e sua valorização crescente.

Esse é o fenômeno identificado no jargão do jornalismo econômico como ***bolha especulativa*** – os preços dos ativos financeiros crescem, aumentando a riqueza dos indivíduos que aplicaram parte de suas reservas em títulos e ações, e inflando o ganho de capital dos especuladores, que sempre vendem a um preço maior do que o de compra. Enquanto a bolha cresce, há aumento da riqueza financeira, já que muitos ganham dinheiro com a especulação. O problema é que essa bolha financeira só é percebida quando estoura – isto é, está descolada da valorização possível do capital produtivo.

Quando os bancos percebem que concederam empréstimos altamente arriscados, podem exigir pagamentos parcelados sem aceitar mais rolagem total da dívida. Os bancos incrementam sua proteção contra empréstimos arriscados, com aumento de sua preferência pela liquidez, e se tornam, assim, mais cautelosos com renovações e novos empréstimos. Quando a exigência de pagamento de dívidas incide apenas sobre especuladores individuais mais audaciosos, estes podem vender seus títulos e ações e honrar suas dívidas. Caso não consigam fazer isso, poderá ocorrer uma reação por parte do mercado financeiro, que punirá aquele que se arriscou demais, aceitando um risco moral elevado.

Por sua vez, quando há falência de um especulador, o sistema financeiro pode demonstrar-se apenas cauteloso. No entanto, quando vários especuladores não têm seus empréstimos renovados e precisam vender seus ativos para fazer caixa e pagar suas dívidas bancárias, há grande oferta de ativos financeiros, mas uma pequena demanda. Diante disso, os preços caem, a bolha estoura e, assim, tem início uma crise financeira.

Uma crise financeira começa com uma abrupta redução do preço dos ativos financeiros, sendo um de seus principais indicadores os índices das bolsas de valores (ver Gráficos 4.1 e 4.2). Os indivíduos cuja riqueza está em parte aplicada em ativos financeiros terão sua riqueza desvalorizada, o que se configura como uma decepção, pois esses investidores fizeram aplicações com vistas à valorização. Em virtude dessa redução de preços nos ativos, algumas pessoas e empresas que se endividaram para aplicar nos ativos financeiros comumente encontram dificuldade para pagar suas dívidas.

Gráfico 4.1 – Índice Dow Jones, trimestral, de 2006 a 2013

Fonte: Elaborado com base em Ipeadata, 2017.

Gráfico 4.2 – Índice Bovespa, trimestral, de 2006 a 2013

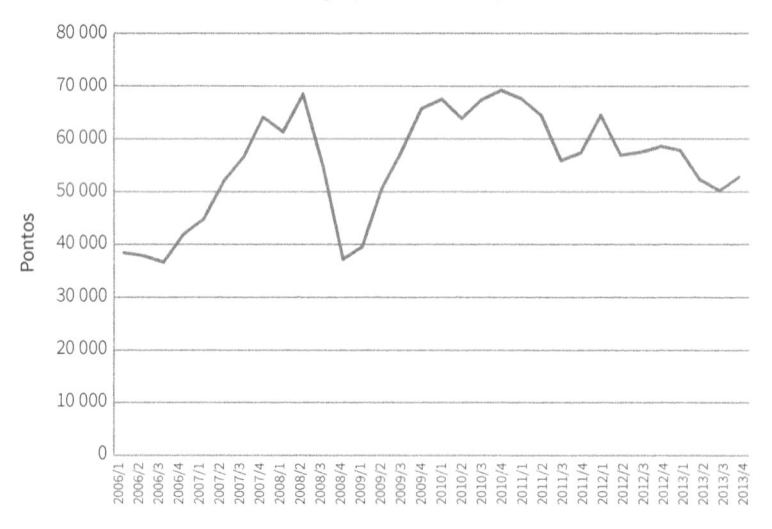

Fonte: Adaptado de BM&fbovespa, 2017.

Numa economia dependente do ingresso de capital externo especulativo, a crise financeira pode se tornar uma crise cambial. No caso de o estouro da bolha financeira ocorrer na economia hospedeira, o capital especulativo externo injetado ao longo dos anos pode ser retirado rapidamente, antes que o prejuízo decorrente da desvalorização dos ativos aumente. Com mais frequência, a desconfiança de que haja rentabilidade abaixo da esperada pode fazer o capital externo migrar para outros mercados nacionais, especialmente os mercados financeiros centrais, mais seguros.

Normalmente, os governos das economias nacionais tentam dar uma demonstração de força, mantendo sua taxa de câmbio com o propósito de acalmar o mercado financeiro e cambial. Se a retirada de recursos continua, os governos que adotam a política de taxa de câmbio estável têm uma rápida deterioração de suas reservas internacionais e, em dado momento, precisam desvalorizar sua moeda em relação às demais, o que caracterizaria uma crise cambial.

Fique atento!

Esse raciocínio é válido na hipótese de um governo adotar uma política de câmbio administrado com o intuito de evitar fortes flutuações cambiais, mostrar estabilidade e criar expectativas para a aplicação docapital em carteira. Conforme analisamos na equação da paridade da taxa de juros, a rentabilidade depende de expectativas sobre a taxa de câmbio no futuro. O problema surge quando o capital muda suas expectativas e inicia uma retirada em massa. Essas condições dificultam a manutenção da política adotada. A ironia é que o governo mantém uma política de câmbio administrado para não afetar as expectativas, mas estas podem ser afetadas por outros fatores que ele não controla. Assim, o governo não muda sua política para não modificar a formação de expectativas, mas quando estas mudam, vê-se obrigado a transformar sua política, pois está enfrentando uma crise cambial.

Quando a crise financeira acontece em mercados centrais, como no caso da economia dos Estados Unidos em 2008, o capital especulativo que está nas economias nacionais periféricas regressa, para cobrir as perdas no mercado central e pagar as dívidas. Em momentos de grande incerteza, o capital especulativo busca a segurança, em detrimento da rentabilidade, e é direcionado para títulos mais seguros, como os do governo norte-americano. Caso as economias hospedeiras periféricas tenham pequenas reservas internacionais e sejam muito dependentes da entrada de recursos externos via capital em carteira, podem ter problemas na manutenção da estabilidade de sua taxa de câmbio ou exigir um grande ajuste, normalmente recessivo, para gerar um rápido *superavit* na conta Transações Correntes e compensar a saída de recursos externos na conta Financeira. A Grécia é um exemplo dessa situação, pois, como não pode desvalorizar o câmbio, em virtude de adotar o euro como moeda nacional, tem que fazer um ajuste recessivo.

A importância quantitativa da entrada de capital em carteira na conta Financeira pode significar a sujeição da economia nacional hospedeira à volatilidade desse capital e aos humores, refletidos como expectativas, do capital financeiro. Por isso, entender o volume de recursos que ingressam e saem da economia da subconta Investimento em Carteira é fundamental para uma análise da sustentabilidade ou vulnerabilidade das contas externas de uma economia nacional.

Volatilidade da entrada e da saída de recursos externos
No BP apresentado pelo BCB (2017c, 2017d), é possível verificar também os dados de movimento dos investimentos em carteira. Os movimentos em ativo representam a compras e vendas de títulos e ações estrangeiras por residentes nas economias nacionais. Os movimentos em passivo se referem a compras e vendas de ações e títulos de empresas nacionais e do governo nacional efetuadas por estrangeiros.

Os dados revelam que é muito maior a participação do capital externo no mercado financeiro brasileiro do que de nacionais com ações e títulos externos. Estes podem ser negociados tanto no mercado nacional quanto em mercados estrangeiros, por exemplo: ações da Petrobras negociadas na bolsa de valores de Wall Street. O Brasil é uma economia receptora líquida de capital em carteira, pois registra mais entrada líquida de capital estrangeiro na compra de ações e títulos de suas empresas (aumento de seu passivo externo) do que capital nacional comprando ações e títulos no exterior (ativo externo).

Quando analisamos o BP, observamos nos dados a partir de 2015 que é grande a movimentação do capital em carteira, conforme mencionamos. Nos dados sobre a movimentação do investimento em carteira, observamos um grande volume de ingresso e egressão de recursos, sendo o saldo líquido uma pequena proporção dessa movimentação. No ano de 2015, o investimento estrangeiro em ações teve entrada de US$ 99,2 bilhões, saída de US$ 92,6 bilhões e saldo de US$ 6,5 bilhões (BCB, 2017c). Há, entretanto, uma superestimação nas entradas e saídas, pois, na nova metodologia do BP, o rendimento adquirido nas aplicações financeiras e reaplicado é contabilizado como pagamento de juros na conta Transações Correntes e como ingresso de investimento em carteira na conta Financeira. Na verdade, esse capital permanece aplicado na economia, sem saída e retorno.

Os itens da subconta Investimento em Carteira expressam os principais produtos financeiros negociados pelo capital especulativo, quais sejam:

- as ações, representadas no item Investimento em Ações;
- as aplicações feitas em fundos de previdência e investimentos, na subconta Investimento em Fundos de Investimento;
- os títulos com juros fixados, na subconta Títulos de Renda Fixa; quando os títulos são negociados por valores baseados em outros títulos, como é o caso de derivativos, é registrado na conta específica Derivativo.

O Gráfico 4.3, a seguir, apresenta a volatilidade do saldo dessa subconta. A crise financeira dos Estados Unidos, em 2008, teve grande impacto sobre a economia brasileira, com a redução do saldo de investimento em carteira nesse ano para apenas US$ 2,9 milhões, principalmente em decorrência do retorno de capital especulativo brasileiro anteriormente aplicado no exterior[12].

Gráfico 4.3 – Entrada e saída de recursos externos de investimento em carteira do BP

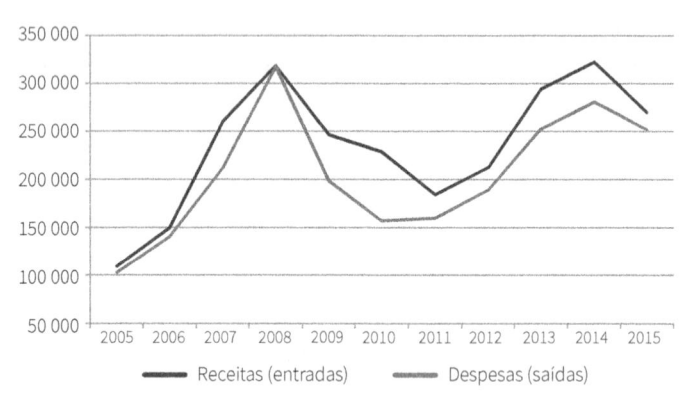

Fonte: BCB (2017d).

A exigência de um bom comportamento da economia brasileira, que teve dificuldade para manter os títulos do governo e as ações de empresas brasileiras com um bom *rating* (avaliação) nas agências de avaliação de risco, explica em partes a redução do saldo de investimento em carteira em 2015, em relação aos anos de 2014 e 2013. Essa é uma justificativa para se implementar uma política de austeridade fiscal e monetária, com estabilidade da política cambial, o que é de bom grado para o capital especulativo.

---

[12] O saldo da subconta Investimento em Carteira refere-se à movimentação no passivo externo (com entrada e saída de recursos externos, isto é, movimentação de aplicadores estrangeiros no Brasil) menos a movimentação no ativo externo (com saída de recursos de brasileiros para aplicação no exterior e com retorno). No Gráfico 4.3, observe a movimentação no passivo da subconta citada, no ano de 2008, com entrada de US$ 268,2 milhões e saída de US$ 267,2 milhões.

Conforme mencionamos anteriormente, a dependência de ingresso líquido de capital em carteira pode retirar a autonomia da política macroeconômica.

Outros Investimentos

Na subconta Outros Investimentos, destacam-se os empréstimos internacionais. Diferentes daqueles registrados nas contas Investimento Direto e Investimento em Carteira, esses empréstimos são contratos feitos com bancos para receber crédito e assumir compromisso de pagamento de juros e devolução do principal, na forma de amortizações. No contrato de empréstimo, estabelece-se o parcelamento do principal em prestações com pagamento de juros.

No Brasil, os empréstimos são feitos a uma taxa pré-fixada de juros já incorporada nas prestações a pagar; no exterior, porém, os bancos preferem contratos com juros flutuantes, que podem variar no momento do pagamento das parcelas. Essa variação também pode ser percebida quando da obtenção de novos empréstimos para a rolagem de dívida, o que acontece quando há renegociação ou quando novos empréstimos são realizados para pagar a dívida já existente e conseguir mais recursos. A taxa de juros que incide sobre essa nova transação pode variar em relação à antiga. Por isso, é fundamental saber qual é a taxa de juros em vigência, fruto da política monetária dos governos nacionais, a fim de que se possa examinar se vale pedir e obter um empréstimo e renegociar as dívidas. Lembremos que, na década de 1980, a economia brasileira enfrentou a crise da dívida externa. Por isso, o Brasil tem certo trauma do endividamento externo e cuidado extra para não cair mais uma vez na armadilha do endividamento com juros flutuantes.

No sistema financeiro capitalista, os bancos comerciais e de investimento são os agentes principais. No capitalismo, deseja-se que o dinheiro circule o mais rápido possível, a fim de que haja mais movimentações com compra e venda de produtos, o que garante prosperidade e dinamismo econômicos. Paralelamente, ocorre um processo de financeirização de toda a economia, isto é, a maior parte do dinheiro passa pelo sistema financeiro, principalmente pelos bancos. Os indivíduos não recebem mais seus salários ou pagam suas contas em dinheiro vivo, mas em depósitos e transferências bancárias. A riqueza e a poupança não ficam mais em cofres, mas em aplicações financeiras.

Obviamente, os depósitos bancários e as aplicações em ativos financeiros estão baseados na confiança quanto a sua liquidez, isto é, a qualquer momento é possível retirar o dinheiro aplicado e tê-lo em mãos, como mencionamos. Todavia, quando essa confiança é abalada, o mais seguro é manter a moeda retida. Os bancos captam um enorme volume de dinheiro de seus clientes e não o deixam parado; eles o aplicam, principalmente, na forma de empréstimos. Certamente, os bancos devem ser cautelosos e prudentes, pois estão emprestando o dinheiro de seus clientes, portanto, querem retorno remunerado e garantias de que haverá pagamento de juros e amortizações.

Os bancos têm um comportamento pró-cíclico. Em períodos de prosperidade, com aumento de produto e renda, bem como de investimentos das empresas e de poupanças individuais, essas instituições financeiras recebem um bom volume de depósitos e, com esses fundos crescentes, fazem empréstimos. O lucro dos bancos advém, então, da cobrança de taxas pelos serviços prestados e, sobremaneira, da diferença entre os juros pagos aos depósitos de clientes e os recebidos dos devedores de seus empréstimos.

Como depósitos na conta Transações Correntes são altamente voláteis, já que a qualquer momento o cliente pode retirar os recursos, o banco não paga juros por esses depósitos à vista. Contudo, como sabe que o dinheiro não é retirado de uma vez só por todos os clientes, a instituição bancária utiliza parte desse fundo para aplicar em títulos e, principalmente, em empréstimos, pois pode cobrar uma taxa de juros maior. No caso de depósitos a prazo, mais relacionados à aplicação da riqueza, como na caderneta de poupança e em fundos de investimento, formam-se fundos de longo prazo. Com isso, os bancos podem também fazer seus empréstimos a prazos mais longos[13].

O comportamento pró-cíclico se revela perverso no início de uma recessão (Carvalho et al., 2007). Os bancos, que na prosperidade são pródigos em emprestar, percebem o risco de que alguns devedores não honrem seus compromissos e deixem de pagar os empréstimos ou prestações. Em casos individuais e esporádicos, os bancos podem assumir esse prejuízo, pois faz parte de suas precauções. No entanto, se a inadimplência aumentar, as instituições bancárias ficam em situação difícil perante seus clientes depositantes, que podem requerer a retirada de parte dos depósitos. Diante desse panorama, os bancos começam a se proteger contra incertezas futuras, tomando duas medidas que podem iniciar ou acentuar uma recessão: (1) como consideram mais arriscados seus empréstimos, aumentam a taxa de juros; (2) por temerem o aumento da inadimplência, dificultam a concessão de novos empréstimos ou a renovação, além de exigirem mais garantias patrimoniais ou pagamento de parte da dívida antiga para refinanciamento de outra parte. Portanto, em momentos nos quais indivíduos e empresas precisam de mais empréstimos, principalmente para renegociar suas dívidas, os bancos sobem os juros ou reduzem empréstimos.

Mais uma observação sobre o comportamento dos bancos torna-se necessária para um bom entendimento da subconta Outros Investimentos do BP, que tem os empréstimos como principal rubrica. A taxa básica de juros da economia é fixada pelo empréstimo de maior confiança, qual seja, na forma de títulos da dívida pública dos governos nacionais. Tais títulos são um empréstimo dado ao governo, sendo a compra e a venda de títulos administradas

---

13 Para mais informações, ver Carvalho et al. (2000), especialmente o Capítulo 20, intitulado "Investimento, poupança e financiamento".

pelo BCB. Como acontece com os produtos financeiros, o próprio sistema garante a recompra dos produtos, o que lhe confere alta liquidez, isto é, possibilidade de resgate imediato em dinheiro e com pouca variação de valor. Assim, no caso de título pré-fixado, um título com promessa de pagamento de seu valor de face em 31 de dezembro, por exemplo, pode ser resgatado a qualquer momento, sendo dado um deságio em relação a esse valor de face (isto é, com redução quanto ao valor que se prometeu pagar em 31 de dezembro).

Esse preço do título é que determina a taxa de juros do dia. O BCB dá a opção de recompra como uma forma de garantia e de alta liquidez dos títulos da dívida pública. Por esse motivo, tais títulos são considerados os mais seguros e mais líquidos, pagando, assim, a menor taxa de juros do mercado e estabelecendo a taxa de juros básica da economia nacional.

Os bancos têm uma grande parte de seus passivos em depósitos de seus clientes. Como já explicitamos, eles não deixam esse dinheiro parado, mas aplicam em ativos. Nesse sentido, ressaltamos que essas instituições precisam agir com cautela na aplicação dos ativos, pois qualquer percepção de insegurança por parte dos clientes pode gerar retirada dos montantes depositados. Por isso, os bancos deixam uma parte de seus fundos em ativos de segurança, bem garantidos e altamente líquidos, e com a outra parte buscam rentabilidade com seus empréstimos a juros.

Os ativos de segurança se referem a dinheiro em caixa, embora esse montante não tenha rentabilidade alguma. Mas também é possível aplicar parte desses ativos de segurança em títulos altamente seguros e líquidos da dívida pública. Sempre que precisam de caixa para pagar suas transações – principalmente acertos de contas interbancárias –, os bancos podem utilizar os títulos da dívida pública em custódia no BCB. É por essa razão que a taxa desses títulos em custódia (taxa Selic[14]) é a taxa de juros básica da

---

14 Sigla para Sistema Especial de Liquidação e de Custódia.

economia. Nos empréstimos dos bancos a indivíduos e empresas, cobra-se um diferencial (*spread*) sobre essa taxa básica. Quando esta aumenta, a taxa de juros dos empréstimos bancários também sobe. É assim que um banco central pode exercer sua política monetária e controlar o comportamento dos bancos nacionais.

Com a diversificação de produtos financeiros tanto para captar quanto para emprestar recursos, o crescimento das instituições financeiras impôs restrições ao controle direto do BCB sobre os empréstimos bancários e a oferta monetária, consequentemente. A forma indireta de controlar os bancos é pela taxa básica de juros da economia. Quando esta se mostra elevada no momento da recompra de títulos da dívida pública, essas instituições precisam vender mais títulos para obter o dinheiro de que necessitam – por isso, precisam ser cautelosos quanto aos empréstimos que fazem.

Para empresas e governos que fizeram empréstimos externos na década de 1970, o aumento da taxa de juros dos títulos do tesouro dos Estados Unidos, em 1979, teve um efeito devastador. Esse fato implicou a saída de recursos externos via pagamento de juros, na conta Transações Correntes, e amortizações do principal, na conta Financeira. Tais pagamentos elevaram a saída de recursos externos das duas contas do BP, financiada com as reservas internacionais, as quais, consequentemente, sofreram uma rápida deterioração. Nesse sentido, os governos dos países endividados precisaram recorrer à renegociação das dívidas. Como é usual na relação entre devedores e credores, aqueles, quando se veem em dificuldade de pagamento imediato, pedem um refinanciamento da dívida, isto é, pretendem fazer uma nova dívida para pagar os juros e as amortizações da dívida antiga. Em tempos de prosperidade, essa renegociação é mais fácil, mas quando o cenário é de desconfiança por parte dos bancos quanto à saúde financeira dos devedores, as negociações são tensas. Para refinanciar as dívidas, as instituições bancárias solicitam cada vez mais garantias.

No caso de empréstimos internacionais, as instituições bancárias desejam que os devedores mostrem capacidade de pagamento na moeda internacional. A garantia é de que haja receita suficiente em dólares para pagar o que foi exigido pelos bancos. Um exemplo histórico é a situação de dívida externa enfrentada na década de 1980 por alguns países, entre eles o Brasil. Como garantia de pagamento, os bancos privados exigiram que os países endividados fizessem um acordo de obtenção de empréstimos com o Fundo Monetário Internacional (FMI). Feito isso, passaram a aceitar a renegociação do pagamento da dívida.

O FMI representava a ideologia e a visão de mundo do sistema financeiro das economias centrais. Em consonância com essa característica, portanto, a organização exigiu um bom comportamento dos países devedores. Para o sistema financeiro, isso significava fazer ajustes rápidos para gerar receita em dólares e, assim, mostrar capacidade de pagar, no mínimo, os juros da dívida, com possibilidade de renegociar as amortizações. Um ajuste rápido foi feito com grande esforço de aumento das exportações e de redução das importações. Para isso ocorrer de forma célere, foi preciso fazer desvalorizações cambiais e/ou ajustes recessivos.

Houve, assim, uma grande e rápida inversão quanto à noção de equilíbrio do BP: em vez de se aceitar o equilíbrio intertemporal, inicialmente com *deficit* na conta Transações Correntes financiado por um *superavit* na conta Financeira, passou-se a requerer um *superavit* na balança comercial para pagar a conta de juros e equilibrar as contas Transações Correntes e Financeira, sendo que os recursos que entravam eram suficientes apenas para pagar as amortizações.

A década de 1980 e o início da década de 1990 demandaram das economias endividadas ajustes que permitissem reduzir o endividamento e, principalmente, a dependência de entrada de capital via empréstimos. Aprender que os bancos nem sempre esperam as economias nacionais encontrarem seu equilíbrio intertemporal foi uma dura e trágica lição.

Assim, essas economias conseguiram reduzir sua dependência a empréstimos internacionais, substituindo-os por entrada de capital na subconta Investimento em Carteira, mas entraram em um novo cenário de vulnerabilidade, pois essa escolha, apesar de não gerar obrigações contratuais, pode provocar crises financeiras e cambiais.

4.4 *Ativos de Reserva*

Para desempenharem as funções de ajustamento que se fazem necessárias em seu BP, as economias nacionais devem manter um estoque de riqueza líquida, em moeda internacional. Por esse motivo, é importante que a economia nacional acumule reservas internacionais para usá-las na necessidade de financiar possíveis *deficit* em suas contas do BP. Os bancos centrais são os depositários dessas reservas e cabe a eles fazer os ajustes.

Uma das funções dos estoques de riqueza líquida é servir como um rápido meio de financiamento de despesas da conta Transações Correntes, caso não haja entrada suficiente de recursos nas subcontas da conta Financeira e o governo queira manter uma política de câmbio administrado.

Outra função é fazer ajustes estabilizadores na taxa de câmbio, para manter sua política de câmbio administrado. Em alguns períodos, pode haver grande saída de moeda internacional, tanto nas subcontas da conta Transações Correntes quanto nas da Financeira, fato que pode provocar uma pressão sobre a taxa de câmbio, pois a demanda pela troca de moeda (R$ por US$, no caso brasileiro) é maior que a oferta de moeda internacional. Se o governo considera que essa situação é temporária e que alterações na taxa de câmbio podem gerar instabilidade para a economia[15], pode querer intervir

---

15 Um exemplo é o caso de desvalorização cambial – desvalorização da moeda nacional em relação às moedas internacionais –, situação que pode provocar um aumento dos preços dos bens importados, gerando inflação, e/ou da taxa de juros interna, para manter um diferencial com a taxa de juros externa.

no mercado cambial, ofertando moeda internacional disponível em suas reservas internacionais, para tentar manter a taxa praticada. Assim, o governo opta por uma política de câmbio administrado para evitar flutuações de curto prazo no câmbio.

Há, ainda, uma terceira função: servir como garantia implícita para empréstimos realizados por empresas nacionais em bancos internacionais. Isso é uma demonstração de que a economia nacional tem reservas internacionais em caso de pagamento de juros e amortizações de empréstimos. Quando do pagamento dos empréstimos externos, a empresa pode se dirigir ao Banco Central e comprar moeda de aceitação internacional.

Para que as reservas internacionais desempenhem rapidamente as funções esperadas, os ativos que as compõem devem ser altamente líquidos, pois, caso haja necessidade imediata de pagamento, esses recursos devem estar à disposição. As reservas internacionais são controladas pelos bancos centrais, autoridades monetárias que regulam a entrada/saída de moeda internacional e o câmbio. Em vez de privilegiar a aplicação das reservas para fins de rentabilidade e valorização, o principal é garantir a liquidez das reservas para cumprir suas funções esperadas.

> **Fique atento!**
>
> Caso os governos adotassem o câmbio livre, não precisariam ter reservas internacionais. Qualquer demanda por moeda internacional maior do que a oferta não seria atendida por tais reservas, mas pela variação do câmbio. Nessa situação, haveria uma desvalorização cambial até atingir um novo equilíbrio entre oferta e demanda, a uma nova e mais elevada taxa de câmbio.
>
> No entanto, os governos têm resistência em adotar uma taxa de câmbio totalmente livre, por causa dos efeitos da volatilidade no curto prazo e sobre as variáveis internas da economia – por exemplo, efeitos de uma desvalorização cambial sobre a inflação.

Muito além das ilusões mercantilistas e bulionistas de que a riqueza de um país está atrelada às reservas de ouro, os ativos de reserva internacional adotam outra perspectiva. Na Idade Média e no auge do capitalismo comercial, o ouro foi muito valorizado como metal e, portanto, como moeda e ativo internacional. Todavia, uma vez que as transações comerciais nacionais e internacionais precisavam de agilidade e de volume para as inúmeras trocas, o ouro foi paulatinamente substituído por moedas nacionais que garantiam uma taxa de câmbio fixa em relação ao metal – padrão-ouro (padrão libra esterlina-ouro, padrão dólar-ouro).

Contemporaneamente, como explicamos no Capítulo 1, as moedas nacionais não têm mais seu valor medido pelo padrão-ouro, isto é, por uma taxa de câmbio fixa entre moeda nacional e grama de ouro, tampouco os bancos centrais garantem a troca do metal por moeda. A garantia advém do curso forçado que um governo impõe para as transações em uma economia nacional ou da confiança depositada na moeda e na estabilidade de seu valor, como no caso de economias nacionais que adotaram o dólar em suas transações internas. O ouro ainda tem valor de mercado e, por isso, deve ser considerado um entre outros ativos financeiros.

Tais informações sobre o ouro são importantes por revelarem por que apenas uma pequena proporção das reservas internacionais de um país está nesse metal. O desenvolvimento do capitalismo e de seu sistema financeiro criou ativos com alta liquidez nos mercados internacionais, os quais, por essa razão, constituem bons ativos para alocação das reservas internacionais, concorrendo com o ouro.

Vale destacarmos dois ativos relacionados às reservas internacionais de um país. O primeiro se refere aos direitos especiais de saque junto ao FMI. Desde sua criação, essa organização internacional serve como um banco para todas as economias nacionais, com função de conceder empréstimos para o equilíbrio intertemporal das contas do BP. Caso um governo considerasse seus *deficit* em conta Transações Correntes como algo temporário e encontrasse dificuldade de financiamento pelo sistema financeiro internacional privado nas subcontas da conta Financeira, o Fundo concederia a ele empréstimos para evitar ajustes traumáticos nas economias deficitárias, seja com desvalorização cambial ou com redução das importações. Para a realização desses empréstimos, a organização criou uma nova moeda de aceitação internacional, isto é, com cotação de câmbio em várias moedas, para que as economias nacionais pudessem utilizá-la para suprir as necessidades de financiamento. Essa moeda é o **direito especial de saque** (DES). Assim, uma parte das reservas internacionais é alocada como DES e está à disposição das economias nacionais no FMI.

O segundo ativo são os **títulos de dívida pública** garantidos pelos bancos centrais. O ativo de maior liquidez na economia internacional são os títulos da dívida pública do Tesouro dos Estados Unidos da América. Assim, grande parte das reservas internacionais de uma economia nacional, como a brasileira, está alocada em ativos financeiros negociados no sistema financeiro norte-americano.

4.5 *Erros e Omissões*

Pela metodologia das partidas dobradas, o BP deve estar sempre em equilíbrio. No entanto, o balanço é uma grande estatística que reúne várias contas sobre transações internacionais, com preços dados em várias moedas e apresentados em uma única moeda internacional, o dólar americano. A aplicação dessa orientação metodológica implica algumas incongruências cuja origem é difícil identificar. Nesse sentido, para manter equilibrado o princípio metodológico do BP, criou-se a conta Erros e Omissões. As imperfeições de informações e os registros são concentrados nessa conta, e o BP pode, assim, estar em equilíbrio. Apesar de essa subconta ter importância contábil, não tem significado econômico.

Síntese

Neste capítulo, apresentamos informações sobre as contas Capital e Financeira do BP e a conta Posição de Investimento Internacional. Os dados registrados nesses documentos são importantes para as análises empíricas sobre a trajetória e a situação das economias nacionais.

Também explicitamos que o significado econômico do Balanço de Pagamentos (BP) vai muito além do equilíbrio contábil, porque mesmo quando este está assegurado, pode haver desequilíbrio entre as contas (ou uma compensação entre um *deficit* e um *superavit*). É necessário saber se a economia nacional está em trajetória de equilíbrio intertemporal e avaliar se a estrutura de financiamento é sustentável ou vulnerável por determinado período.

Além disso, analisamos que no capitalismo – economia mercantil, monetária e financeira –, os gastos são financiados por moeda. Assim, em alguns períodos, podem ser considerados normais gastos excessivos em relação à renda ou, no caso de uma economia nacional com relações comerciais internacionais, gastos internos maiores do que a renda nacional, com consequente *deficit* na conta Transações Correntes do BP. No capitalismo, é comum que indivíduos, empresas e economias nacionais recorram a financiamentos. No caso de economias nacionais, as fontes e formas de financiamento são detalhadas na conta Financeira do BP. Uma importante questão é se tais formas e fontes estão gerando uma trajetória sustentável ou vulnerável.

Por fim, evidenciamos a relevância de se entender as raízes das restrições externas ao desenvolvimento das economias nacionais. Entre estas está a economia brasileira, que já enfrentou várias crises externas que demandaram ajustes cambiais – com maxidesvalorizações e limitações para compra de dólares e viagens internacionais. Tais ajustes impuseram excessivo protecionismo tarifário para controlar importações e também produziram recessões que, por sua vez, travaram o desenvolvimento. Não foi nosso objetivo neste capítulo fazer uma análise das restrições externas que as relações comerciais e financeiras da economia internacional impõem à brasileira. No entanto, assumimos que as contas comerciais e financeiras da economia nacional em relação à economia internacional, registradas no BP, são a base de análises quantitativas e qualitativas.

Para saber mais

Livro

CARVALHO, F. J. C. et al. **Economia monetária e financeira**: teoria e política. Rio de Janeiro: Campus, 2007.

Nessa obra, Carvalho discorre sobre as principais teorias monetárias e financeiras, as características da economia capitalista e as estruturas financeiras contemporâneas, cuja abordagem dá subsídios para análises sobre as recentes crises financeiras e cambiais. Sobre finanças internacionais, vale a pena a leitura dos capítulos "Investimento, poupança e financiamento", "Regimes cambiais", "Moeda, câmbio e política econômica em uma economia aberta" e "Regime cambial e mercado de câmbio no Brasil".

Documentário

COMMANDING Heights: The Battle for the World Economy. Estados Unidos: PBS, 2002.

Dividido em três episódios, o documentário *Commanding Heights* conta a história da economia internacional do pós-guerra ao início do século XX. O primeiro episódio, "The Battle of Ideas", apresenta as argumentações de Keynes e Hayek – que influenciaram a orientação de intervenção do Estado na economia e política econômica ativa entre as décadas de 1950 e 1970 e, posteriormente, entre as décadas de 1980 e 2010, a crítica neoliberal sobre a atuação do Estado.

O segundo episódio, "The Agony of Reform", aborda a expansão do comércio internacional sob a orientação de governos neoliberais – principalmente os de Ronald Reagan (Estados Unidos) e Margaret Thatcher (Grã-Bretanha) – e as principais características do processo de globalização. Apresenta também a difícil transição das economias socialistas para o capitalismo.

O terceiro episódio, "The New Rules of the Game", apresenta a resistência ao neoliberalismo e à globalização neoliberal por movimentos sociais e o esforço de países para superar problemas macroeconômicos – como inflação e dívida externa – e acelerar seu processo de desenvolvimento.

Questões para revisão

1. Cite um impacto positivo e outro negativo da entrada de recursos externos no Balanço de Pagamentos.

2. Qual é a diferença entre as subcontas Investimento Externo Direto e Investimento em Carteira?

3. A financeirização da riqueza consiste em:
    a. ter recursos financeiros para fazer investimentos produtivos com o objetivo de lucrar.
    b. ter recursos financeiros para pagamento de dívida externa.
    c. aplicar em ativos financeiros em busca de rendimentos e valorização futuros.
    d. acumular reservas internacionais para pagar dívidas no futuro.

4. Por *globalização financeira*, entende-se:
    a. a necessidade de a economia nacional comercializar produtos em exportações e importações e realizar pagamentos em moeda aceita internacionalmente.

b. o acúmulo de reservas internacionais com o intuito de o país aumentar seu poder econômico sobre demais países.

c. a entrada de capitais via empréstimos na conta Financeira e pagamento de juros pelo empréstimo na conta Transações Correntes do Balanço de Pagamentos.

d. o movimento de entrada e saída de capitais em busca de rentabilidade e valorização em várias economias nacionais.

5. Assinale com V as afirmações verdadeiras e com F as falsas:

( ) As entradas de capitais de empresas estrangeiras são relacionadas como aumento no passivo externo da economia hospedeira na conta Posição de Investimento Internacional.

( ) Os investimentos externos de empresas brasileiras no exterior são registradas como aumento do ativo externo.

( ) A entrada de capitais de empresas multinacionais é registrada na subconta Investimento Direto.

( ) Os empréstimos externos são registrados na subconta Investimento em Carteira.

( ) Quando ocorre mais entrada de investimento externo do que saída de capitais nacionais para investimento no exterior, há aumento das reservas internacionais.

Agora, marque a alternativa que apresenta a sequência correta:

a. F, V, V, F, F.
b. V, F, V, V, F.
c. F, V, V, F, V.
d. V, V, V, F, F.

Questões para reflexão

1. A entrada de recursos externos com *superavit* na conta Financeira capaz de financiar *deficit* na conta Transações Correntes pode ser um meio de alcançar equilíbrio intertemporal da economia nacional. Todavia, a repetição dessa situação pode desencadear crises financeiras e cambiais. Por que isso acontece?

2. A integração das economias nacionais à globalização financeira pode trazer benefícios, mas também problemas. Explique pelo menos um desses benefícios e um desses problemas.

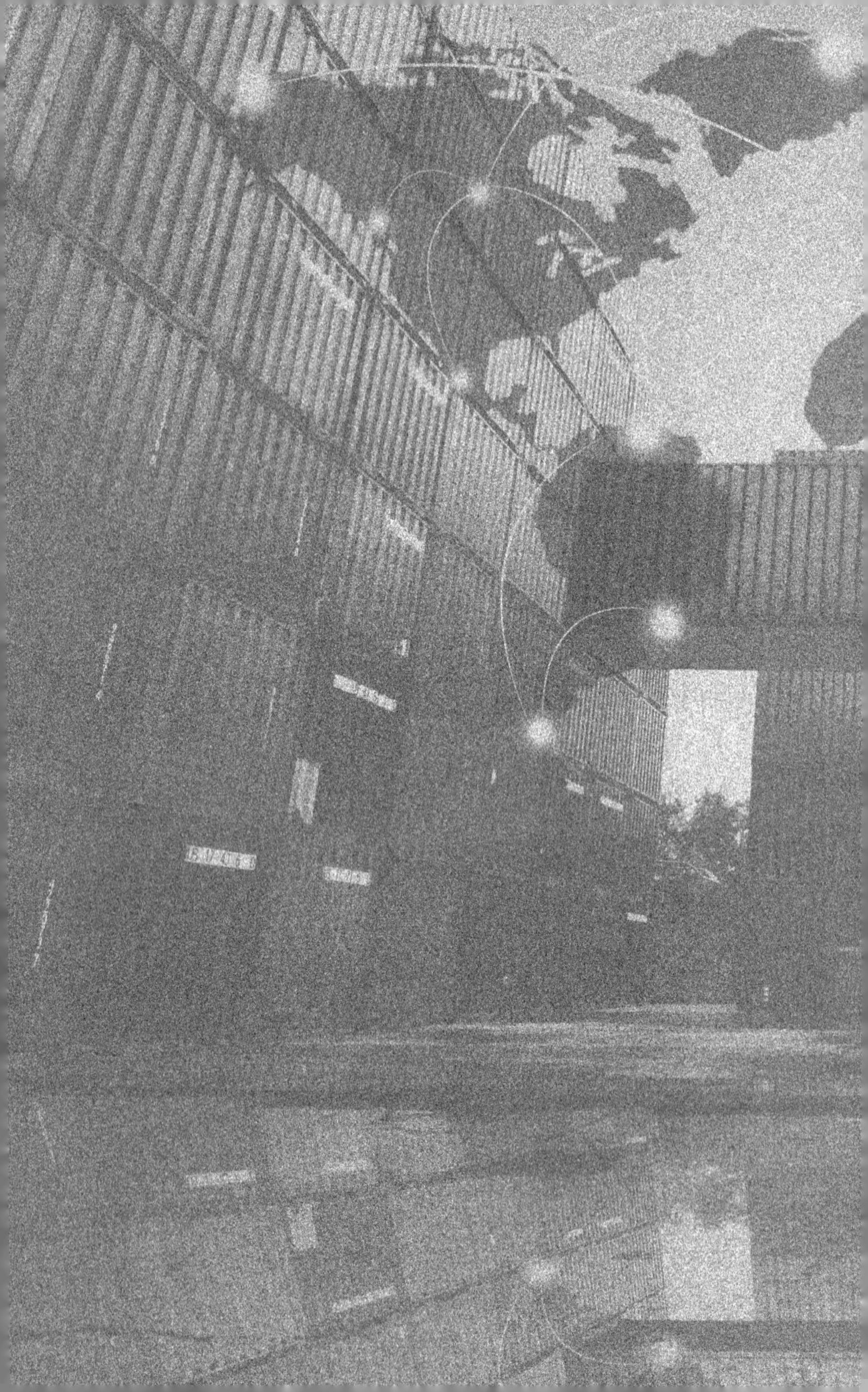

capítulo cinco

Teorias de comércio internacional, política comercial e protecionismo

Conteúdos do capítulo:

- Teorias de comércio internacional: vantagens absolutas e vantagens comparativas.
- Modelos mais recentes de comércio internacional.
- Comércio entre países industrializados.
- Política comercial, protecionismo e economia política da política comercial.

Após o estudo deste capítulo, você será capaz de:

1. compreender as teorias de comércio internacional com base em vantagens absolutas e vantagens comparativas;
2. analisar os desenvolvimentos posteriores das teorias de vantagens comparativas, agregando a análise da abundância relativa de fatores e outros determinantes que podem afetar o comércio entre os países;
3. perceber como as teorias e os resultados previstos podem ser analisados pelo prisma da economia política do comércio internacional, com base em argumentos a favor e contra uma maior abertura dos países.

O comércio entre diferentes povos existe desde os primórdios da civilização humana, mas foi a partir do mercantilismo, surgido na Europa entre os séculos XV e XVIII, que apareceram as primeiras ideias sobre comércio entre os Estados nacionais, então em formação e consolidação. A filosofia de consolidação das economias nacionais, atrelada ao propósito de crescimento econômico desses países por meio de uma balança comercial favorável, levou os Estados nacionais nascentes a buscarem explicitamente políticas de protecionismo dos seus mercados internos e a expandirem as relações colonialistas nos territórios que iam sendo descobertos e anexados graças às grandes navegações.

Foi somente com o surgimento da teoria econômica no século XVIII, com Adam Smith (1723-1790) e David Ricardo (1772-1823), que essa visão passou a ser fortemente questionada, e um novo entendimento sobre o comércio foi então formulado e sistematizado. Na obra *A riqueza das nações: investigação sobre sua natureza e suas causas*, publicada originalmente em 1776, com o pioneirismo da análise econômica, Smith (1977) refletiu sobre as vantagens do comércio exterior livre de limitações de natureza protecionista[1]. O economista escocês advogou que os países obteriam ganhos de comércio se explorassem livre e conscientemente suas vantagens absolutas na produção. David Ricardo aprofundou a análise de Adam Smith e a reformulou para mostrar que ganhos de comércio poderiam ser obtidos mesmo sem vantagens absolutas, bastando, para tanto, que os países se especializassem em produzir aquilo em que tivessem vantagens comparativas.

Foi com base nessas duas teorias seminais de comércio que se desenvolveram as teorias mais recentes de comércio externo, as quais abordaremos neste capítulo.

---

1 Nessa obra, o autor sistematizou o conjunto de investigações teóricas sobre o tema nascente da economia política, tratado até aquele momento de forma dispersa por pensadores como William Petty (1623-1687), Richard Cantillon (1680-1734) e David Hume (1711-1776), os quais serviram de referência para Smith instituir um novo corpo teórico. Para um aprofundamento na história do pensamento econômico, ver Ekelund Jr.; Hérbert (2004); Hunt; Lautzenheiser (2012).

5.1 Smith e a teoria das vantagens absolutas

Em *A riqueza das nações*, Adam Smith abordou praticamente todos os temas relevantes à economia. Logo, também analisou as ideias de comércio externo entre os países. Para o mercantilismo, a fonte da riqueza das nações estava atrelada à balança comercial favorável, na noção de que era preciso exportar mais do que importar, para obter, assim, acumulação de metais preciosos (como ouro e prata). Smith demonstrou em sua obra que a riqueza provinha da divisão do trabalho, que permitia aumentos significativos de produtividade e, com efeito, de produto e riqueza. Evidentemente, a divisão do trabalho teria também suas implicações sob a ótica do comércio exterior. O mesmo princípio referido na célebre descrição da produção de alfinetes numa fábrica do século XVIII[2] mostrava que o bem-estar das nações refletiria resultados ligados ao uso racional de suas vantagens absolutas em produção de bens comercializáveis com as demais nações.

Esclarecemos que um país apresenta **vantagens absolutas** na produção de um bem quando consegue produzi-lo com o emprego de menor quantidade de trabalho do que outro país necessitaria para fazê-lo. Suponhamos que dois países, o país local (N) e o estrangeiro (E), produzam bens industrializados (I) e agrícolas (A). Em nossa análise, consideraremos um caso extremo de que as economias local e estrangeira utilizam para realizar suas produções somente um fator escasso de produção: o trabalho ou mão de obra (L). Logo, chamaremos de L_I a quantidade de trabalho necessária para produzir uma tonelada de produtos industrializados no país local (N) e de L_A a quantidade de trabalho necessária para produzir uma tonelada de produtos agrícolas. Para designar as mesmas quantidades no país estrangeiro, utilizaremos os mesmos símbolos,

---

2 Esse é um exemplo que Adam Smith apresenta em *A riqueza das nações* para indicar que a divisão do trabalho, ou seja, a divisão das diversas operações da produção, permitiu que o trabalhador e, por extensão, a fábrica alcançassem uma produtividade muito mais elevada do que no sistema anterior, sem especialização.

mas com um asterisco: L_I^* para produtos industrializados e L_A^* para produtos agrícolas. Em ambos os casos, os países dispõem de uma quantidade total de mão de obra, L e L*, em N e E, respectivamente. Podemos expressar graficamente as possibilidades de produção de cada nação.

No Gráfico 5.1, a seguir, indicamos a fronteira de possibilidades de produção (FPP)[3] de produtos industrializados (eixo I) e agrícolas (eixo A) para o país N. Se o país local empregar toda a sua mão de obra na produção somente de produtos agrícolas, seu produto será especificado no ponto L/L_A, e ele produzirá domesticamente a máxima quantidade possível de produtos agrícolas, dada por $A_{máx}$. Da mesma forma, se empregar toda a força de trabalho na produção industrial, produzirá $I_{máx}$ no ponto L/L_I. Ainda, o país N poderá empregar uma combinação intermediária de sua força de trabalho total na produção simultânea de bens industrializados e agrícolas, como nos pontos I_N e A_N no gráfico. Nesse caso, essa economia tentaria ser autossuficiente, fechada para o comércio e funcionando em autarquia.

Gráfico 5.1 – Vantagens absolutas: país local (N)

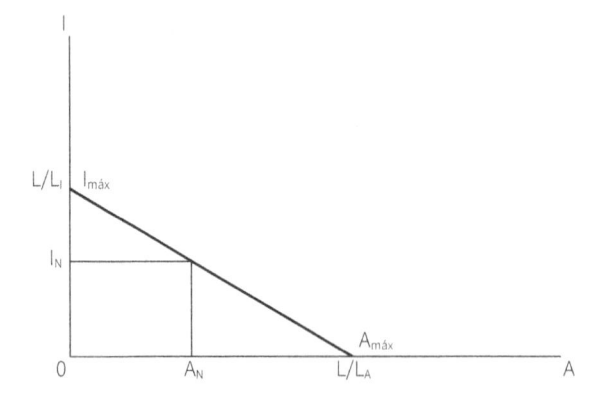

---

3 Em termos simplificados, a FPP representada aqui dispõe de uma tecnologia simples de produção linear, com somente um fator escasso de produção e rendimentos constantes de escala, ou seja, se o país deseja dobrar a produção de um dos bens, basta dobrar o emprego do único fator na produção daquele bem. Por isso, a fronteira é representada, nesse caso, como uma reta.

No Gráfico 5.2, representamos a FPP no país estrangeiro (E).

Gráfico 5.2 – Vantagens absolutas: país estrangeiro (E)

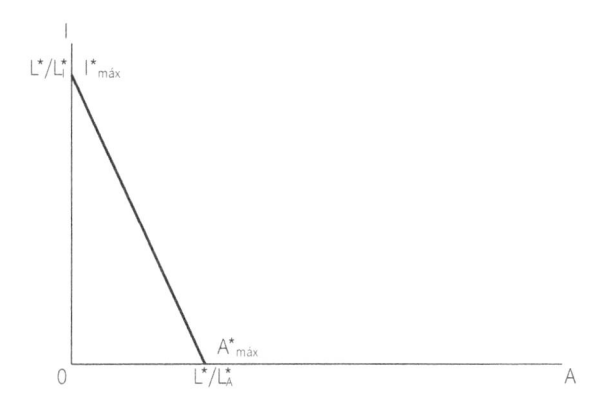

Eixo vertical: L^*/L_I^*, $I^*_{máx}$
Eixo horizontal: L^*/L_A^*, $A^*_{máx}$, A

De início, podemos observar que a FPP de E é mais inclinada que a de N. Novamente, é possível notar que qualquer combinação intermediária entre os pontos extremos permite ao país estrangeiro funcionar de forma autárquica, sem comércio exterior. No entanto, essa nação pode obter uma produção de industrializados maior do que a do país local, empregando toda a sua mão de obra somente para a produção de industrializados. Já sua produção de agrícolas seria menor que no país local, mesmo que utilizasse toda a sua mão de obra para tal. Nos dois exemplos, portanto, cada país apresenta capacidades produtivas e vantagens absolutas em relação ao outro na produção de algum bem. Ambos podem se fechar ao comércio, autarquicamente, produzindo internamente os dois bens, embora, em alguns casos, de forma menos proveitosa do que ao se abrirem ao comércio.

A abordagem das vantagens absolutas, defendida por Adam Smith, demonstra que cada país apresenta vantagens absolutas na produção de algum dos bens: N, na produção de agrícolas; e E, na de industrializados. Mais importante, a análise do autor revela que, se os países se abrirem para o comércio, ambos poderão obter ganhos, caso comercializem o produto em que têm vantagens absolutas de produção. Além disso, com os recursos obtidos pela venda desse produto, as nações podem comprar, via comércio exterior, os produtos nos quais não têm vantagens absolutas. No exemplo que citamos, ambos os países se especializariam na produção daquele bem que produzirem em maior quantidade por unidade de trabalho, e comercializariam esse produto entre si: N produziria agrícolas e adquiriria industrializados de E, que, por sua vez, produziria industrializados e compraria agrícolas de N.

5.2 *Ricardo e a teoria das vantagens comparativas*

A abordagem original de Adam Smith focava na capacidade dos países de produzir maiores quantidades absolutas de produto em relação aos demais produtos que poderiam também ser obtidos internamente, especializando-se naqueles em que a produção fosse mais elevada. Contudo, essa noção é limitada.

Consideremos, por exemplo, um país que obtém uma produção maior de ambos os produtos, agrícolas e industrializados, em relação a seu parceiro comercial. Nesse caso, que política ele deveria adotar se, comparativamente, suas vantagens absolutas são maiores nos dois produtos? A abordagem de Smith deixou essa questão sem uma resposta adequada. Coube a David Ricardo propor uma releitura do modelo smithiano, considerando mais especificamente não o volume total produzido – o cerne da análise das vantagens absolutas –, mas a questão das produtividades relativas entre os dois países na produção de cada tipo de bem. Assim, a abordagem das vantagens absolutas foi reformulada no que respeita a **vantagens comparativas**.

Para produzir, tanto o país local quanto o estrangeiro devem alocar seu único fator produtivo – o trabalho – na produção de (1) bens agrícolas, (2) industrializados ou em (3) ambos; entretanto, deve estar claro que, ao alocar uma unidade de trabalho (por exemplo: um trabalhador) a mais na produção de bens agrícolas, a nação terá essa mesma unidade de trabalho a menos na produção dos industrializados. No caso, esse trabalhador produzirá bens agrícolas, ao passo que os bens industrializados que ele poderia produzir não estarão sendo confeccionados. Em síntese, há uma renúncia na produção de um bem em favor da confecção de outro. Essa é a noção fundamental de um **custo de oportunidade**: o quanto se renuncia de um item (por exemplo: uma tonelada de bens industrializados) para se obter outro (certa quantidade de bens agrícolas, que podem ser maiores, menores ou iguais a uma tonelada).

Portanto, seria preciso investigar em qual caso a renúncia geraria mais vantagem econômica, ou seja, em que situação compensaria o custo de oportunidade (ou como se diz popularmente, *valeria a pena*) diminuir a produção de um bem para obter outro. Em sentido econômico, isso só poderia ser justificado se a renúncia na produção de uma tonelada de produtos agrícolas, por exemplo, significasse que a mesma unidade de trabalho seria capaz de obter mais do que uma tonelada de produto industrializado. Isso dependerá, portanto, da produtividade relativa do fator de produção, que pode ser: (1) mais produtivo na produção agrícola que na industrial; (2) mais produtivo na produção industrial que na agrícola; ou (3) igualmente produtivo em ambas.

É nessa relação que entram os fatores L_I e L_A, os indicadores de produtividade desses países. Para N, $L_I < L_A$, ou seja, uma unidade do fator trabalho empregado na produção agrícola rende um produto menor do que o que obteria se fosse empregado na produção de industrializados. Portanto, o custo de oportunidade de se produzir industrializados é maior: para cada tonelada adicional desses produtos, N tem que abrir mão de um volume muito maior (em termos gerais, maior do que uma tonelada) de produtos agrícolas. Já para E, $L_A^* < L_I^*$, isto é, a produtividade da produção industrial é maior que a da agrícola, portanto, o custo de oportunidade para produtos agrícolas é maior que para industrializados. Logo, cada país deve fazer uma renúncia maior para produzir o bem no qual sua produtividade é menor[4].

Vem daí a justificativa econômica para a abertura ao comércio: na perspectiva de David Ricardo, se cada país se especializar na produção do bem no qual é mais produtivo (na comparação com a produtividade de outros países, ou de seu parceiro comercial), obterá uma produção maior daquele bem do que sua demanda interna por ele. Assim, será possível exportá-lo. Por outro lado, a nação também poderá adquirir via importação, paga com seus ganhos de exportação, aqueles produtos nos quais sua produtividade é menor. Assim, N e E terão maiores níveis de bem-estar caso se abram ao comércio, auferindo os ganhos econômicos ao produzir aqueles bens nos quais é mais produtivo.

Ao compararmos as duas abordagens, concluímos que a teoria de Smith postulou um modelo em que os países abandonariam o modelo autárquico proposto pelo mercantilismo e poderiam crescer com os ganhos obtidos via comércio de bens nos quais manifestassem vantagens absolutas de produção – isto é, quantidades absolutas maiores de produto. Ricardo avançou em sua análise, considerando que ainda seria possível se abrir ao comércio e obter ganhos mesmo sem produzir quantidades maiores de um dado produto. Em outras palavras, é possível obter ganhos se a nação comercializar aquilo que produz de forma mais eficiente[5].

---

4 Lembremos que, no modelo de vantagens absolutas, o país opta por produzir os bens nos quais sua produção (não sua produtividade) é maior.

5 Um caso-limite na abordagem das vantagens comparativas seria aquele em que os dois países apresentassem a mesma produtividade relativa. A opção pelo livre comércio, nesse caso, não seria tão óbvia: os ganhos de comércio não ficariam explícitos. Ressaltamos que essa é uma situação extrema, uma possibilidade teórica ou um caso particular deduzido da abordagem de Ricardo.

5.3 O modelo de Heckscher-Ohlin

Conforme comentamos, o modelo de comércio baseado na teoria das vantagens comparativas, elaborado por David Ricardo, supõe, em termos bem simplificados, uma relação de dois países, dois tipos de bens e um único fator de produção. Na década de 1930, dois economistas ligados à Escola de Economia de Estocolmo, Eli Heckscher (1879-1952) e Bertil Ohlin (1899-1979), tomando como ponto de partida a teoria de Ricardo, desenvolveram um **modelo matemático ampliado de equilíbrio geral** de comércio internacional, com dois países, dois bens e dois fatores de produção. Esse modelo passou à literatura como **modelo Heckscher-Ohlin**[6], ou **modelo 2 × 2 × 2**.

De modo sucinto, esse modelo prediz que os países devem desenvolver padrões de comércio e produção com base nas dotações dos fatores de produção de que dispõem: exportar produtos cujo fator de produção existe em maior abundância e importar os bens que demandam para produção os fatores mais escassos. A seguir, apresentaremos brevemente o modelo H-O, sem nos aprofundarmos em tecnicalidades matemáticas e gráficas, mas enfatizando principalmente seus pressupostos e resultados[7].

No modelo H-O, cada país tem uma economia de livre mercado constituída por consumidores e empresas competitivas, sendo o ponto de contato a possibilidade de comércio exterior que envolve somente bens. Não se pressupõe um livre movimento de fatores entre os dois países. As nações apresentam tecnologias idênticas para a produção dos dois tipos de produto. No entanto, para cada bem, os países utilizam mais um fator do que o outro.

---

6 Doravante, *modelo H-O*.

7 Para uma apresentação formal do modelo, recomendamos consulta às seguintes obras: Krugman; Obstfeld; Melitz (2015); Williamson (1989).

Nesse sentido, consideremos que duas economias (N e E) possam produzir bens agrícolas e industrializados com o uso de dois fatores – trabalho e capital – e com tecnologias idênticas, mas a produção dos agrícolas é mais intensiva em trabalho, e a produção de industrializados, em capital. O que será produzido em cada país se eles se abrirem ao comércio externo, segundo o modelo H-O, dependerá da dotação de fatores que ambos apresentam.

Suponhamos que N seja abundante no fator de produção *trabalho*. Isso significa que o custo de produção de bens agrícolas, mais intensivo em trabalho, é menor para N, pois a abundância desse fator barateia seu uso. Já o custo para produzir bens industrializados é maior, dado que o insumo *capital* é mais escasso. Assim, N produz bens agrícolas em maior abundância e a custo menor em comparação com os bens industrializados, que demandam mais intensivamente o fator de maior escassez.

Por outro lado, cogitemos que em E haja abundância de capital e escassez do fator *trabalho*. Nesse caso, E produz bens industrializados a um custo menor, pois estes, por hipótese, são intensivos no uso do fator *capital*. Dessa forma, é eficiente para esse país produzir mais bens industrializados, já que é abundante no fator demandado pela produção industrial.

A noção de *abundância relativa de fatores de produção* indica o ponto fundamental subjacente ao modelo H-O: considerando a observação do modelo de Ricardo sobre as diferenças de produtividade, os países devem comercializar com base em vantagens comparativas de custos de produção. Entretanto, se a teoria ricardiana apontava que essa produtividade derivava de um menor custo de produção com base no único fator de produção considerado, o modelo H-O mostra que a diferença na dotação de fatores de produção afeta a produtividade. As economias são abundantes em fatores diferentes e, por isso, podem obter ganhos de comércio advindos da produção daqueles bens para os quais apresentam maior dotação do fator produtivo necessário.

Por isso, pela versão simplificada do modelo (dois países, dois produtos e dois fatores), é mais barato para N produzir bens agrícolas do que para E, por maior dotação do fator *trabalho*, bem como é mais barato produzir industrializados em E do que em N, em virtude da maior dotação do fator *capital*. Nesse sentido, os dois países podem se especializar, respectivamente, nas produções agrícola e industrial. Caso ambos se abram ao comércio, poderão exportar o bem que produzem de forma mais eficiente e importar do parceiro comercial aquele em que sua produção é menos eficiente, com ganhos de bem-estar para ambos.

5.4 *Implicações das propostas de Smith, Ricardo e Heckscher-Ohlin*

Dos três conceitos apresentados (as teorias ou modelos de Smith, de Ricardo e de Heckscher e Ohlin), podemos deduzir algumas implicações adicionais, referentes ao preço pelo qual os bens produzidos são transacionados. Aqui a referência é a um preço econômico monetário concernente a custos de obtenção de um bem em relação a outro. Isso significa que o preço é a razão entre os custos de oportunidade dos bens – de que quantidade de um produto se deve abrir mão para se obter uma unidade adicional de outro. Se as economias funcionam autarquicamente, o preço relativo é dado pela razão entre os dois bens produzidos internamente; mas, quando elas se abrem ao comércio, os preços refletem os custos dos países onde os produtos serão obtidos de forma mais eficiente.

No modelo de vantagens absolutas, essa noção surge intuitivamente: se um país fabrica produtos agrícolas em maior quantidade que outro e os exporta, fica implícito que seus custos para a produção dos agrícolas são menores. No entanto, reforçamos, essa noção é intuitiva, pois não pode ser efetivamente demonstrada, já que o modelo de Smith não contempla a formação desses preços. É o modelo de Ricardo, das vantagens comparativas, que explicita melhor essa relação.

Os preços relativos da produção de agrícolas em comparação com os industrializados são dados pelo custo unitário da produção de uma unidade (uma tonelada) de agrícolas em relação a uma unidade (uma tonelada) de industrializados. No modelo de vantagens comparativas, é fácil verificar que o preço relativo consiste na razão entre a produtividade do único fator (trabalho) empregado na produção dos dois tipos de bens. Então, L_A/L_I é o preço relativo da produção agrícola em relação à de industrializados em N, e L_A^*/L_I^*, o preço relativo dos agrícolas em E.

Considerando o exemplo da análise anterior, as vantagens comparativas verificadas na produção de agrícolas em N decorrem do fato de ali serem obtidos mais produtos agrícolas por unidade de fator de produção empregado. Portanto, em N: $L_A/L_I < L_A^*/L_I^*$. Isso significa que a produção de agrícolas em N tem menor custo unitário, além de ser mais eficiente; por isso, será comercializada externamente a esse custo menor. O país E adquirirá os produtos agrícolas de que necessita via importações de N, a um preço menor do que se produzisse agrícolas autarquicamente, de forma menos eficiente. Pelo mesmo raciocínio, em E a produção de industrializados é mais eficiente; por conseguinte, em E: $L_I^*/L_A^* < L_I/L_A$. Assim, N consumirá produtos industrializados aos preços de E. Essa é uma implicação do modelo das vantagens comparativas, que é válida, todavia, também no modelo H-O.

O modelo de Ricardo deixa de explicar por que, quando se trata de um único fator, um país teria mais eficiência na produção de um tipo de bem do que de outro[8]. É o modelo H-O que sugere uma possível explicação para isso: os países são mais eficientes na produção dos bens de cujo fator de produção dispõem em maior

---

8 Isso poderia estar ligado à produtividade e à experiência ou ao conhecimento técnico na produção daquele bem. No entanto, essa é somente uma suposição adicional que nada acrescenta em termos explicativos. Na verdade, o fato é que o modelo toma um fator como dado (no caso, a terra) e considera os efeitos da produtividade diferenciada somente do outro fator (trabalho).

abundância. Então, aplicando esse raciocínio ao exemplo que temos analisado, N tem produtividade maior em produtos agrícolas porque dispõe de maior quantidade do fator *trabalho*; e E apresenta maior produtividade em industrializados porque ali o fator *capital* é mais profuso.

O custo dos fatores se equaliza nos dois países com a abertura ao comércio, a qual assegura que os preços vigentes sejam os internacionais. Por exemplo: se em N o trabalho é abundante, mas o capital é escasso, a remuneração deste fator será mais alta que a daquele. Se esse país funcionasse autarquicamente, produziria menos industrializados e precisaria remunerar sua pequena produção a preços mais elevados, já que a remuneração do capital seria significativamente maior que a do trabalho. Ao se abrir ao comércio, no entanto, N obtém industrializados aos preços de E. O fator *capital*, em N, deve ter seu nível de remuneração equalizado com o vigente em E. O mesmo raciocínio se aplica ao país estrangeiro: porque o fator *trabalho* é mais escasso que o capital, a remuneração do trabalho seria maior sob autarquia, mas se torna igual à de N quando a economia se abre ao comércio. Esta é a segunda das implicações do modelo H-O: a equalização dos preços dos fatores, que passam a ser remunerados aos preços internacionais.

5.5 *Teorema de Rybczynski: mudanças nas dotações relativas de fatores*

Em 1955, o economista de origem polonesa Tadeusz Rybczynski (1923-1998) propôs um avanço importante ao modelo H-O, considerando um ponto não tratado originalmente por Heckscher e Ohlin: a possibilidade de que, com o passar do tempo, ocorram mudanças nas dotações de fatores entre os países. Qual seria o efeito dessas mudanças sobre o comércio?

Como resposta a essa indagação, o Teorema de Rybczynski afirma que, sob preços relativos constantes e em pleno emprego de fatores, um aumento na dotação de um fator levaria a uma expansão mais que proporcional da produção no setor que mais o utiliza e, consequentemente, um declínio absoluto da produção do outro bem.

No contexto do modelo H-O, o comércio aberto entre duas regiões ou países, como, no exemplo aqui explorado, local (N) e estrangeiro (E), pode gerar mudanças na oferta de fatores relativos entre as regiões. De fato, considerando uma **livre mobilidade de fatores** (ou seja, trabalhadores podem se mudar de N para E e vice-versa, assim como ativos de capital podem ser realocados em N), o padrão de comércio potencialmente é afetado à medida que os fatores mudam suas participações relativas nos dois países[9]. Conforme o teorema, se N se tornasse mais abundante em capital, o país verificaria um aumento na produção de industrializados, bem como uma redução relativa na produção de agrícolas. De modo semelhante, se houvesse ampliação do fator *trabalho* em E, haveria aumento na produção de agrícolas e redução em industrializados.

Em linhas gerais, o aumento da dotação de um fator em um dos países causaria aumento na produção do bem que utiliza esse fator mais intensivamente, e ocorreria uma consequente diminuição na produção do outro bem. Ao fim das mudanças relativas de fatores, em equilíbrio, haveria novamente equalização de preços dos bens e fatores, como no modelo H-O. Isso significa que em ambos os países as forças de mercado fazem o sistema retomar a condição de igualdade da produção, no que diz respeito aos preços de fatores e de comércio.

---

9 Em termos econômicos, a mudança nos fatores significa que a fronteira de produção estaria se deslocando na direção do fator que teve aumento. O país, portanto, tornar-se-ia capaz de produzir mais daqueles produtos que demandam relativamente um uso mais intensivo daquele fator de produção.

A importância da contribuição do Teorema de Rybczynski reside em mostrar como as mudanças nas dotações entre os países podem afetar os volumes de produção, os preços dos bens e as remunerações dos fatores. O teorema é particularmente útil na análise dos efeitos de investimento de capital realizados nos países, bem como na investigação dos efeitos de imigração e emigração de mão de obra, no contexto do modelo H-O.

5.6 Um modelo padrão de comércio internacional

Com o conhecimento dos modelos básicos de comércio expostos anteriormente, podemos especificar um modelo sintético de comércio que misture os principais elementos dos conceitos que apresentamos. Mediante esse modelo, teríamos subsídios para formular algumas explicações importantes sobre como ocorrem as relações comerciais entre os países. Nesse sentido, assim como em Krugman, Obstfeld e Melitz (2015), cabe o nomearmos *modelo padrão de comércio*. O termo *padrão* aqui denota apenas a ideia de "síntese". Para construirmos esse modelo, utilizaremos alguns conceitos importantes que vêm dos cursos elementares de introdução à economia.

Para essa análise, consideremos a **fronteira de possibilidades de produção** (FPP)[10] de uma economia. Suponhamos que a economia de um país possa alocar seus fatores de produção na produção de bens industrializados e agrícolas. Não usaremos mais uma relação linear, como na análise das vantagens absolutas. Se o país dedicar todos os seus fatores à produção de agrícolas, indicados por Q_{agr} no eixo horizontal, ele estará produzindo no ponto A. Caso se dedique

---

[10] Nos manuais de economia, também é muito usada a expressão *curva de possibilidades de produção*.

somente a industrializados, no eixo Q_{ind}, produzirá no ponto B. Com a possibilidade de combinar os seus fatores, poderá produzir qualquer quantidade ao longo da curva AB (ou curva FPP, no Gráfico 5.3).

Gráfico 5.3 – Fronteira de possibilidades de produção e preços relativos

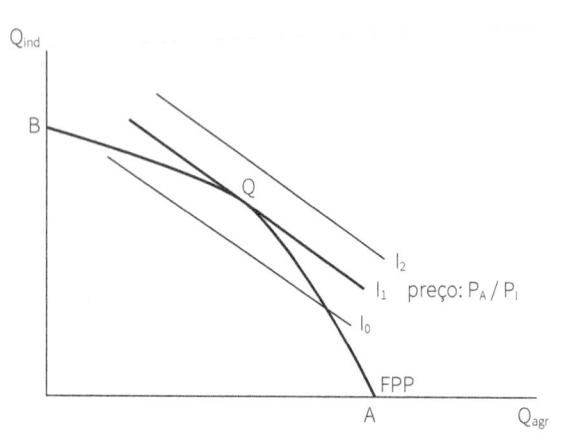

Para determinar o nível de produção, a economia escolherá produzir na linha de isovalor mais elevada que puder alcançar. As linhas de isovalor determinam níveis de produção em que o valor de produção permanece constante. Para se obter esse valor (V), multiplica-se o preço dos bens agrícolas (P_A) pela quantidade dos mesmos bens (Q_A) e soma-se ao produto dos preços e quantidades dos bens industrializados (P_I e Q_I, respectivamente):

$$P_A Q_A + P_I Q_I = V$$

Os preços relativos (ou os termos de troca) são dados pela relação entre os preços dos bens agrícolas em relação aos industrializados, isto é: preços relativos (termos de troca): P_A/P_I.

Como evidenciado no Gráfico 5.3, a economia pode produzir na curva de isovalor I_0, mas essa é uma linha abaixo da capacidade máxima da economia (existem muitos pontos abaixo da FPP). Já a linha de isovalor I_2 está além da FPP, sendo impossível de ser alcançada nas condições técnicas existentes. A economia produz a quantidade Q, na curva de isovalor I_1, que intercepta a FPP tangencialmente. A inclinação da linha de isovalor é dada justamente pelos termos de troca entre os bens, ou seja, P_A/P_I. Essa inclinação pode mudar: por exemplo, uma alteração nos pontos da curva entre Q e A resultaria em retas de isovalor mais inclinadas, refletindo um aumento nos preços relativos de agrícolas em relação aos de industrializados. Uma inclinação maior nessa direção representaria aumento na produção de agrícolas em comparação à de industrializados. Pelo mesmo instrumental analítico, podemos concluir que os preços dos industrializados poderiam aumentar em relação aos agrícolas, caso em que as retas de isovalor poderiam estar mais planas, no trecho entre Q e B.

Para determinar o nível de demanda, é necessário identificar onde as preferências dos consumidores se manifestam. Elas são expressas por meio de curvas de indiferença – que mostram o conjunto de combinações de consumo de agrícolas e industrializados[11]. No Gráfico 5.4, a seguir, observamos que a economia exibe uma curva de indiferença d, que toca a reta de isovalor no ponto D, tangente a esta.

---

[11] Em linhas gerais, essas curvas exibem as situações nas quais um consumidor hipotético ficaria igualmente satisfeito com qualquer um dos dois bens (dispostos no eixo vertical e horizontal), em qualquer ponto ao longo da curva. A inclinação negativa de tais curvas indica que, para renunciar a um pouco de um bem, é preciso obter mais do outro. Quanto às curvas de indiferença, vale registrarmos que são como curvas de nível: há infinitas curvas paralelas, mas, por determinadas propriedades que fogem ao escopo dessa análise, uma delas toca a curva de isovalor que tangencia a FPP, mantendo a mesma inclinação que esta, ou seja, os mesmos preços relativos.

Gráfico 5.4 – Fronteira de possibilidades de produção e curvas de indiferença

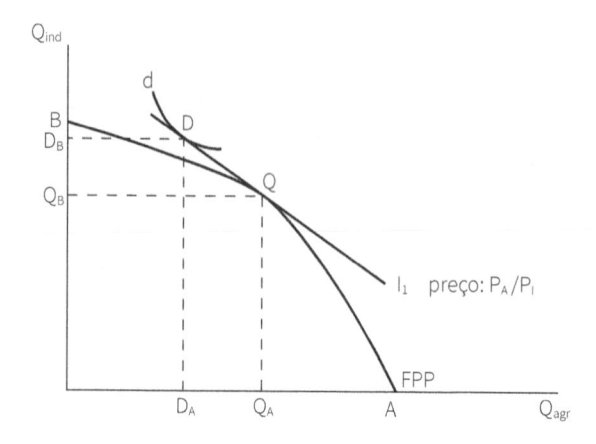

Ao analisar o Gráfico 5.4, podemos perceber que, nessa economia, a produção de agrícolas é maior que a demanda interna por esses produtos (pois $Q_A > D_A$), embora a demanda por industrializados seja maior que a produção interna de industrializados ($D_I > Q_I$). O que essas diferenças informam? No primeiro caso, como produz mais bens agrícolas do que consome, o país poderá exportar seu excedente produtivo. Por outro lado, as necessidades de industrializados superiores à produção interna significam que os bens serão obtidos via importação. Assim, a diferença $Q_A - D_A$ corresponderá à exportação do país, ao passo que a diferença $D_I - Q_I$ diz respeito às importações.

No entanto, quando fazemos referência a economias abertas, oferta e demanda devem ser analisadas em termos mundiais; afinal, o preço relativo (ou termo de troca) emerge do encontro das curvas de oferta e demanda mundial pelos produtos, como ilustra o Gráfico 5.5.

Gráfico 5.5 – Oferta e demanda mundiais por produtos agrícolas

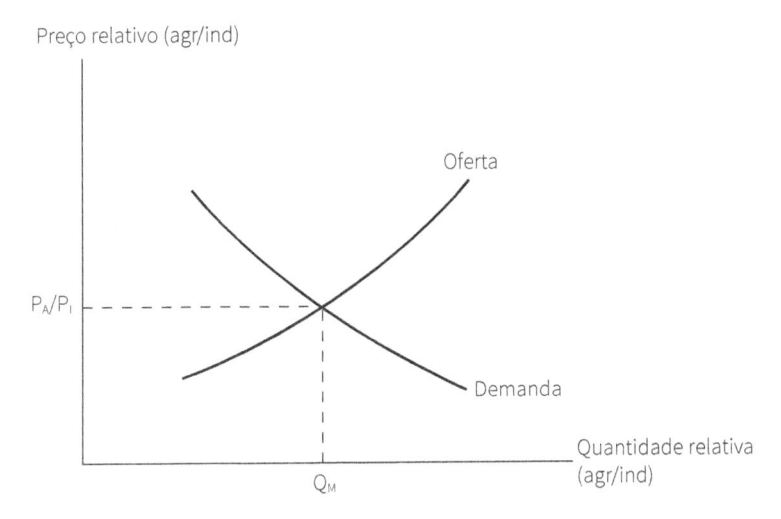

Preço relativo (agr/ind)

P_A/P_I

Oferta

Demanda

Q_M

Quantidade relativa (agr/ind)

A oferta mundial é dada ao longo da curva de oferta; e a demanda é apresentada pela curva de demanda. Os preços são determinados no nível P_A/P_I, e a demanda mundial (Q_M) é dada pela soma das ofertas interna e externa de agrícolas (Q_A e Q_A^*, respectivamente) em relação às demandas interna e externa por industrializados (Q_I e Q_I^*, respectivamente). Portanto:

$$Q_M = (Q_A + Q_A^*)/(Q_I + Q_I^*).$$

Vários fatores podem alterar as condições nas quais esse equilíbrio é verificado. O caso que consideraremos aqui é aquele em que a economia doméstica manifesta um crescimento. Quando a economia cresce, sua FPP se desloca para fora, permitindo-lhe alcançar níveis mais elevados de produção. Por exemplo, isso poderia representar a possibilidade de alcançar uma curva de isovalor como I_2, no Gráfico 5.3. Se esse aumento fosse simultâneo em ambas as capacidades produtivas (agrícolas e industrializados), a elevação da FPP poderia acontecer sem afetar os preços relativos.

No entanto, é possível, também, que o crescimento seja enviesado somente num sentido em detrimento do outro. Por exemplo, o crescimento poderia ocorrer na expansão da capacidade de produção de agrícolas (no Gráfico 5.4, o ponto A se deslocaria mais para a direita), ao passo que a produção de industrializados estaria mantida no mesmo nível (B fixado). Ou o contrário: a FPP poderia ter um crescimento enviesado na direção de mais industrializados (no Gráfico 5.4, o ponto B se deslocaria mais para cima), mantendo-se os agrícolas fixos[12].

Se a oferta cresce, por exemplo, em decorrência de uma maior produção agrícola (oferta adicional enviesada), os preços relativos desses bens caem em relação aos dos industrializados (os quais ficam relativamente mais escassos). Nesse caso, o aumento da oferta mundial de agrícolas (dada pela soma da oferta doméstica com a do resto do mundo) leva a uma piora dos termos de troca: o país exporta um bem a preços menores do que aqueles pelos quais são importados outros bens (ver Gráfico 5.6).

Gráfico 5.6 – Aumento da oferta enviesada para bens agrícolas

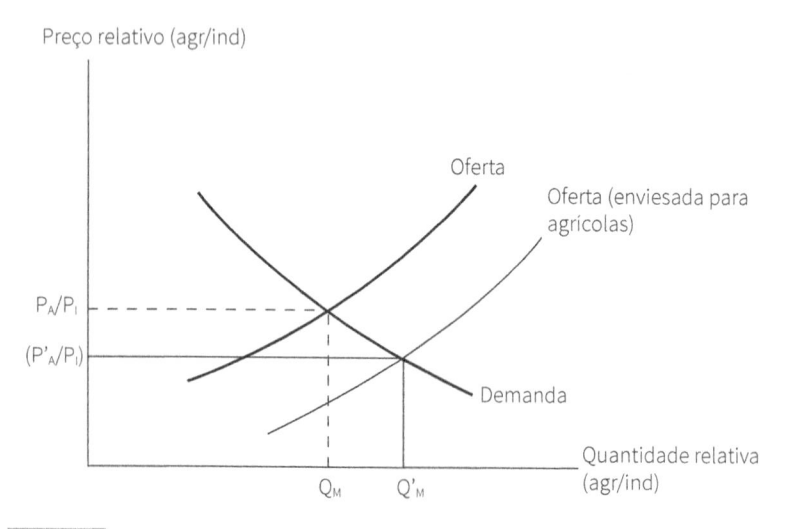

---

[12] Um terceiro caso, obviamente, seria aquele em que a FPP se desloca para fora, mostrando crescimento na produção de ambos os bens.

Tendo abordado tais especificidades, podemos tratar de alguns dados adicionais sobre o comércio internacional, os quais devem ser levados em conta quando analisadas as transações comerciais existentes entre os países, tema das subseções a seguir.

Transferências internacionais de renda

Os países podem realizar transferências internacionais de renda como em casos de reparação de guerra (isto é, uma espécie de "pagamento" imposto aos países derrotados, como ocorreu na Primeira Guerra Mundial, por exemplo) e de auxílio estrangeiro (doações voluntárias). Tais transferências não afetam o lado da oferta mundial (não há mudanças nos recursos ou fatores disponíveis), mas podem deslocar a curva de demanda relativa mundial, impactanto os termos de troca. A direção desse efeito, no entanto, não é perfeitamente previsível ou bem definida; isso depende da propensão de cada país (doador ou receptor) para gastar com exportações ou importações. De modo geral, uma transferência piora os termos de troca do doador, se este apresenta maior propensão a gastar em seu bem exportável do que o receptor. Caso essa propensão seja menor para o doador, seus termos de troca podem melhorar.

Bens não comercializáveis

Embora os modelos de comércio explorem as possibilidades de os países estabelecerem trocas de produtos importados/exportados, a evidência empírica revela que, particularmente para as maiores nações (em aspectos territoriais, populacionais e econômicos), as importações representam uma parcela significativamente menor do gasto da renda nacional. A maioria dos países gasta uma parcela maior de sua renda consumindo bens ou serviços produzidos domesticamente. Isso se deve a dois fatores fundamentais, os quais expomos na sequência.

O primeiro deles refere-se à existência de bens (e, particularmente, de serviços) que não são comercializáveis externamente. Tomemos como exemplo o serviço de corte de cabelo – geralmente, para recorrer ao ofício de um cabeleireiro, não é preciso importar o trabalhador; normalmente, esse serviço é consumido domesticamente. Na literatura, bens e serviços domésticos são tecnicamente designados como *non-tradables*. Essa tipologia existe em virtude de condições técnicas e culturais.

- Técnicas – Normalmente, o custo de importar o serviço de um cabeleireiro tende a ser altíssimo, mesmo que o preço do corte em outro país seja muito menor do que no país local;
- Culturais – As preferências domésticas de consumo podem ser tais que somente sejam supridas por produção interna; o resto do mundo pode não saber produzir os itens demandados internamente com as mesmas características ou a mesma qualidade. Alguns exemplos seriam comidas típicas e bebidas produzidas em uma região específica.

Os efeitos de política constituem o segundo fator pelo qual os países costumam gastar mais dinheiro com o consumo de bens e serviços produzidos domesticamente. Com vistas à aplicação de políticas internas, as economias podem utilizar mecanismos políticos que gerem efeitos sobre seu comércio exterior. Tais nações podem criar barreiras comerciais (impostos sobre importação mais elevados, barreiras técnicas ou fitossanitárias utilizadas como barreiras comerciais, cotas de importação etc.) ou empregar outros instrumentos (subsídios às indústrias domésticas, políticas de substituição de importações, políticas cambiais que desestimulem as importações) para obterem, assim, maior demanda por produtos domésticos do que por importados[13].

---

13 Evidentemente, tais políticas afetam as relações de troca internacionais, realizando uma melhoria da economia doméstica geralmente às custas da economia dos parceiros comerciais. Por essa razão, são chamadas de *políticas de empobrecimento do vizinho* e são, cada vez mais, contestadas no âmbito dos organismos internacionais, como a Organização Mundial do Comércio (OMC).

5.7 O comércio internacional entre países avançados

Os modelos de comércio internacional citados até este ponto do texto basicamente consideram economias que se complementam: cada uma delas tenderia a se especializar na produção de bens para os quais apresentam vantagens comparativas, ofertando no comércio aquilo que produzem melhor e adquirindo de outros países os produtos de que precisam, mas que não podem produzir eficientemente. Os países se complementam via comércio porque, em tese, todos têm economias com menor quantidade relativa de algum fator de produção, o qual torna a produção doméstica mais cara que a produção importada. Por isso, é vantajoso produzir aquilo em que se tem mais eficiência e, com os recursos obtidos por meio da exportação, adquirir dos parceiros comerciais itens em que estes são mais eficientes.

Esses modelos pressupõem um sistema de comércio em que os mercados internacionais (e também os domésticos) operariam em **concorrência perfeita**. Isso significa que os países seriam **tomadores de preços**, dados via comércio internacional. Haveria produção com retornos decrescentes à escala – quanto mais se emprega determinado fator de produção, menos se obtém de produção adicional daquele fator extra; em termos práticos isso equivale a dizer que, "na margem", o emprego de cada trabalhador, máquina ou hectare de terra a mais na produção do bem exportável redundaria num acréscimo de produção cada vez menor por unidade adicional do fator empregado.

Além disso, os produtores domésticos não são grandes empresas, ou seja, não há oligopólios ou monopólios nessas economias; portanto, tecnicamente, nelas não se produzem ganhos de escala. Logo, não haveria ganhos econômicos reais se as empresas aumentassem sua escala de produção. Se os retornos são decrescentes, não existem economias de escala. Nesse sentido, os países precisariam uns dos outros para, por meio do comércio, suprir suas necessidades de consumo.

Ainda, tais modelos implicitamente também presumem a existência de produtos homogêneos, ou seja, sem diferenciação – então, se todos os países produzissem automóveis, estes seriam todos rigorosamente iguais. A escolha recairia somente sobre preços, e a análise de outros atributos (qualidade, beleza, estilo, cores, desempenho etc.) não seria possível. Vale questionarmos, então: Qual seria o resultado se essas hipóteses muito restritivas fossem confrontadas por hipóteses mais realistas? Como explicar a existência do comércio mesmo quando sabemos que, na realidade, essas restrições não se verificam?

Quando observamos o comércio internacional como ele de fato ocorre, percebemos que a complementaridade não se verifica, ao menos não nos termos dos modelos baseados em vantagens comparativas. Na verdade, à exceção de economias de países muito pequenos, a maioria das nações tem setores produtivos em que existem empresas de grande porte, setores oligopolizados e, até mesmo, monopólios. Portanto, para várias atividades econômicas, tais economias apresentam retornos crescentes – ou economias de escala. Em outras palavras, o custo unitário do bem cai à medida que se aumenta a escala de produção. Particularmente, algumas indústrias só podem obter ganhos econômicos quando as escalas de produção são significativamente elevadas[14].

Quando as economias de escala são significativas, o comércio internacional não se baseia mais em concorrência perfeita. Nesse sentido, os países podem manter um expressivo comércio internacional, mas baseado em outras vantagens ou fatores determinantes.

---

14 Considere, por exemplo, as indústrias química, petrolífera, de mineração, siderúrgica e farmacêutica. As escalas de produção eficiente para essas indústrias demandam enormes plantas industriais, acesso a insumos em quantidades muito elevadas, além de uma capacidade de produção considerável. Na verdade, elas precisam ser muito grandes para ser eficientes e competitivas.

Da mesma forma, os novos padrões de comércio precisam estar abertos a essas possibilidades.

Na seção que segue, passaremos ao estudo de modelos simplificados de comércio internacional, aplicáveis também a economias de escala.

Concorrência monopolista, comércio interindustrial e comércio internacional interindustrial

Se uma indústria apresenta retornos crescentes à escala, sua produção tende a ser maior do que aquela que atende à demanda da economia doméstica. Caso não seja possível exportar o excedente produzido, operar numa escala mais elevada não faz sentido econômico. Ademais, em setores nos quais haja economias de escala, a variedade de bens e a escala de sua produção limitam-se ao tamanho do mercado doméstico. Abrir-se ao comércio é uma forma de expandir os mercados para os produtos que são obtidos via aumentos de escala.

O aumento da produção de automóveis em dado país industrializado não precisa ser limitado pelo aumento da produção dos mesmos itens nos parceiros comerciais. Na verdade, os resultados alcançados por esses parceiros, ao serem combinados, significariam uma maior produção internacional desse bem (um ganho de escala), com redução do custo médio em todos os produtores, bem como incremento de quantidade e de variedade de automóveis disponíveis aos consumidores. O comércio via integração dos diversos mercados domésticos num grande mercado internacional tem, para as indústrias com ganhos crescentes à escala, o mesmo efeito que um aumento do mercado doméstico.

Outro aspecto importante a ser considerado é que parte do comércio internacional se realiza entre setores industriais, os quais fornecem e adquirem insumos produtivos entre si, no chamado *comércio interindustrial*. Se os países apresentam setores industriais com economias de escala e podem produzir um amplo menu de produtos manufaturados com possibilidades de diferenciação, nenhum deles poderá produzir todos esses bens de forma isolada. Embora tenham grande capacidade produtiva, os países industrializados tendem a fabricar itens diferentes. Nesse sentido, o comércio internacional pode apresentar duas faces:

1. O comércio é favorecido por uma maior variedade de bens, como tipos diferentes de automóveis. Esse sistema que apresenta trocas de variedades dos mesmos tipos de bens pertencentes a um mesmo setor industrial é conhecido como *comércio intraindustrial*.
2. As indústrias trocam insumos produtivos entre si, como reflexo da capacidade de produzir em escala, com exploração de vantagens comparativas concernentes a custos. Por exemplo, na produção de aviões, os motores podem ser oriundos de um país, os equipamentos eletrônicos e os sistemas de voo podem ter origem em outro, e a montagem da aeronave pode ser realizada em uma terceira localidade etc. Todos esses bens são transacionados entre indústrias de porte elevado (com grande escala de produção), e o comércio entre eles (motores, instrumentos de voo e, por fim, a aeronave montada) constitui o que se chama de *comércio internacional interindustrial*.

Dumping: *discriminação internacional de preços*

No comércio internacional, é permitido às grandes empresas cobrar preços diferentes pelos produtos que exporta daqueles que pratica com os produtos que comercializa domesticamente. Em termos econômicos, essa ação é chamada de *discriminação de preços*, isto é, os preços praticados discriminam consumidores domésticos de estrangeiros.

Quando é adotada no comércio internacional, essa prática recebe o nome de *discriminação internacional de preços*, ou *dumping*. Nesse sistema, a empresa aplica preços de exportação menores do que os preços domésticos. O objetivo, nesse caso, é colocar bens à venda no comércio internacional de forma mais vantajosa no tocante aos valores, isto é, com capacidade de desbancar concorrentes internacionais graças a preços mais baixos. O inconveniente é que os consumidores domésticos não são beneficiados diretamente, uma vez que pagam preços mais altos por bens que no resto do mundo são mais baratos.

Para que haja a possibilidade de *dumping* internacional, as economias devem funcionar sob **concorrência imperfeita** – as empresas devem ser capazes de determinar preços, em vez de tomá-los no mercado, como seria na concorrência perfeita. De fato, somente no caso de grandes indústrias com escalas de produção elevadas, operando em concorrência oligopolista, é que a empresa teria esse tipo de capacidade de praticar preços diferenciados. A empresa oligopolista tem algum poder de mercado, isto é, a demanda por seus bens apresenta uma curva negativamente inclinada, o que indica que pode obter um preço menor se aumentar bastante a quantidade ofertada. Além disso, essa empresa pode elevar os preços acima dos custos de produção (praticar um *mark up* de preços) e oferecer um produto diferenciado, sem substitutos diretos. Assim, a organização pode maximizar seus lucros pela oferta dos mesmos bens a preços diferenciados nos mercados doméstico e externo.

A resposta dos novos preços praticados pela companhia depende da **elasticidade-preço da demanda**, a qual tende a ser menor em ambiente doméstico do que no comércio internacional, particularmente porque a oferta doméstica é mais limitada (por razões diversas, como a existência de barreiras comerciais, por exemplo). Isso significa que os consumidores domésticos, por terem menos opções, teriam de aceitar preços mais elevados. Já no comércio mundial, um aumento na oferta tende a reduzir os preços, o que justificaria a ação do discriminador em reduzir seus preços para ser externamente competitivo.

O *dumping* também pode explicar a existência do comércio internacional. Consideremos um caso extremo: em dois países, há duas indústrias monopolistas que, aos mesmos custos, produzem um mesmo bem e, para exportá-lo, não têm custos significativos de transporte. Cada empresa tentaria discriminar preços: os valores praticados domesticamente seriam mais elevados, com o propósito de maximizar os lucros de monopólio; e, a fim de obter uma maior fatia do mercado externo, cada monopolista tentaria praticar preços menores que os domésticos. Isso poderia resultar em uma oferta internacional maior e a um preço menor, porque as duas empresas estariam buscando abocanhar uma parcela maior desse comércio internacional. Se ambos os países que sediam as empresas fossem abertos ao comércio, cada monopolista tentaria vender seus produtos no mercado doméstico e, simultaneamente, no do concorrente. Esse processo recebe o nome de *dumping recíproco*.

Economias externas

Nem sempre ganhos de escala em produção ocorrem no nível de uma indústria em particular; em alguns casos, acontecem no nível setorial (ou seja, em todo um setor industrial), mesmo que este seja formado por empresas de menor porte. O economista inglês Alfred Marshall (1842-1924), no final do século XIX, apontou para essa realidade ao estudar as características de distritos industriais ingleses que apresentavam significativos ganhos de escala não por causa do tamanho de suas indústrias individuais, mas em virtude de sua concentração geográfica em *clusters* industriais.

Ganhos de escala no nível setorial são chamados de *economias externas* e surgem como efeito de aglomeração, e não como efeitos de recursos naturais. Marshall chamou de *distritos industriais* as aglomerações industriais manufatureiras de algumas localidades inglesas. A literatura recente atribui diferentes terminologias – *distritos industriais, arranjos produtivos locais, clusters* etc. – a esses conjuntos marcados por grande concentração de indústrias, fornecedores e mão de obra numa área geográfica específica. Como exemplos desses aglomerados, podemos citar a indústria de semicondutores e tecnologias da informação localizada no Vale do Silício, ou os estúdios da indústria cinematográfica em Hollywood, ambos na Califórnia, nos Estados Unidos[15].

No que toca à competitividade, esses aglomerados industriais são importantes porque geram economias de escala. Marshall (1982) apresentou as três razões pelas quais um *cluster* de empresas pode se tornar mais eficiente e obter melhores resultados econômicos do que qualquer indústria tomada isoladamente:

1. **Acesso a fornecedores especializados** – A concentração de indústrias numa mesma região possibilita uma provisão especializada dos tipos de insumos que são por elas utilizados. Os fornecedores se especializam, têm incentivo econômico para se aproximar do *cluster* e há ganhos significativos envolvidos para ambos: indústrias do distrito industrial e fornecedores.
2. **Mercado de trabalho** – Os trabalhadores de um distrito industrial podem migrar de uma empresa do *cluster* para outra, pois os conhecimentos necessários para atuar em qualquer uma delas são bastante semelhantes. Os trabalhadores de determinado *cluster* são especialistas em certos tipos de bens ou serviços, e a empregabilidade é maior quando eles permanecem nesse aglomerado.
3. **Transbordamentos (*spillovers*) de conhecimento** – Graças à concentração, à relação com fornecedores especializados e à possibilidade de troca de trabalhadores, os conhecimentos

---

15 Há muitos exemplos de aglomerados industriais na literatura sobre distritos industriais. Para iniciar-se nesse tema, ver Galvão (2000).

e as inovações tecnológicas podem ser rapidamente difundidos dentro do *cluster*. Muitos conhecimentos tácitos são compartilhados como parte do próprio processo de convivência social num ambiente em comum.

Esses efeitos conjuntos refletem em uma produção mais eficiente dos tipos de bens e serviços de seus *clusters* ou distritos industriais especializados, o que favorece a obtenção de retornos crescentes de escala na indústria nacional. A curva de demanda pelos bens e serviços do *cluster*, em termos agregados, é negativamente inclinada, pois essas economias externas geram custos mais baixos de produção, possibilitam ofertar produtos diferenciados e em maior quantidade e conquistam antecipadamente os mercados mundiais, de forma que desafiá-las *a posteriori* implica altos custos de entrada.

Assim, economias externas podem gerar excedentes exportáveis e aumentar os ganhos de comércio dos países. Reforçamos que nenhum país conseguiria, de forma autárquica, produzir tudo internamente com o mesmo grau de qualidade e variedade que se alcança via abertura comercial. Além disso, o desenvolvimento específico de muitos dos *clusters* ou distritos industriais é resultado de processos históricos muito particulares de cada região. Efetivamente, os países que detêm economias externas alicerçadas na existência de aglomerados industriais podem reter essas vantagens, mesmo que, com o passar do tempo, surjam *clusters* semelhantes em outros países.

O aprendizado resultante do processo tende a ser uma forte vantagem competitiva ao longo dos anos, pois os entrantes na atividade desenvolvida pelo *cluster* têm de arcar com custos de aprendizado mais elevados para acompanhar a produção das regiões líderes.

5.8 *Política comercial, protecionismo e economia política*

As teorias de comércio exterior explicam, em termos econômicos, quais são as razões para o surgimento do comércio internacional e como os países podem se beneficiar dele. Conforme explicitamos, tais explicações parecem sugerir que a exploração das vantagens comparativas, a abundância relativa de fatores ou insumos e as economias de escala ou economias externas são as motivações fundamentais para gerar e possibilitar comércio entre os países. No entanto, o comércio internacional não está isento de implicações sobre as economias domésticas. Em certo sentido, a existência de vantagens de qualquer natureza não é o bastante para garantir que o comércio em si seja suficiente para resolver outras necessidades econômicas nos âmbitos interno e doméstico dos países envolvidos.

O comércio pode estimular a especialização, em maior ou menor grau de intensidade, de economias mais industrializadas em relação a outras, mais voltadas a fornecer produtos primários. No entanto, industrializar-se pode ser um objetivo de desenvolvimento doméstico em alguns países, por exemplo. Essa é uma decisão que, uma vez tomada, gera impactos sobre a forma como o país participará do comércio internacional: ele pode decidir proteger sua indústria, dificultar importações, favorecer exportações etc. Essas são ações de **política comercial**, cujos instrumentos, em geral, costumam visar à proteção da indústria ou de setores produtivos nacionais, ao aumento do emprego doméstico, à geração de *superavit* comerciais etc.

A seguir, listaremos sucintamente os principais instrumentos de política comercial de que os países costumam lançar mão[16].

Políticas comerciais

As principais políticas comerciais utilizadas pelos países, bem como seus efeitos, são:

- **Aplicação de tarifas** – Mais simples das políticas comerciais, consiste em cobrar impostos sobre os bens importados. As tarifas podem ser específicas (valor fixo sobre cada unidade importada de determinado bem) ou *ad valorem* (percentual de imposto sobre o valor dos bens importados). Elas têm como principal efeito aumentar o excedente dos produtores locais (que obtêm preços mais altos pelos seus produtos, já que as importações ficam mais caras), ao mesmo tempo que reduzem o excedente do consumidor local (que gasta mais para obter o mesmo bem, por um preço mais elevado). Assim, o governo arrecada mais, em razão da cobrança de impostos. Contudo, o efeito sobre o bem-estar da economia, como um todo, é ambíguo: se, por um lado, a política pode beneficiar indústrias nascentes voltadas para o atendimento ao mercado interno e permitir sua consolidação, por outro, os resultados são menor diversidade para os consumidores, preços mais elevados e perda de capacidade competitiva[17], no caso de as indústrias se tornarem

---

[16] A listagem de instrumentos de políticas comerciais que apresentamos é de natureza teórica, apenas uma introdução ao assunto. Não defenderemos nenhuma abordagem e nos deteremos às possibilidades existentes. A análise da pertinência de cada uma dessas medidas passaria por uma mensuração estatística de impactos com o uso de séries históricas de dados, além do estabelecimento de cenários--base para comparação com resultados *ex-post* das políticas adotadas e da análise de casos históricos específicos, o que foge ao escopo do presente livro.

[17] As tarifas podem criar uma situação insustentável: as indústrias tornarem-se dependentes desse tipo de proteção contra a concorrência externa. Embora úteis para a industrialização nas fases iniciais do desenvolvimento dos países, essas tarifas não devem ser mantidas por tempo indeterminado porque criam uma espécie de "estufa" de incentivos econômicos indiretos para as indústrias.

fortemente dependentes da manutenção das tarifas para se manterem competitivas internamente.

- **Subsídios à exportação** – São pagamentos aos exportadores do país efetuados diretamente ou como redução de alíquotas de impostos devidos, por exemplo. Assim como a aplicação de tarifas, os subsídios podem ocorrer na forma específica (soma fixa por unidade exportada) ou em *ad valorem* (proporção do valor exportado). Também aumentam o excedente dos produtores (que obtêm pelo produto mais do que conseguiriam caso não recebessem o subsídio), bem como reduzem o excedente dos consumidores (o benefício aos exportadores eleva internamente os preços dos bens) e a receita do governo (que concede o subsídio). O efeito total é de diminuição do bem-estar do país, em favor dos exportadores.
- **Cotas de importação** – Referem-se à imposição de restrições diretas à quantidade de bens importados. Os importadores ou os países de origem dos produtos recebem licenças de importação (ou direitos de vender, domesticamente) com os quantitativos máximos admitidos no país que impõe as cotas. O efeito dessa política é uma redução na oferta dos importados internamente, o que invariavelmente eleva o preço doméstico. Assim, por exemplo, se uma nação estabelece cotas na importação de veículos de luxo, o preço interno desses bens tende a ser maior do que no comércio internacional. A diferença básica entre as cotas e as tarifas de importação é que, estabelecida a tarifa de cotas, o governo não obtém nenhuma receita das importações. Os detentores das cotas são beneficiados, pois asseguram margens de lucros mais elevadas, e os consumidores domésticos são os principais perdedores. O efeito sobre o bem-estar da nação costuma ser ambíguo: depende de a indústria local ser capaz de ofertar substitutos diretos ou

próximos para os bens cuja oferta seja internamente limitada por cotas. Em geral, para países pequenos, as cotas têm impacto negativo sobre o bem-estar.

- **Restrições voluntárias às exportações (RVE) e acordos de restrições voluntárias (ARV)** – São cotas sobre exportações impostas ao país exportador como medida autorrestritiva a pedido ou por pressão do importador. A intenção é evitar contenciosos (contestações ou disputas) mais contundentes que levem a restrições comerciais. Seus efeitos são semelhantes à imposição de cotas.
- **Necessidades de conteúdo local** – Trata-se de uma política comercial segundo a qual determinada fração de um bem deve ser produzida domesticamente. É um instrumento que pode ser utilizado mais fundamentalmente na indústria, exigindo, portanto, utilização de insumos ou partes, peças ou componentes com produção interna, a fim de estimular a indústria doméstica (no que diz respeito a demanda garantida para seus produtos e/ou a adequação aos padrões tecnológicos vigentes na competição internacional). As políticas de conteúdo local não impõem limites às importações; ao contrário, podem até mesmo estimulá-las, desde que os países comprem mais insumos, componentes, partes ou peças no mercado doméstico.
- **Barreiras comerciais não tarifárias** – Dizem respeito à imposição de normas técnicas (concernentes a requisitos de segurança, desempenho e uso de materiais de menor impacto ambiental, por exemplo) ou fitossanitárias (ligadas a exigências de padrões de segurança referentes a produtos para consumo humano ou animal, tais como alimentos, bebidas, instrumentos cirúrgicos, roupas etc.). De uso mais recente, essas barreiras vêm substituindo paulatinamente certas políticas tarifárias ou de subsídios.

Economia política do comércio internacional:
argumentos favoráveis e contrários ao comércio

O comércio internacional pode ser interpretado como algo benéfico para os países, mas essa ideia não é consensual entre os estudiosos da área. Há outras implicações envolvidas. Como já mencionamos, pode ser do interesse dos países mudar sua matriz econômica, industrializar-se, garantir níveis internos mais elevados de emprego etc. Nesse sentido, o comércio internacional tem impacto sobre essas atividades e os objetivos de política. Assim, a decisão de intervir ou não no comércio depende de como os governos e grupos de interesse enxergam os benefícios e custos decorrentes de uma maior ou menor abertura econômica.

Como vantagens do comércio internacional, podemos citar a eficiência e os benefícios políticos:

- O livre comércio internacional beneficia a **eficiência econômica** porque a abertura econômica evita perdas relacionadas à proteção (por exemplo: perdas referentes ao excedente dos consumidores transferidas aos produtores em economias que garantem a estes mais proteção). Cada país ofertaria aquilo em que é mais eficiente, e os consumidores obteriam maior variedade de produtos a preços mais baixos.
- **Políticas protecionistas** tendem a beneficiar grupos de interesses específicos, em detrimento do interesse maior, porém mais difuso, dos consumidores do país. São entendidas como políticas de busca de renda por determinados grupos de produtores domésticos. Quando conseguem a proteção de instrumentos de política comercial, esses produtores têm rendas superiores garantidas não em razão de maior capacidade produtiva ou de mais eficiência em custos, mas graças ao uso da política comercial. Os ganhos dos produtores são diluídos na forma de perda de eficiência da economia como um todo (tendência a funcionar autarquicamente, menor

variedade de bens, qualidade inferior, tecnologias mais atrasadas etc.). A ideia fundamental é que, embora algumas políticas comerciais gerem benefícios ao bem-estar nacional, existe a possibilidade de as intervenções serem capturadas pelos grupos de interesse politicamente mais influentes, que utilizariam as políticas comerciais para benefício próprio.

Como argumentos contrários ao comércio internacional, registramos aqueles relacionados aos termos de troca e às falhas de mercado:

- Uma motivação para a proteção da indústria nascente em países em desenvolvimento é a relação dos **termos de troca** desfavoráveis entre bens manufaturados e bens primários[18]. De fato, os modelos de vantagens comparativas ignoram um fato importante: a quantidade necessária de bens primários a serem exportados para adquirir uma unidade de manufaturados pode ser bastante desfavorável aos exportadores de bens primários. Nesse sentido, a imposição de tarifas de importação se justificaria como um instrumento para a industrialização doméstica e a paulatina substituição das importações por manufaturados produzidos domesticamente.
- As **falhas de mercado** também apontam para a proteção de mercados domésticos: as condições estruturais das economias refletem falhas de funcionamento pleno do mecanismo de mercado, as quais não seriam corrigidas via abertura comercial. Por exemplo, a mão de obra não utilizada em dado setor pode permanecer desempregada ou subempregada, caso a economia se especialize somente na produção de outra atividade que não aquela em que há desemprego. Além disso, é possível que a transferência de recursos de

---

18 Esse é um argumento básico na literatura dos autores ligados à Comissão Econômica para a América Latina e o Caribe (Cepal) e que justificou as políticas de substituição de importações em países latino-americanos.

um setor econômico para outro (do menos eficiente para o exportador, por exemplo) não seja tão direta e simples. O mercado doméstico pode apresentar deficiências nos mercados de capitais ou de trabalho e dificuldades na adequação tecnológica, por exemplo. Assim, mesmo sabendo que uma maior abertura ao comércio externo seria a primeira opção de melhoria do bem-estar – pelo fato de as condições estruturais de funcionamento das economias domésticas estarem aquém das ideais para uma rápida adaptação ao padrão mais especializado voltado para o comércio externo –, os países adotam políticas comerciais como uma opção do tipo "segundo melhor" (*second best*), a fim de proteger empregos, renda e capacidade produtiva internas.

Síntese

Neste capítulo, demonstramos que, embora seja teoricamente defensável e justificado como a melhor opção quanto ao bem-estar, abrir-se para o comércio exterior é uma escolha bem mais complexa do que a teoria pura é capaz de explicar. Países são unidades econômicas soberanas que podem estabelecer regras para o acesso a seus mercados domésticos, via decisões que envolvem diversos interesses econômicos internos e externos. A teoria somente considera países hipotéticos nos quais praticamente não há conflitos internos de grupos de interesses, nem mesmo relações geopolíticas para além do mero comércio de bens e serviços.

Explicitamos que a adoção de uma maior ou menor abertura comercial depende das estratégias dos países na busca de objetivos de política interna concatenadas com metas de política externa. A existência de fortes grupos domésticos de interesses que conseguem vocalizar sua agenda econômica perante o governo obviamente gera impacto nessa decisão. De modo geral, as grandes nações fazem uma combinação entre abertura comercial e proteção a atividades ou a setores considerados fragilizados diante da concorrência externa, ou que sejam estratégicos, sob uma perspectiva não tanto econômica, mas geopolítica. Tais dimensões costumam ser ignoradas em modelos econômicos teóricos puros, com ênfase na abstração e simplificação, mas são bem conhecidas e se fazem presentes no cenário atual.

Ainda, pontuamos os benefícios de um mundo mais aberto e integrado comercialmente, os quais fazem parte da missão de organismos internacionais voltados para o comércio e a estabilidade monetária, como a Organização Mundial do Comércio (OMC) e o Fundo Monetário Internacional (FMI). À exceção de economias muito pequenas, insulares ou que dependem fortemente do comércio internacional para sobreviver, a maior parte dos países pratica algum tipo de política comercial com objetivos domésticos.

Por fim, a recomendação das teorias analisadas sempre esbarra nas questões que envolvem a política econômica e as opções de adotar uma maior ou menor abertura ao mercado. Constatamos que são muitas as combinações possíveis entre práticas pró-mercado e economias mais dirigidas. Mencionamos modelos que defendem que uma maior abertura econômica teoricamente levaria a melhores níveis de bem-estar, mas lembramos que, para além das simplificações dos modelos, cada país, com base em sua história e em suas condições específicas de desenvolvimento, recursos naturais e disponibilidade de fatores, pode decidir por um caminho ou por outro.

Para saber mais

Livros

KRUGMAN, P. R.; OBSTFELD, M.; MELITZ, M. J. **Economia internacional**. 10. ed. São Paulo: Pearson, 2015.

Nessa obra, os autores tratam dos aspectos teóricos do comercio internacional e apresentam diversos casos e histórias de política de comércio das últimas décadas.

WILLIAMSON, J. **A economia aberta e a economia mundial**: um texto de economia internacional. Rio de Janeiro: Campus, 1989.

Obra antiga, mas ainda válida para o estudo das teorias de comércio, o livro de Williamson pode ser encontrado em sebos. Nele, o autor opta por um tratamento matemático um pouco mais rigoroso do que o que utilizamos neste capítulo.

PORTER, M. E. **A vantagem competitiva das nações**. 16. ed. Rio de Janeiro: Elsevier, 1989.

Esse é um clássico quando se fala em vantagens competitivas tanto entre empresas quanto entre economias nacionais, apresentando uma abordagem importante sobre a competição global.

Questões para revisão

1. Explique sucintamente as diferenças entre a abordagem das vantagens absolutas, de Adam Smith, e a das vantagens comparativas, de David Ricardo.

2. O que é enfatizado no modelo de comércio de Heckscher-Ohlin? Qual é a inovação desse modelo em relação ao de Ricardo?

3. Considerando as especificidades do modelo de Heckscher-Ohlin, assinale a afirmativa correta:
   a. É um modelo de dois países, dois bens e um fator de produção.
   b. De acordo com esse modelo, os países exportam produtos que utilizam o fator de produção mais abundante e importam aqueles bens que demandam para sua produção o fator mais escasso nessa economia.
   c. O modelo admite livre movimentação de fatores de produção entre os países.
   d. Com a modificação adicional do Teorema de Rybczynski, o modelo prevê especialização na produção, sem livre movimentação de fatores.

4. A respeito do comércio internacional, é correto afirmar que:
   a. bens não comercializáveis (*non-tradables*) podem se tornar comercializáveis se houver maior abertura econômica.
   b. economias que operam em autarquia conseguem melhores preços e quantidades para seus produtos do que se forem abertas ao comércio.
   c. o comércio entre países industrializados reflete economias crescentes de escala.
   d. o comércio intrafirmas é tratado teoricamente pelo Teorema de Rybczynski.

5. Considere as seguintes afirmativas a respeito do modelo de comércio entre países avançados:
   I. O comércio entre países avançados reflete complementaridades na produção e retornos decrescentes de escala das firmas.
   II. Parte desse comércio é realizada entre setores industriais de diferentes países que fornecem insumos produtivos entre si, daí o nome *comercio interindustrial*.
   III. O comércio via integração dos diversos mercados domésticos num grande mercado internacional tem, para as indústrias com ganhos crescentes à escala, o mesmo efeito que um aumento do mercado doméstico.
   A seguir, assinale a alternativa que apresenta a(s) afirmativa(s) incorreta(s):
   a. I.
   b. I e II.
   c. III.
   d. II e III.

Questões para reflexão

1. Como é o comércio internacional entre países industrializados? As vantagens comparativas são significativas nesse caso?

2. Explique um argumento contra e um argumento a favor do comércio internacional.

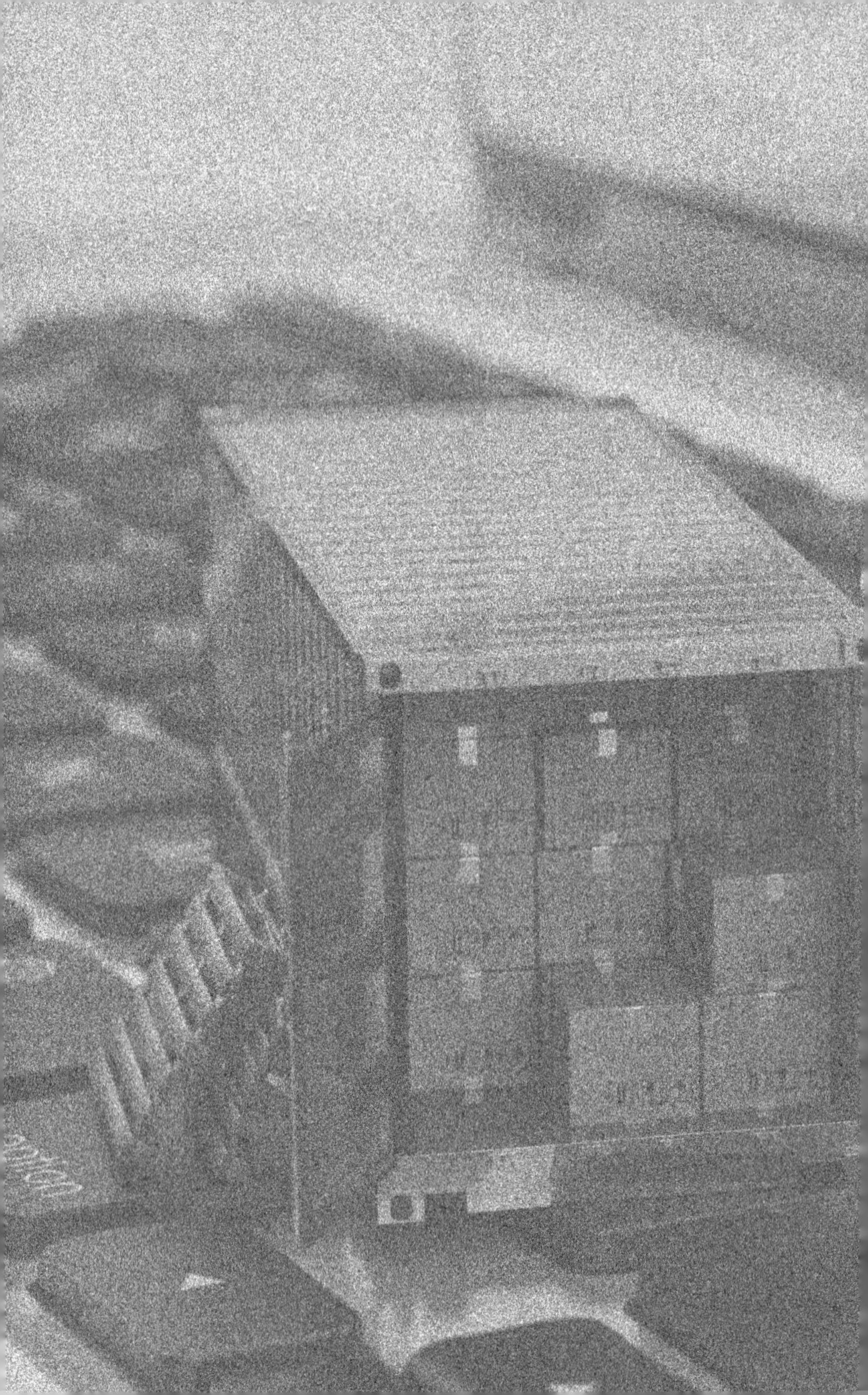

capítulo seis

A diversidade do comércio internacional na globalização produtiva

Conteúdos do capítulo:

- Vantagens comparativas dinâmicas.
- Ciclo do produto.
- Investimento de empresas multinacionais.
- Cadeia global de valor.

Após o estudo deste capítulo, você será capaz de:

1. reconhecer as características da diversificação do comércio internacional;
2. conceituar *vantagens comparativas construídas dinâmicas*;
3. identificar como a dinâmica de inovação e imitação na produção cria um ciclo de produto com fases de inovação, maturidade e padronização;
4. analisar as formas de investimento internacional e seus efeitos no comércio internacional, verificando como os investimentos de empresas multinacionais são diversificados e podem alterar o comércio internacional entre países-sede e países hospedeiros;
5. explicar a formação de cadeias globais de produção e valor.

No capítulo anterior, abordamos as diversas teorias de comércio internacional; neste capítulo, explicaremos como os padrões comerciais têm se desenvolvido nos últimos anos. Agora, não é a teoria positiva que nos interessa, mas a observação empírica, pois ela nos ajudará a ressaltar importantes características que deram origem aos recentes desenvolvimentos do comércio e investimentos internacionais.

6.1 *Globalização, industrialização e temas recentes em comércio internacional*

Globalização é um termo de uso bastante difundido que visa expressar e sintetizar uma série de fenômenos que vêm sendo observados desde as décadas finais do século XX. Entre esses fenômenos, estão a ampliação e a diversificação do comércio internacional.

Vale destacarmos que, não obstante o comércio entre nações ocorrer há muito tempo, chama atenção na fase recente a maior interligação entre países e regiões via comércio, bem como entre empresas e mercados via cadeias globais de valor. São notórios também o volume crescente e a diversificação do comércio, como aspectos quantitativos e qualitativos, respectivamente.

Embora exista desde a década de 1940, o vocábulo *globalização* se popularizou após a publicação de um artigo do economista alemão radicado nos Estados Unidos Theodore Levitt (1925-2006) na revista *Harvard Business Review*, em maio de 1983, intitulado "The Globalization of Markets" (em português, "A globalização dos mercados"). Desde então, o termo tem se tornado cada vez mais corrente, ganhando as conotações atuais de maior comércio, integração e diversidade.

Conforme pontuamos no capítulo anterior, para as economias nacionais é vantajoso se abrir para o comércio internacional. Em contrapartida, não há vantagens para o funcionamento autárquico, como no caso de economias que tentam se fechar para produzir todos os bens e serviços de que precisa. As teorias que abordamos demonstram as vantagens da abertura às relações comerciais com outros países, tanto pelo argumento da especialização na produção e exportação de produtos que representam vantagens comparativas, quanto por uma maior dotação dos fatores utilizados na produção de determinados bens, assim como por vantagens do comércio intraindustrial.

A globalização reflete uma importante característica do sistema que impera na maioria dos países, o capitalismo – sistema dinâmico de organização da produção que tem como uma de suas características o aumento de produtividade dos fatores de produção, ligado ao progresso tecnológico, às inovações em produtos, processos e *designs* ou ao uso de materiais. Esse aumento de produtividade não é atribuído somente à quantidade de bens produzidos por unidades de fator de produção, mas também à agregação de valor aos produtos e/ou processos, por exemplo, pela promoção via estratégias de *marketing* e posicionamento de marcas e, principalmente, pela inovação em processos e produtos.

Quanto à geração de valor agregado, medido em termos monetários, devemos considerar as **inovações** em insumos, produtos e serviços em uma combinação totalmente nova dos fatores de produção existentes. A evolução do capitalismo, nesse sentido, revela ampliação e diversificação dos materiais, produtos e serviços básicos consumidos pelos indivíduos, bem como de máquinas, equipamentos e instalações de infraestrutura que dão apoio à produção.

Por exemplo, a inovação e a generalização do uso do automóvel exigiu uma infraestrutura rodoviária e urbana que ampliou a produção e o consumo. Do mesmo modo, as novidades na área de automação deram origem a produtos, como computadores e *smartphones*, que também requereram nova infraestrutura para a comunicação. Ainda, paralelamente a esses novos panoramas, foram surgindo diferentes hábitos de consumo. Por isso, para terem uma importante participação no comércio internacional, as economias nacionais devem desenvolver um sistema de inovações que alcance os mercados interno e externo.

Essa dinâmica de produção ocorre também no comércio internacional, ampliando a quantidade de produtos comercializados e alterando a pauta de exportação e importação das economias nacionais, as quais, impulsionadas pela dinâmica capitalista de inovação e concorrência, não ficam presas a suas vantagens comparativas naturais e à dotação de seus fatores de produção.

As vantagens de um país não são dadas apenas pela natureza; elas também podem ser desenvolvidas por meio de inovações ou de imitações de outras economias nacionais. Além disso, uma economia pode receber investimentos de empresas de outras economias, o que agrega conhecimento, tecnologia e capitais para a produção de novos bens, tanto para o mercado interno quanto para a exportação. Portanto, as vantagens comparativas não são estáticas, mas dinâmicas. Entre os fatores de produção, o **conhecimento** tem se tornado o principal fator capaz de aumentar a produtividade, em termos físicos e de geração de valor monetário, considerando-se também sua incorporação nos demais fatores como recursos naturais, capital e trabalho. É por isso que a organização social contemporânea é comumente identificada como *sociedade do conhecimento*.

Para desenvolver novas capacidades produtivas e vantagens comparativas, é necessário iniciar a produção mesmo com desvantagens naturais e estáticas. Enfrentá-las contribui para a aquisição de conhecimento, que permite o desenvolvimento de novas técnicas, dotações e cultura, elementos necessários para elevar a capacitação e a competência, bem como para dominar a produção. O desafio para as economias nacionais, principalmente as retardatárias[1], é investigar qual seria a melhor estratégia de desenvolvimento não apenas para aumentar a produção interna, mas também para aprender rapidamente a inovar e a participar competitivamente da concorrência internacional em produtos que geram alto valor agregado.

Na prática da produção, é possível fazer inovações incrementais e radicais, diferenciando os produtos. A noção de desenvolver vantagens está na base da teoria da indústria infante, que justifica a proteção a países que iniciaram seu processo de industrialização após o pioneirismo da Grã-Bretanha e a Revolução Industrial (List, 1983).

A estratégia de desenvolvimento nacional também deve considerar o tempo de produção de sua indústria em relação à concorrência internacional. Quando há a manutenção do protecionismo e não ocorre a inserção de produtos nacionais no mercado internacional, um resultado possível é a falta de dinamismo nas inovações e pressões para o prolongamento da proteção. Essa é uma das críticas à estratégia de industrialização da economia brasileira, baseada no processo de substituição de importações com proteção à indústria nacional por um longo tempo[2].

Durante o século XX, foi dominante a ideia de que desenvolvimento era sinônimo de *industrialização*. Tal noção baseava-se, principalmente, na construção de setores industriais encadeados, desde a indústria extrativa, passando pelas de bens de capital, até as indústrias de bens finais (Prebisch, 2017)[3]. O caso brasileiro é um exemplo típico desse modelo estilizado de desenvolvimento via industrialização, notadamente a partir da década de 1950. No século XX, a economia brasileira fez a transição de uma economia primária exportadora, com produção industrial restrita a alguns bens de consumo,

---

1 Essas economias são assim identificadas porque nelas a industrialização ocorreu tardiamente, ou seja, depois de as economias desenvolvidas já terem desenvolvido estruturas produtivas industriais.
2 Para ter acesso a uma posição crítica com essa orientação, consultar Franco (1998).
3 O texto de Raúl Prebisch foi escrito em 1949.

para uma industrialização que criou internamente vários setores responsáveis pela produção industrial, nas linhas gerais de indústrias de base, de bens intermediários e de bens finais (Oliveira, 1984).

Tal processo histórico de desenvolvimento completou a base industrial da economia brasileira, com contribuição do capital externo na forma de investimento direto de empresas multinacionais e também de empréstimos internacionais para financiar o esforço de importação necessário à realização de investimentos. Isso não significa que a economia brasileira se tornou autárquica e que, por isso, não precisa atentar para as existentes e novas vantagens comparativas no comércio internacional.

Na realidade, a estrutura industrial formada na economia suscita os seguintes questionamentos: O processo de inovações também foi internalizado? A estrutura produtiva é efetiva e eficiente, no sentido de ter capacidade para competir com importações no mercado interno e com exportações no mercado externo? Participa do comércio internacional exportando produtos com alto valor agregado?

Ao longo do processo de desenvolvimento da economia brasileira no século XX, houve substituição de importações, com redução da importação de bens de consumo e aumento da importação de bens intensivos em tecnologia. Houve, também, aumento do pagamento por serviços especializados e transferência de renda na forma de remessa de *royalties*, dividendos, lucros e juros, relacionados à entrada de multinacionais e de empréstimos externos. Foi registrado, ainda, acréscimo das exportações e diversificação da pauta; tal alteração estava associada à intenção de promover a entrada de recursos externos para pagar pelos demais compromissos externos.

Portanto, o desenvolvimento da economia brasileira – marcado pela ampliação da capacidade produtiva, pelo processo de industrialização baseado em substituição de importações e pela criação de novas vantagens comparativas – aumentou sua integração à economia internacional. Podemos, assim, considerar que o Brasil é uma economia inserida na globalização produtiva, com seus problemas e com seus benefícios. As teorias elencadas a seguir são úteis na busca pela compreensão desses problemas e benefícios da integração da economia brasileira à globalização produtiva.

As duas teorias a que nos referimos visam explicar a ampliação e a diversificação do comércio internacional. Os modelos de vantagens comparativas e dotação dos fatores, estudados no capítulo anterior, são uma boa base para essa explicação, mas devem ser complementadas com outros conceitos para evidenciarmos que as vantagens são construídas e dinâmicas, bem como que o conhecimento e a inovação aumentam a produtividade dos fatores, a possibilidade de produção e a diversidade de produtos gerados que se tornam, paulatinamente, parte do consumo dos indivíduos e do comércio internacional.

Por essa razão, optamos por expor na sequência a teoria do ciclo do produto e suas mudanças no comércio internacional, bem como a teoria das cadeias globais de produção e valor. Nenhuma delas esgota a explicação sobre a diversidade e a dinâmica do comércio internacional, mas ambas contribuem para ampliar a noção de possibilidades vantajosas de comércio para as nações.

6.2 *Teoria do ciclo do produto*

A teoria do ciclo do produto, desenvolvida por Raymond Vernon (1913-1999), envolve a seguinte dinâmica: o comércio internacional e o investimento internacional se alteram ao longo do tempo, pois ocorrem inovações com introdução de novos processos de produção e colocação de novos produtos nos mercados nacional e internacional. A economia nacional que concentra várias inovações é considerada a mais adiantada, o que está de acordo com a visão de Schumpeter (1982) com relação a desenvolvimento econômico. O economista austríaco, originalmente em 1911, defendeu que as inovações são o principal fator para a diversificação das economias; assim, a noção de *crescimento econômico* (meramente quantitativo) foi substituída pela ideia de *desenvolvimento econômico* (mais qualitativa no que se refere à diversidade da produção).

No início da fase de inovação do ciclo do produto, a **economia mais adiantada** detém o monopólio da produção de produtos novos (no sentido de que incorporam inovações) e, assim, tanto atende a seu mercado interno quanto exporta para os demais países. Logo, esse país produz o novo produto para o mercado interno e para os mercados dos demais países, mediante exportações, conforme representado na Figura 6.1.

Figura 6.1 – Ciclo do produto em economias nacionais adiantadas

[Gráfico com 3 fases: 1ª fase: inovação; 2ª fase: maturação; 3ª fase: padronização. Curvas: Produção, Exportações, Consumo, Importações. Eixo: Economia nacional adiantada]

Fonte: Elaborado com base em Vernon, 1979, p. 99.

Na fase de maturação, há vários imitadores que contestam a concentração da inovação pelos empreendedores originais, e isso acontece não apenas na economia adiantada, mas também naquelas que importaram a inovação; estas, por sua vez, passam a dominar a tecnologia e a organização da produção. Dessa forma, a produção interna permite às economias menos adiantadas reduzir a importação dos produtos e, possivelmente, em determinado momento, a exportar.

Para as **outras economias adiantadas**, na denominação de Vernon (1979), há uma alteração na pauta de importações: um produto que antes era importado passa a ser fabricado internamente e, posteriormente, exportado. Isso gera uma mudança na pauta de exportação. A Figura 6.2, a seguir, representa as alterações na produção, importação e exportação das outras economias adiantadas.

Figura 6.2 – Ciclo do produto em outras economias nacionais adiantadas

[Gráfico com três fases: 1ª fase: inovação, 2ª fase: maturação, 3ª fase: padronização. Curvas representando Consumo, Importações, Produção e Exportações. Eixo horizontal: Outras economias nacionais adiantadas.]

Fonte: Elaborado com base em Vernon, 1979, p. 99.

Para as **economias menos desenvolvidas**, ou que têm dificuldade para inovar ou imitar, a produção e a exportação normalmente aparecem apenas na fase de padronização do produto. Nela, a vantagem competitiva não é mais a inovação, dado que a produção já está padronizada. Mais frequentemente, essa vantagem se traduz em redução de custo decorrente da economia de escala – o aumento da produção reduz o custo unitário. Possivelmente, uma vantagem competitiva pode também representar baixo custo, graças à abundância de fatores de produção e insumos ou a baixos salários.

No entanto, é possível que, na fase de padronização do ciclo do produto, as economias mais atrasadas no processo de inovação-imitação já tenham desenvolvido a vantagem comparativa de assimilação do conhecimento tecnológico e organizacional e, assim, tenham conseguido produzir e exportar. A aplicação da hipótese da teoria do ciclo do produto nessas economias, com mudanças na importação, produção e exportação, está representada na Figura 6.3.

Figura 6.3 – Ciclo do produto em economias nacionais menos desenvolvidas

[Gráfico: 1ª fase: inovação | 2ª fase: maturação | 3ª fase: padronização; curvas de Produção, Exportações, Consumo e Importações. Eixo: Economias nacionais menos desenvolvidas]

Fonte: Elaborado com base em Vernon, 1979, p. 99.

A teoria de Vernon também explica que o deslocamento da produção para demais economias nacionais pode ser resultado de investimento externo direto (IED) de empresas inovadoras que enfrentam concorrência de imitadores ou restrição à entrada de seus produtos em outros países, em virtude de barreiras tarifárias. A produção nos demais países, quando a imitação é difícil, pode ser realizada via investimentos externos em busca de novos mercados e de produção a custos mais baixos.

A teoria do ciclo do produto também revela a dinâmica do comércio internacional. A produção e a exportação podem começar no país que concentra as inovações. No entanto, a imitação do produto pelos concorrentes, tanto internos quanto externos, reduz o lucro extraordinário da inovação ao eliminar seu monopólio e incorpora outras vantagens, como a economia de escala e baixos salários. Com isso, há a tendência de deslocamento da produção e, consequentemente, alteração do comércio internacional para outras economias. Assim, é possível explicar as mudanças que acontecem na pauta de importações e exportações das economias nacionais (como no caso brasileiro, que antes importava automóveis, na década de 1950, e passou a exportá-los a partir da década de 1980).

Tal teoria também permite inferir que, para uma economia nacional ter uma trajetória de desenvolvimento com maior participação e peso no comércio internacional, não basta produzir e exportar produtos padronizados. A hipótese subjacente a essa teoria é de que o desenvolvimento de uma economia nacional e sua participação no comércio internacional dependem de um rápido processo de aprendizado na produção, para realizar rapidamente as imitações e, mais importante, introduzir inovações.

Essa teoria ainda aponta para a importância de uma economia nacional manter uma pauta de exportações diversificada e dinâmica, que garanta a venda de produtos com alto valor agregado. Para isso, deve gerar, interna e recorrentemente, inovações ou fazer imitações rápidas. Caso contrário, exportará produtos padronizados que enfrentam grande concorrência dos demais países e redução de preço no mercado internacional, sendo uma *commodity* industrial. Para contar com uma dinâmica de inovação e imitação rápida, as economias devem desenvolver uma base de conhecimento aplicada à geração de novas tecnologias, novos materiais e equipamentos, atrelada a uma nova organização da produção.

Para um comércio internacional dinâmico, com exportações de alto valor (monetário) agregado que tragam receitas suficientes para reduzir dependência e vulnerabilidade no Balanço de Pagamentos (BP), a economia nacional deve desenvolver suas próprias vantagens comparativas, a partir do conhecimento aplicado à inovação, em vez de apenas depender das vantagens comparativas estáticas de seus recursos naturais ou de seu baixo custo provocado pela parca remuneração de sua força de trabalho.

Investimento internacional e novas formas de comércio internacional

O investimento internacional de empresas que se tornaram multinacionais (com múltiplas plantas de produção dispostas em vários países) ou transnacionais (com capital que pode ser transferido para vários países, dirigindo as decisões de investimento e produção às filiais espalhadas pelo mundo)[4] levou várias economias nacionais à produção de bens que avançavam em seu ciclo, transitando para a fase de maturidade e padronização. Obviamente, o investimento internacional seguiu estratégias que variaram muito entre si; não houve, assim, uma estratégia-padrão de investimento externo, mas vários modelos de integração com a estrutura produtiva da economia hospedeira, além de diversas formas de comércio internacional com efeitos sobre a importação e a exportação dos países-sede das empresas multinacionais e dos países hospedeiros.

Os países hospedeiros do investimento internacional não foram passivos à entrada de qualquer empresa; antes, procuraram combinar tais entradas com suas estratégias de desenvolvimento nacional. Assim, vários países, entre eles o Brasil, preocuparam-se em completar seu processo de industrialização integrando instituições estatais, empresas privadas nacionais e estrangeiras, além de multinacionais, identificadas como MNC (do inglês *multinational company* ou *multinational corporation*).

Conforme mencionamos anteriormente, as estratégias de desenvolvimento nacional também seguiram caminhos diversos.

---

4 A literatura utiliza tanto a expressão *empresas multinacionais* quanto o termo *transnacionais*. Por considerarmos o termo *multinacionais* mais generalizado, ele será doravante adotado.

Grosso modo, a estratégia de substituir importações buscou formar uma estrutura produtiva bem integrada internamente – a chamada *integração vertical dos setores* – e voltou-se para o mercado interno. A estratégia orientada para exportação, por sua vez, não consistiu em aprofundar a estrutura produtiva industrial em todos os setores, mas em produzir tanto para o mercado interno quanto para o externo.

A combinação entre estratégias de desenvolvimento nacional e estratégias de investimento externo das MNCs resultou em várias formas de integração das economias nacionais com a internacional, gerando mais diversidade nas formas de comércio entre as nações e diferenciação das pautas de exportação e importação, para além das vantagens comparativas naturais.

As Figuras 6.4 a 6.7 ilustram de forma didática e simplificada algumas formas pelas quais ocorre o investimento de MNCs, em países hospedeiros e seus efeitos sobre o comércio internacional. Certamente, essas representações não contemplam todas as formas de investimentos externos e estratégias nacionais, mas oferecem um bom aporte teórico para demonstrarmos essas relações.

Na Figura 6.4, é esquematizado o investimento externo de uma MNC de um país-sede em uma nação hospedeira. A produção dessa empresa é integrada à de produtores locais de matéria-prima, insumos, partes (integração vertical para cima) e também setores nacionais mais dirigidos ao mercado, como de propaganda e *marketing* e de vendas ao público (integração vertical para baixo). No caso, a produção integrada de empresas multinacionais e nacionais na economia hospedeira está voltada para o mercado interno. Como exemplo, podemos citar a instalação das empresas automobilísticas na economia brasileira, cujas multinacionais formam o centro da produção, atuando como montadoras e recebendo autopeças de empresas nacionais e estrangeiras.

Figura 6.4 – Investimento de MNC, produção no país hospedeiro voltada para mercado interno

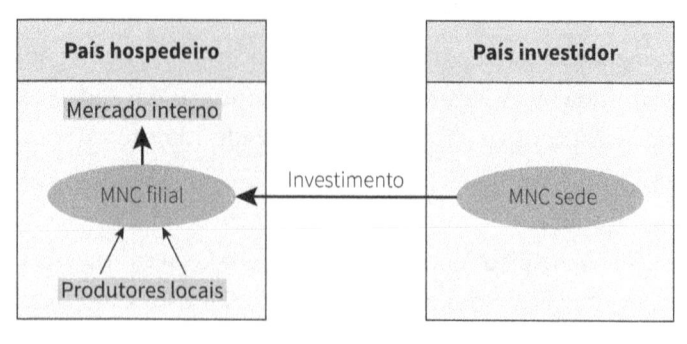

[Figura: diagrama mostrando País hospedeiro (com MNC filial, Mercado interno e Produtores locais) recebendo Investimento do País investidor (MNC sede)]

Fonte: Adaptado de Chesnais, 1996, p. 134.

Na Figura 6.5, a representação se assemelha à da fase de maturação ou padronização da teoria do ciclo de produto. O investimento externo cria uma base produtiva na economia hospedeira que, ao combinar-se com produtores internos, dirige sua produção tanto para o mercado interno quanto para o mercado internacional, inclusive para o país-sede dos investimentos. Como exemplo, citamos mais uma vez a indústria automobilística brasileira, que, a partir da década de 1980, começou a exportar seus automóveis.

Figura 6.5 – Investimento de MNC, produção no país hospedeiro voltada para mercados interno e externo

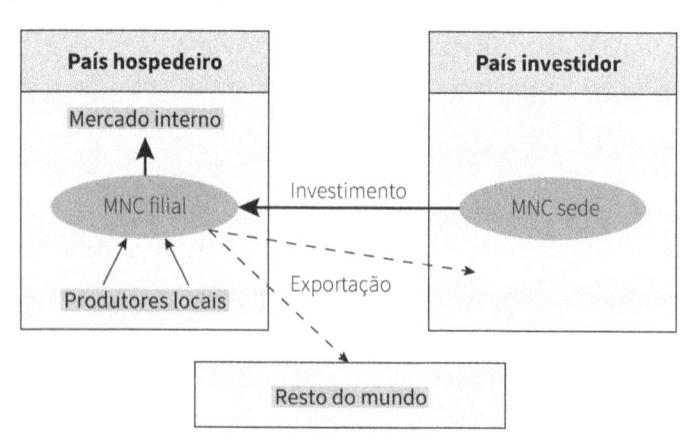

[Figura: diagrama mostrando País hospedeiro (com MNC filial, Mercado interno e Produtores locais) recebendo Investimento do País investidor (MNC sede), com Exportação para o Resto do mundo]

Fonte: Adaptado de Chesnais, 1996, p. 134.

A Figura 6.6 representa outra estratégia, aquela em que as MNC podem optar pela especialização de suas fábricas em alguns produtos e exportar alguns modelos para o país-sede e comercializar outros modelos no país hospedeiro. É o caso de encontrar na pauta de exportação e importação dos países produtos de denominação semelhante, mas com diferenciação de modelos. Esse caso é bastante diferente da situação em que um país exporta produtos primários e importa produtos industrializados; o que há, em síntese, é a exportação e a importação de produtos industriais próximos, com diferenciação nos modelos.

Figura 6.6 – Investimento de MNC, produções no país investidor e hospedeiro voltadas para mercado interno e externo

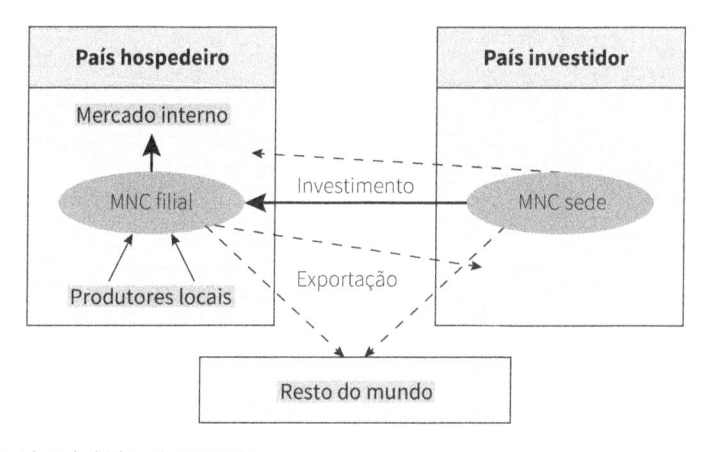

Fonte: Adaptado de Chesnais, 1996, p. 134.

A Figura 6.7 exibe, por sua vez, a representação da cadeia global de produção e valor. Graças aos investimentos externos em várias economias nacionais e às estratégias de desenvolvimento de países que se esforçam para desenvolver uma produção integrada à produção global e ao comércio internacional, a produção tende a não estar mais concentrada e integrada em apenas um país, mas difusa em vários países.

Uma economia nacional pode ser importadora de insumos industriais e peças, produzir módulos e exportar para outro país e, por fim, importar o produto final para o qual contribuiu na produção e geração de valor. Portanto, mantendo o exemplo da indústria automobilística, podemos afirmar que a produção, inicialmente concentrada em países desenvolvidos, passou a ser realizada também em economias em desenvolvimento, como o Brasil, com grande integração para cima e para baixo de sua produção.

Figura 6.7 – Investimento de MNC e formação de cadeia global de produção e valor

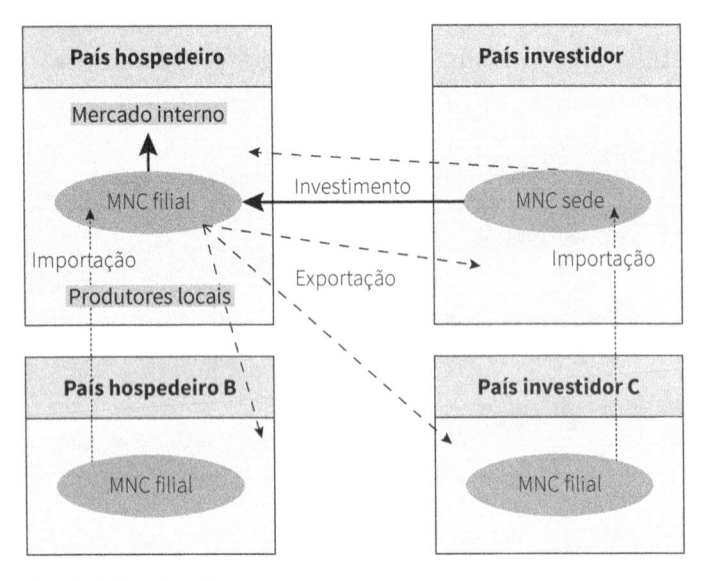

Fonte: Adaptado de Chesnais, 1996, p. 134.

Devido às facilidades de comunicação e transporte, uma estratégia alternativa utilizada por empresas líderes foi procurar vantagens comparativas na produção de insumos, peças e partes em outras economias nacionais. De tal modo, a integração vertical da produção deixou de estar concentrada e passou a estar dispersa por vários países. A cadeia de produção tornou-se cada vez mais global, ou seja, é composta por vários países na produção.

Uma questão importante é se a economia nacional que participa de uma cadeia global de produção está em elos nobres, isto é, se contribui para a geração do produto final e se apropria de boa parte do valor do produto. A formação de várias cadeias globais de produção é uma das características do fenômeno contemporâneo da globalização.

6.3 *Teoria das cadeias globais de produção e valor*

A organização capitalista de produção está baseada na produção de mercadorias com o emprego de outras mercadorias, ou seja, há uma ampla relação entre insumo e produto (para a produção de um bem final, são necessários vários insumos). Nesse sistema, é raro uma empresa fabricar todos os insumos de que precisa para produzir, assim como fazer a distribuição e a comercialização do bem. À integração entre os agentes que fornecem insumos e os produtores denominamos *integração vertical da produção*, processo que pode ocorrer de duas maneiras:

1. **Elos superiores da cadeia de produção** – Vários setores produzem insumo para a produção de um setor específico.
2. **Elos inferiores da cadeia de produção** – O produto de uma empresa pode seguir para outras que incorporam novos insumos em uma nova rodada de produção e adicionam valor, até atingir o produto final.

Nesse sentido, uma economia altamente integrada é aquela que internalizou vários setores e elos das cadeias de produção dos vários produtos finais destinados ao mercado. Normalmente, essa economia também é relativamente fechada, com pouca contribuição de importação para sua produção. Vale lembrarmos neste ponto que o fenômeno da globalização produtiva se caracteriza pela transição de economias relativamente fechadas para economias abertas ao comércio internacional, principalmente porque as cadeias de produção se transformaram de eminentemente nacionais para cadeias regionais e globais, com setores espalhados em vários países.

As Figuras 6.8 e 6.9, expostas a seguir, representam respectivamente uma economia com integração vertical internalizada e economias que fazem parte de uma rede ou cadeia de produção global com setores distribuídos em vários países.

Figura 6.8 – Produção com integração vertical internalizada na economia A

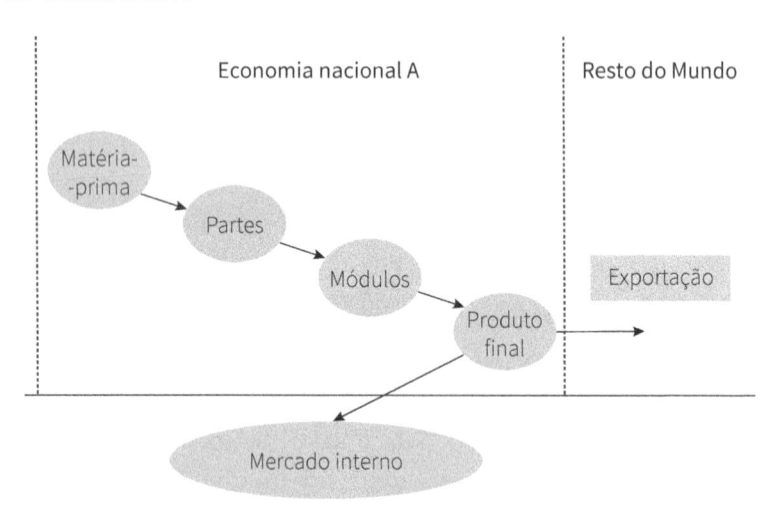

Figura 6.9 – Produção na cadeia global com integração vertical entre várias economias nacionais

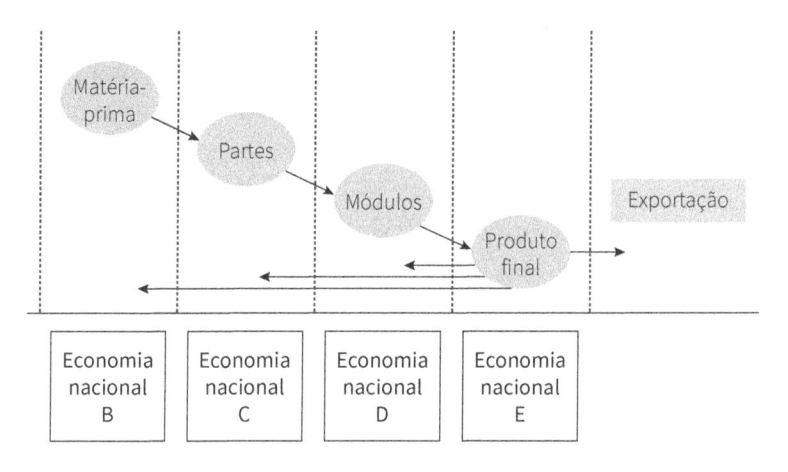

```
Matéria-prima → Partes → Módulos → Produto final → Exportação

Economia nacional B | Economia nacional C | Economia nacional D | Economia nacional E
```

Em tempos de globalização, a noção de desenvolvimento econômico mudou. Seguindo o que expusemos anteriormente, o conceito associado à industrialização tinha a ideia de promover a internalização de grande parte dos setores produtivos industriais. A estratégia de industrialização por substituição de importação visava a internalização de vários setores industriais de forma mais diversificada do que a estratégia de orientação para exportação. Atualmente, a noção de desenvolvimento está mais relacionada à integração na cadeia global de produção, com preocupação de que as empresas da economia nacional se concentrem em elos da cadeia de produção que gerem mais valor adicionado no comércio internacional.

Como demonstra a Figura 6.9, as empresas podem estar integradas à cadeia de produção, mas a questão adicional é: Quais elos da cadeia de valor geram menos ou mais valor adicionado? Para ilustrar, podemos citar o fornecimento de matérias-primas, como minério de ferro, para a produção industrial. É uma integração à cadeia global, mas com pouca retenção do valor gerado pelo produto final. Outros elos, mesmo no início da cadeia de valor (como o *design* de um modelo de tênis, por exemplo), podem se apropriar de grande parte do valor gerado.

Essa noção de desenvolvimento associada à integração global provocou grandes mudanças nas economias nacionais. Um exemplo é a economia dos Estados Unidos; no período que seguiu a Segunda Guerra Mundial, o país apresentava diversificada estrutura produtiva industrial interna, mas, na transição do século XX para o XXI, a economia norte-americana passou por uma grande transformação, com fechamento de várias fábricas, gerando impacto nos setores, nas indústrias e nos níveis de emprego em algumas cidades. Houve ali deslocamento de boa parte da produção industrial para outros países, como resultado da estratégia de redução de custo – quando o produto (que pode ser um insumo industrial) atinge a fase de maturação e padronização do ciclo do produto. Deve estar claro, porém, que isso não significa que a economia estadunidense seja estática. Setores altamente inovadores ainda estão concentrados no país, tais como os de desenvolvimento de tecnologia de ponta do paradigma tecnológico produtivo dominante, que pode ser denominado *tecnologia da informação e comunicação* (TIC). Além disso, a economia ianque também domina elos mais baixos da cadeia de produção ligados ao *marketing* e à comercialização de produtos, criando marcas que se tornaram globais[5].

Economias que até pouco tempo atrás eram consideradas subdesenvolvidas, como Índia e Vietnam, experimentaram uma grande transformação ao se integrarem às cadeias globais de produção. Essas nações, em vez de promover uma industrialização diversificada para abastecer seu mercado interno, utilizaram a estratégia de se integrar em cadeias globais de produção e se especializar em alguns setores que permitissem o aprendizado nessa nova organização da produção, para, posteriormente, a partir dos conhecimentos adquiridos, avançar para elos mais nobres e com mais geração de valor[6].

---

5 Por exemplo: Zara, North Face e Nike, em vestuário; McDonald's, Burger King e Subway, em redes de *fast food*; e Walmart, como cadeia de distribuição e de supermercados.

6 Para uma comparação das estratégias de desenvolvimento de países do leste asiático e países latino-americanos, ver Palma (2004).

Assim, por exemplo, para fornecer uma peça para o fabrico de um automóvel na Coreia do Sul, uma empresa vietnamita precisa adquirir conhecimentos sobre as especificidades do mercado sul-coreano referentes a normas técnicas, organização da produção, logística de distribuição e disciplina dos trabalhadores, o que, por sua vez, permitirá a ela fazer inovações incrementais e imitações rápidas para obter produtos mais sofisticados (Palma, 2004). No caso da Índia, por ser uma ex-colônia britânica que tem como uma de suas línguas oficiais o inglês, muitos trabalhadores podem compor o setor de *call center* de várias empresas espalhadas pelo mundo. Além disso, esse país investiu no desenvolvimento da indústria de *softwares*, utilizando tecnologia e *design* de outros países e fazendo mundialmente sua distribuição por outras empresas.

Participar de uma cadeia global de produção guarda vantagens e desvantagens, as quais devem ser consideradas na definição de estratégias e políticas de desenvolvimento e de comércio internacional. Ressaltamos que a cadeia global de produção também gera e distribui valor. Portanto, é importante integrar a cadeia global em elos nobres da produção e de geração de valor, ou fazê-lo de modo que haja um avanço contínuo para elos geradores de mais valor. Esse é o caso da **estratégia dos gansos voadores**, adotada por alguns países do leste asiático. O nome atribuído faz alusão ao voo migratório dessas aves, que trocam de posição ao longo de seu percurso, havendo mudança na liderança. Tal metáfora é utilizada para descrever a situação de países que apresentaram uma dinâmica de produção no interior de uma cadeia de produção de modo que conseguiram avançar para setores com mais apropriação de parte do valor gerado na produção total. A China pode ser considerada um exemplo de rápido avanço (Palma, 2004).

Assim, foram criados novos setores econômicos que não necessariamente estão ligados à produção material, mas que organizam a cadeia global. Para a produção global funcionar, são demandadas boa comunicação e logística entre os vários setores. Principalmente, em tempos de produção enxuta (*just in time*), com redução de custos de estoque, deve haver um fluxo de comércio com tempo preciso. Por isso, é recomendavel identificar quais são as empresas líderes globais que desenvolvem uma governança sobre os elos da cadeia de produção, para que esse tipo de organização da produção mostre sua competitividade no mercado internacional.

Tendo essas considerações em mente, apresentamos, a seguir, duas figuras que ilustram formas diferentes de governança da cadeia global. A Figura 6.10 representa o caso de uma cadeia de produção comandada pelos elos iniciais de tecnologia e *design* de peças, que contrata uma rede de fornecedores e montadores que, por sua vez, devem obedecer aos rígidos padrões de produção. Como exemplo, mencionamos a indústria de televisores, brinquedos (como a boneca Barbie[7]) e tênis sofisticados.

Figura 6.10 – Cadeia de produção comandada pelo elo inicial

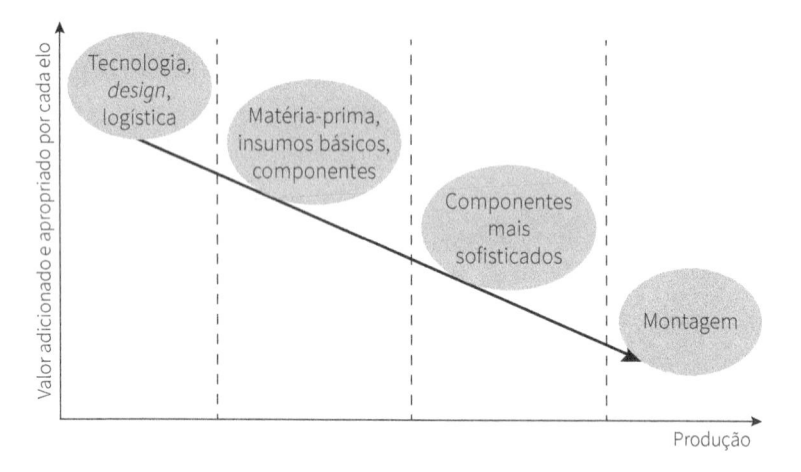

A Figura 6.11 representa a situação em que empresas na ponta de baixo da relação entre insumo e produto, que estão perto da comercialização do produto final, têm a governança da cadeia de

---

[7] Para uma interessante reportagem sobre a fabricação da boneca Barbie, consultar Tempest (1996).

produção. Ao adotar boas estratégias de *marketing* na consolidação de uma marca, uma empresa pode organizar seus fornecedores espalhados pelo mundo para atender às especificações e padronizações do mercado, como no caso de grandes marcas de vestuário e utensílios domésticos (Sturgeon et al., 2013).

Figura 6.11 – Cadeia de produção comandada pelo elo final

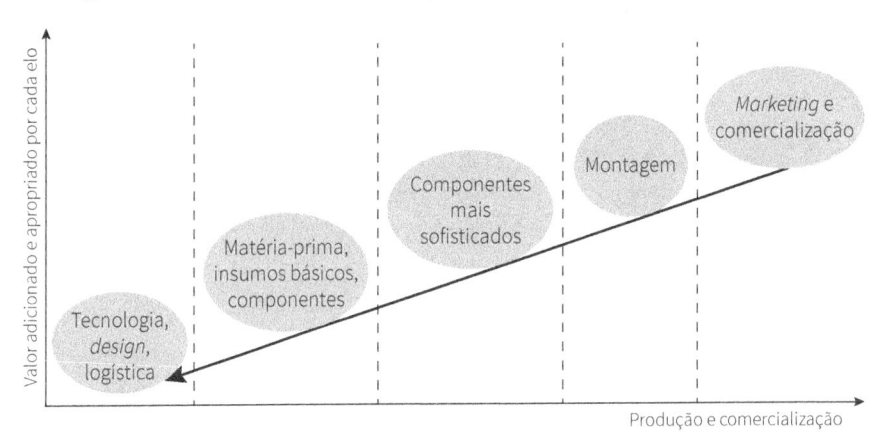

Eixo y: Valor adicionado e apropriado por cada elo
Eixo x: Produção e comercialização

Elos (do início ao fim): Tecnologia, *design*, logística → Matéria-prima, insumos básicos, componentes → Componentes mais sofisticados → Montagem → *Marketing* e comercialização

Há múltiplas cadeias globais de valor para uma grande diversidade de produtos ofertados, assim como existem cadeias de valor que competem pelo mesmo mercado. Nesse sentido, um promissor objeto de estudo diz respeito à formação de cadeias globais de valor, sua governança e à grande disputa que existe na distribuição do valor gerado entre os elos.

Uma hipótese bem difundida é a **curva sorriso**, representada na Figura 6.12. Na hipótese dessa curva, os elos de produção imaterial, que podem estar localizados no início da produção, ligados à geração de inovação, e os elos finais de *marketing*, logística de distribuição e comercialização, apropriam mais valor do que os elos eminentemente produtores de materiais da cadeia de produção. No entanto, cada cadeia tem suas especificidades que valem ser estudadas.

Figura 6.12 – Curva sorriso: hipótese de distribuição de valor pelos elos da cadeia de produção

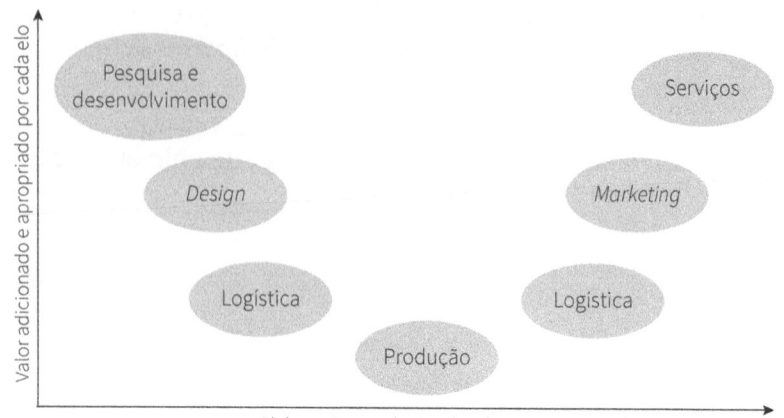

[Eixo vertical: Valor adicionado e apropriado por cada elo]

- Pesquisa e desenvolvimento
- Serviços
- Design
- Marketing
- Logística
- Logística
- Produção

[Eixo horizontal: Elaboração, produção, distribuição, comercialização e serviços]

Fonte: Adaptado de Mudambi, 2008, p. 724.

A participação de uma economia nacional em cadeias globais de produção e valor tem efeitos sobre sua pauta de exportação e importação. No caso de uma economia nacional localizada num elo intermediário, ocorre importação de insumos para iniciar a produção. Após feita a produção internamente, chega o momento de exportar. No valor total das exportações, é preciso considerar e avaliar tanto a participação do conteúdo importado quanto a do que foi produzido internamente.

A Figura 6.13, a seguir, ilustra um exemplo da distribuição de valor para países fictícios na produção de determinado produto. Ao examinar esse exemplo, podemos verificar os elos mais nobres, ou seja, os que geram e se apropriam de mais valor adicionado em toda a cadeia global. Nesse caso, como uma representação da realidade, o país D é apenas um intermediário para o consumo do país E.

Figura 6.13 – Exemplo de distribuição de valor na cadeia global entre países

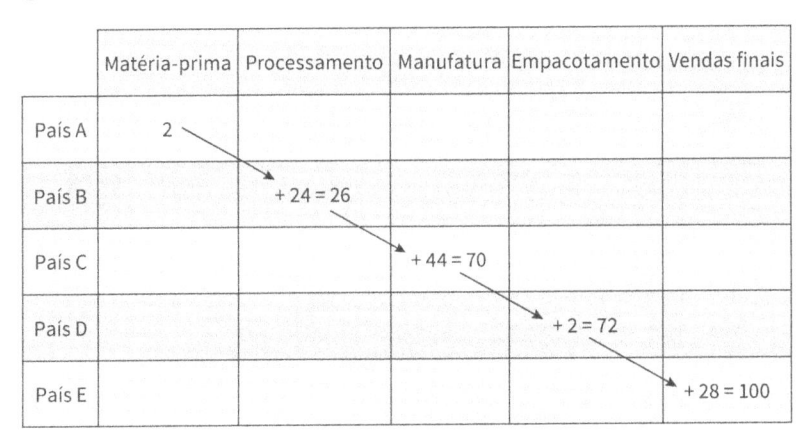

	Matéria-prima	Processamento	Manufatura	Empacotamento	Vendas finais
País A	2				
País B		+ 24 = 26			
País C			+ 44 = 70		
País D				+ 2 = 72	
País E					+ 28 = 100

Fonte: Adaptado de Unctad, 2013, p. 123.

A United Nations Conference on Trade and Development[8] (Unctad, 2013) elaborou uma publicação para avaliar e estimar o valor das importações contido nas exportações dos países agrupando-os por regiões, conforme ilustrado no Gráfico 6.1. Podemos verificar que os países da América do Sul têm uma das mais baixas participações de valor estrangeiro em suas exportações.

---

8 Em português, Conferência das Nações Unidas sobre Comércio e Desenvolvimento.

Gráfico 6.1 – Participação de valor estrangeiro nas exportações, por regiões

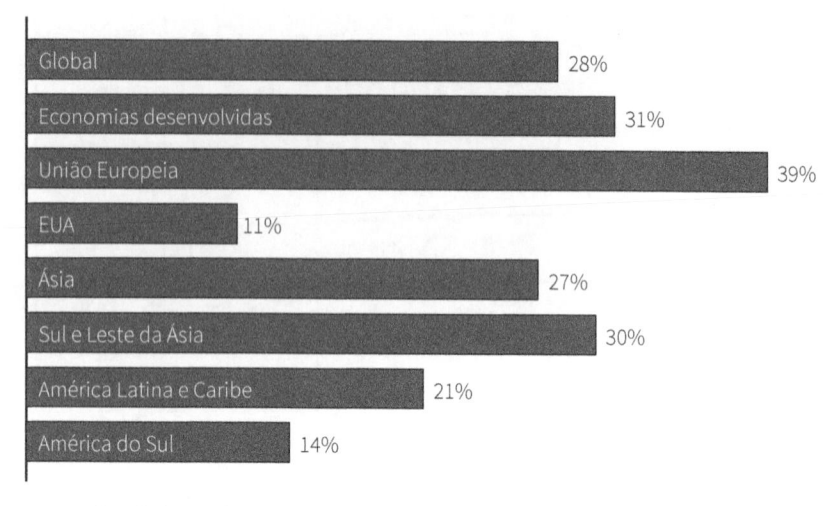

Região	%
Global	28%
Economias desenvolvidas	31%
União Europeia	39%
EUA	11%
Ásia	27%
Sul e Leste da Ásia	30%
América Latina e Caribe	21%
América do Sul	14%

Fonte: Adaptado de Unctad, 2013, p. 127.

O Gráfico 6.2 mostra a participação doméstica no valor das exportações dos principais países exportadores. O Brasil, com um percentual de 87% de geração de valor doméstico no total das exportações, apresenta ainda participação tímida nas cadeias globais de valor.

Gráfico 6.2 – Participação de valor estrangeiro nas exportações, por países selecionados

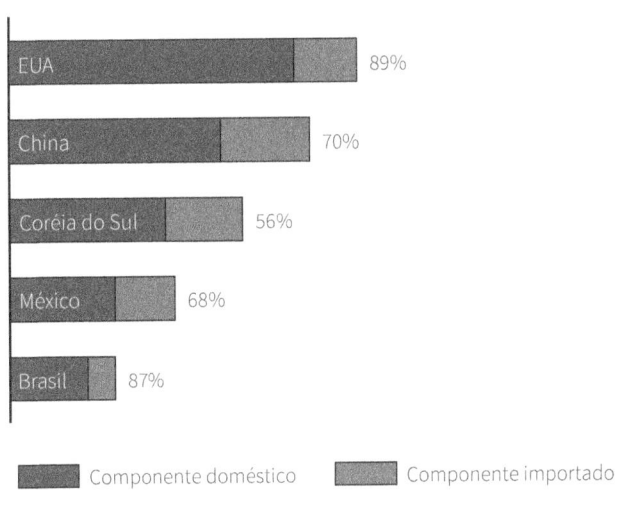

País	Doméstico	Importado
EUA	89%	
China	70%	
Coréia do Sul	56%	
México	68%	
Brasil	87%	

■ Componente doméstico   ▨ Componente importado

Fonte: Adaptado de Unctad, 2013, p. 129.

Após as considerações feitas neste capítulo, é possível perceber que a expansão do comércio internacional nas últimas décadas, conhecida também como *globalização*, foi uma consequência de novas estratégias de organização da produção liderada, principalmente, por empresas multinacionais. Houve a formação de múltiplas cadeias globais de produção com dispersão da produção de um dado produto final entre várias economias nacionais. O comércio internacional serviu para integrar as cadeias globais de produção. Pelos dados apresentados, a economia brasileira ainda está pouco integrada a cadeias globais. Isso pode ser considerado um indicativo de que o país ainda pode avançar muito nessa área, aumentando seu comércio internacional com outras regiões.

Síntese

Neste capítulo, procuramos mostrar formas de comércio internacional mais diversificadas do que a tradicional visão de exportação baseada em vantagens comparativas naturais. O capitalismo, como sistema dinâmico, aplica seu conhecimento no desenvolvimento de estratégias para aumentar a produtividade dos fatores de produção disponíveis na natureza e sociedade e, em acréscimo, elabora novos produtos por meio de múltiplas inovações. Essa dinâmica de uma sociedade do conhecimento permite que as economias nacionais também se desenvolvam. Assim, podemos afirmar que a atual geração vive melhor e tem à sua disposição mais bens de consumo do que as gerações passadas.

Entretanto, esse desenvolvimento atrelado à inovação transforma as relações entre as economias nacionais e o comércio internacional, com mudanças na estrutura produtiva e nos itens de exportação e importação. Nesse sentido, intensidade, diversidade e competição no comércio internacional são elementos que caracterizam a globalização produtiva.

Além disso, apresentamos duas abordagens que explicam tal processo. A primeira refere-se à combinação da visão de Schumpeter sobre desenvolvimento econômico baseado em inovações com a teoria do ciclo do produto, proposta por Vernon, e seus efeitos sobre o comércio internacional. Trata-se de uma perspectiva interessante para se alcançar a compreensão de que as vantagens comparativas são dinâmicas e podem ser criadas (ou seja, não são apenas "naturais"). A segunda diz respeito a uma abordagem que vem chamando a atenção de diferentes pesquisadores: a formação de cadeias globais de produção e valor.

Na globalização, o desenvolvimento passa a ser de integração à produção global ou dinâmica para alcançar elos mais nobres e com maior capacidade para apropiar-se de mais valor na cadeia global. A hipótese principal sugere que a produção de inovações, *design*, logística e *marketing* são elos que retêm mais valor do que a produção material.

Para saber mais

Livro

FRIEDEN, J. **Capitalismo global**: história econômica e política do século XX. Rio de Janeiro: J. Zahar, 2008.

Esse livro apresenta uma visão histórica e panorâmica sobre a economia global e as relações comerciais e financeiras internacionais. O autor descreve as mudanças políticas e econômicas do período que se estende do final do século XIX ao final do século XX, as quais afetaram a economia internacional e criaram a economia global.

Documentário

THE TRUE Cost. Direção: Andrew Morgan. França: Life Is My Movie Entertainment; Bullfrog Films, 2015. 92 min.

Nessa produção audiovisual sobre a indústria da moda são abordados dois temas interessantes sobre os quais comentamos neste capítulo.

O primeiro deles refere-se ao fato de a criação, a geração e a introdução de inovações no setor de vestuário constituírem um processo acelerado pela moda, com a introdução do *fast fashion*. O lançamento de novos *designs* de vestuário e a inovação de novas fibras nos tecidos fazem do setor um dos mais inovadores da economia.

O segundo assunto refere-se à ideia de que a cadeia de produção do vestuário é composta por vários segmentos espalhados ao redor do mundo. O documentário apresenta a vida das costureiras de Bangladesh, que estão nos elos que retêm menos valor na cadeia de produção do setor.

Site

UNCTAD – United Nations Conference on Trade and Development. Disponível em: <http://unctad.org>. Acesso em: 5 out. 2017.

Unctad é acrônimo de United Nations Conference on Trade and Development (Conferência das Nações Unidas para Comércio e Desenvolvimento). No *site*, disponível em inglês, francês e espanhol, há informações sobre comércio internacional, programas para desenvolvimento do comércio internacional em países em desenvolvimento e programas da Organização das Nações Unidas (ONU) para o desenvolvimento. Anualmente, a Unctad publica o *World Investment Report* (*Relatório de Investimento Mundial*), que é uma boa fonte de dados e análises sobre investimento e comércio mundial. O relatório de 2013 faz uma boa análise sobre as cadeias globais de produção e valor.

Questões para revisão

1. Em comparação com a teoria do comércio internacional baseada nas vantagens comparativas naturais e na dotação de fatores de produção, o que significa a teoria das vantagens comparativas construída? Qual é seu significado para o comércio internacional?

2. Qual é a relação entre o aumento do comércio internacional e a formação de cadeias regionais e globais de produção e valor?

3. Considere o seguinte exemplo:
Ao longo do ciclo de certo produto, o preço varia de acordo com os seguintes dados:

Fase	Preço em US$
Inovação	200
Maturação	120
Padronização	50

Ao longo do ciclo do produto, o país inovador apresenta os seguintes números de produção, importação e exportação (considerar consumo constante nas três fases):

Fase	Produção	Exportação	Importação
Inovação	750	350	-
Maturidade	350	-	50
Padronização	150	-	250

Assinale a alternativa correta:

a. Ao longo do ciclo do produto, as receitas de exportações e o custo de importação serão iguais.

b. De acordo com a teoria do ciclo do produto, os países mais atrasados produzirão e exportarão somente na fase de padronização do produto. Nessa fase, a receita de exportação será de US$ 50.000,00
Na fase de inovação, o país inovador terá uma receita de exportação de US$ 70.000,00. Na fase de maturidade e padronização, terá um custo total de importação de US$ 18.500,00.

c. De acordo com a teoria do ciclo do produto, os países imitadores rápidos produzirão e exportarão na fase de maturidade do produto. Nessa fase, a receita de exportação será de US$ 10.000,00.

4. Considere o seguinte exemplo fictício da cadeia global de produção do vestuário, com exportação para o país subsequente:

Exportação da cadeia global de vestuário	País A	País B	País C	País D	País E
Fiação	13				
Tecelagem		23			
Estampa			45		
Confecção				80	
Marketing e comercialização					100

Dadas as informações, é correto afirmar que, para a produção de 100 unidades monetárias do produto final:

a. o País B gerou 23 unidades monetárias.
b. o País E produziu todo o valor da produção.
c. o País C contribuiu apenas com 9 unidades monetárias.
d. o País D contribuiu com 35 unidades monetárias.

5. Examine o seguinte exemplo fictício da cadeia global de produção do automóvel, com exportação para o país subsequente:

Exportação da cadeia global de automóvel	País A	País B	País C	País D	País E	País F
Minério de ferro	5					
Chapa de aço		27				
Tecnologia e *design*			127			
Carroceria				177		
Montagem					250	
Marketing e comercialização						300

Considere que o produto final foi vendido a 300 unidades monetárias. Dadas as informações, assinale a alternativa correta:

a. As exportações de chapa de aço do País B foram de 27 unidades monetárias, e o conteúdo importado dessa exportação foi 0.
b. O País E vendeu internamente o automóvel produzido pela cadeia de produção, mas só reteve 50 unidades monetárias.
c. A produção interna de automóveis do País F foi de 300 unidades monetárias.
d. Por ter a tecnologia de produção e *design*, o País C contribuiu com 200 unidades monetárias para a produção de 300 unidades monetárias de automóvel.

Questões para reflexão

1. Qual é a relação entre o desenvolvimento econômico de um país e seu comércio internacional?
2. Indique e explique pelo menos um aspecto positivo e um negativo de um país participar das cadeias regionais e globais de produção e valor.

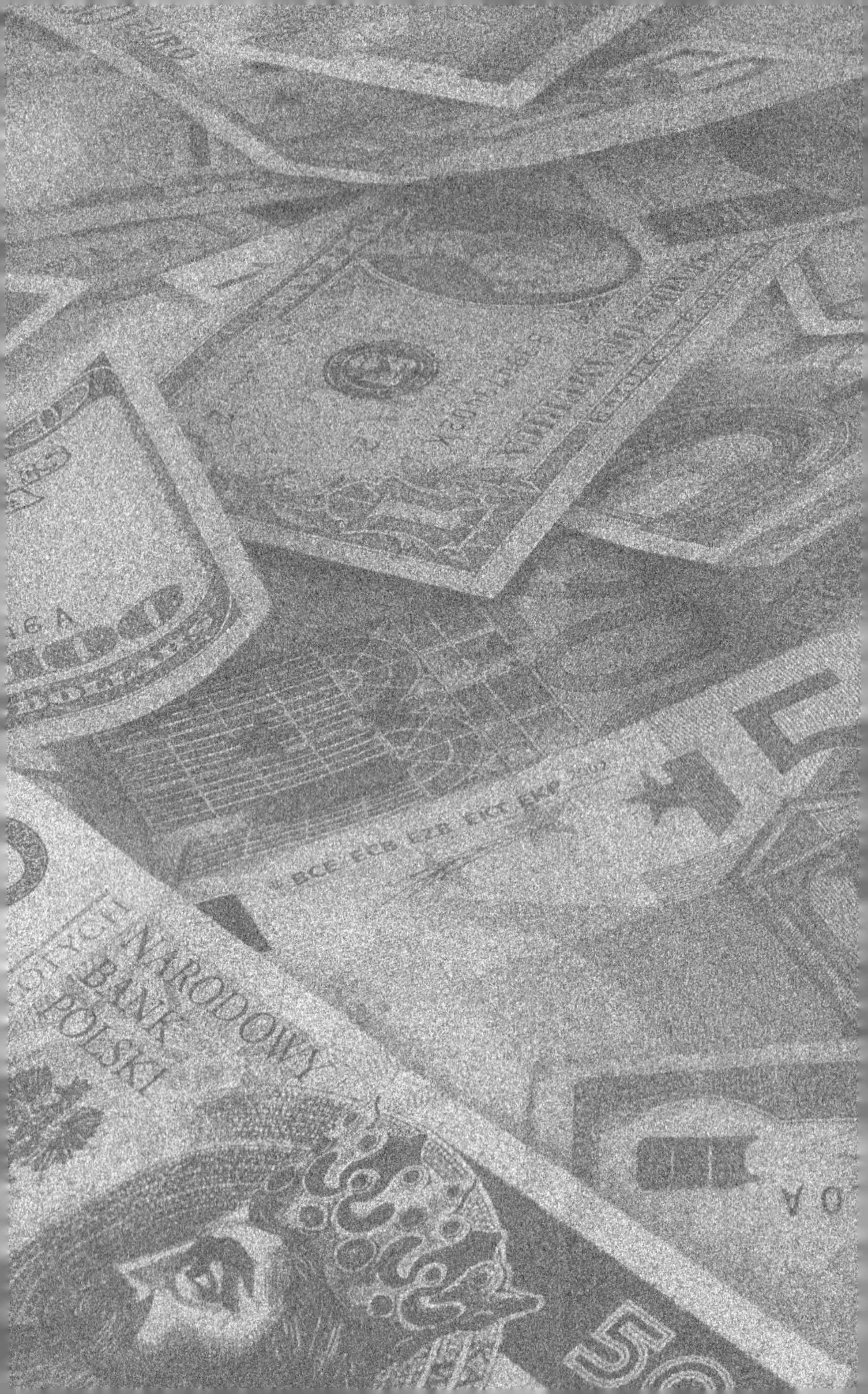
NARODOWY
BANK
POLSKI

capítulo sete

Organizações econômicas internacionais: a arquitetura e as organizações do sistema financeiro e de comércio internacional

Conteúdos do capítulo:

- Organizações internacionais.
- Fundo Monetário Internacional.
- Organização Mundial do Comércio.
- Acordos da Basileia.

Após o estudo deste capítulo, você será capaz de:

1. reconhecer a importância das organizações internacionais (OIs) para os regimes internacionais e avaliar a necessidade destes para a estabilidade internacional;
2. relatar o surgimento da Organização Mundial do Comércio (OMC) e as dificuldades encontradas para aplicar o princípio do multilateralismo;
3. elencar as funções do Banco de Compensações Internacionais e da regulação bancária internacional coordenada por essa instituição – os chamados Acordos de Basileia;
4. identificar o papel do Fundo Monetário Internacional (FMI), da OMC e do Banco de Compensações Internacionais para a manutenção da estabilidade dos regimes monetário, comercial e bancário internacionais;
5. diferenciar os conceitos de *governança global* e *regimes internacionais*.

A economia internacional representa um ambiente em que os diversos atores envolvidos nas relações políticas e econômicas entre países e regiões precisam ser orquestrados. Especificamente no que diz respeito à coordenação monetária e à estruturação dos aspectos ligados ao comércio de bens e serviços, duas organizações são extremamente importantes: o Fundo Monetário Internacional (FMI) e a Organização Mundial do Comércio (OMC). Tanto o comércio quanto a finança internacional precisam ser orientados por um sistema internacional de pagamentos organizado, capaz de coordenar a atividade bancária ao redor do globo.

Assim, mais antigo que o FMI e a OMC, o Banco de Compensações Internacionais (em inglês, Bank of International Settlements – BIS) opera como banco dos bancos centrais dos países e também desempenha um relevante papel nessa arquitetura da coordenação monetária internacional. Essas instituições realizam o tipo de coordenação mínima para que haja maior funcionalidade nas relações monetárias e comerciais entre atores nacionais, blocos econômicos e blocos regionais. Por isso, demandam uma atenção especial na análise de economia política internacional.

7.1 *Governança global e regimes internacionais*

Antes de começarmos nossa análise sobre **governança global** e **regimes internacionais**, é interessante retomarmos alguns pressupostos apresentados no Capítulo 1 sobre o sistema internacional, que:

- por definição, é anárquico, ou seja, caracteriza-se pela ausência de um governo que defina a ordem que permeará a conduta entre os diversos Estados nacionais que o compõem (Pecequilo, 2010);
- é marcado por uma permanente tensão entre os ganhos da cooperação e de conflito entre diferentes Estados;

- envolve disputa de poder entre os Estados, constituindo-se, num sistema de conflito permanente (aberto ou oculto) e, portanto, de equilíbrio instável (Gonçalves, 2005);
- é composto por diferentes atores, estatais e não estatais, sendo que as organizações internacionais (OIs) estão entre os mais importantes.

A governança global pode ser entendida como a capacidade de influenciar os atores do sistema internacional, tanto estatais quanto não estatais, a adotarem comportamentos padronizados, mesmo na ausência de uma ordem legal que os obrigue, de fato, a seguir tais comportamentos (Amaral, 2010). A governança global se relaciona às ações em escala mundial, sendo um conceito que não se limita às atividades dos Estados, mas que se estende à participação de uma infinidade de atores.

Uma governança global eficiente necessita de estruturas institucionais que atuem como governos com alcance global. Em outras palavras:

> governança é um fenômeno mais amplo do que governo; abrange as instituições governamentais, mas implica também mecanismos informais e formais, de caráter não governamental, que façam com que as pessoas e as organizações dentro da sua área de atuação tenham uma conduta determinada, satisfaçam necessidades e respondam a demandas. (Rosenau, 2000, p. 15-16)

De acordo com essa concepção, as instituições internacionais têm um papel fundamental como responsáveis pela governança global, uma vez que são capazes de fazer valer leis, normas e regras. No entanto, para conquistarem capacidade efetiva de governabilidade, é imprescindível que os diversos atores do sistema internacional aceitem o papel dessas instituições, reconheçam sua legitimidade e estejam dispostos a cumprir essas regras (IEEI-BR, 2005). A eficiência da governança global pode ser aferida com base na capacidade de suas instituições em promover, de forma mais ou menos bem-sucedida, a cooperação internacional e reduzir o conflito, de modo que os diversos atores caminhem em direção à promoção do desenvolvimento.

O conceito de *regimes internacionais*, empregado desde o início da década de 1980, também busca solucionar o dilema de como coordenar o comportamento dos diferentes atores num sistema internacional, marcado pela ausência de uma instituição superior capaz de regular essas relações. Segundo Krasner (2012, p. 94), regimes internacionais são "princípios, normas e regras implícitos ou explícitos e procedimentos de tomada de decisões de determinada área das relações internacionais em torno dos quais convergem as expectativas dos atores".

Regimes podem abranger diferentes áreas temáticas como política, economia e meio ambiente (IEEI-BR, 2005). Além disso, têm o potencial de promover a cooperação entre os Estados num ambiente internacional, pois são caracterizados pela capacidade de informar padrões de conduta, supostamente adequados, sinalizando as expectativas para as quais os diferentes atores devem convergir. A concepção da teoria é de que, mediante a formação de regimes, os Estados percebem a possibilidade de obter ganhos conjuntos com a cooperação. Portanto, regimes internacionais envolvem estratégias cooperativas de reciprocidade e comportamento entre os Estados (Keohane, 1984).

Embora ambas tenham como objetivo controlar a política internacional em um sistema internacional anárquico, as concepções de *regime internacional* e *governança* diferem entre si. A noção de *regime* guarda relação com uma lógica marcadamente centrada no Estado, sendo que nessa dinâmica outros atores não são considerados, ainda que as instituições internacionais impactem na forma como os Estados definem seus interesses (Amaral, 2010). Assim, a teoria dos regimes internacionais se ocupa, fundamentalmente, dos Estados nacionais e das relações interestatais. Em contrapartida, a noção de *governança global* volta-se à participação de atores transnacionais (organizações não governamentais internacionais e empresas multinacionais, por exemplo) no processo de criação e operação das regras que a viabilizam. Portanto, ainda que ambos os conceitos partam de uma mesma preocupação – encontrar formas que garantam alguma estabilidade nas relações políticas internacionais –, as soluções que propõem são diferentes.

O conceito de *regime* está restrito a setores ou áreas específicas e particulares; já o de *governança global* se relaciona a uma tentativa de gerenciar o sistema internacional de forma mais geral, por intermédio também dos atores não estatais, no interior de um sistema cada vez mais globalizado que vai além de uma concepção fragmentada entre diversos setores (Amaral, 2010).

Segundo Gonçalves (2011, p. 43), não obstante essas diferenças, existe uma relação entre os dois conceitos:

> Governança é a totalidade das maneiras pelas quais são administrados os problemas comuns. Regimes internacionais seriam, portanto, uma das maneiras possíveis de promover a governança global. Nessa linha, caberia apontar que governança é gênero enquanto regimes são espécie. Ou seja, na medida em que governança diz respeito à busca de solução de problemas comuns, os regimes seriam uma das possibilidades de promover a governança. Pode-se então sustentar que todos os regimes internacionais representam ações ou sistemas de governança, mas nem todas essas ações ou sistemas se resumem a regimes

Ainda de acordo com Gonçalves (2011), a noção de governança está intimamente atrelada à existência de instituições capazes de definir regras que promovam a cooperação e auxiliem na solução de conflitos entre vários atores. Por outro lado, regimes são arranjos institucionais formados para promover a cooperação. No entanto, apesar de a governança global e os regimes internacionais necessitarem do papel das instituições na solução de questões internacionais, a governança está vinculada à ordem global, ao passo que os regimes internacionais atuam numa esfera singular, limitados a uma área temática específica.

Assim, ao buscarem coordenar a anarquia intrínseca ao sistema internacional, por meio do desenvolvimento de mecanismos de cooperação entre os diversos atores, tanto a governança global como os regimes internacionais necessitam das OIs, que buscam aumentar a cooperação entre diversos atores econômicos, políticos e sociais, tornando as tomadas de decisões mais previsíveis dentro de áreas específicas.

Componentes dos regimes internacionais, as OIs foram criadas em acordos ou regimes estabelecidos em diferentes áreas (segurança, economia, meio ambiente, questões sociais etc.). Essa diversidade de áreas nas quais as diferentes OIs atuam reflete o fato de que muitos foram os motivos para seu surgimento, tais como: controlar conflitos entre nações, incentivar o desenvolvimento de países menos desenvolvidos, buscar a proteção dos direitos humanos.

7.2 *As organizações internacionais*

No estudo da teoria econômica, é muito frequente encontrar argumentos que misturam os conceitos de *organização internacional e instituição internacional*[1]. Em grande parte da literatura da área de relações internacionais, no entanto, as OIs são consideradas **instituições multilaterais**. Neste capítulo, adotaremos também esse raciocínio. Portanto, as OIs são um instrumento necessário de cooperação internacional, em um contexto crescente de interdependência dos Estados nos mais diversos domínios, o que implica

---

[1] Segundo Fiani (2011, p. 8), "Enquanto instituições são regras gerais de interação social, organizações são grupos de indivíduos ligados por um conjunto de regras específicas (suas próprias instituições), as quais visam à ação coletiva do grupo em torno de um objetivo comum".

grande variedade de relações complexas inerentes à atuação dos Estados no âmbito internacional (Fiani, 2011).

De acordo com Pecequilo (2010), embora as OIs sejam instituições formadas por Estados soberanos, regidas por tratados que visam ao aumento da cooperação no sistema internacional, elas não são apenas formadas pelo conjunto de Estados que as integram; em verdade, elas apresentam uma dinâmica interna própria, marcada sempre por relativa autonomia em relação a seus Estados-membros.

Em primeiro lugar, a autonomia das OIs é sempre relativa: como permanecem soberanos mesmo integrando essas organizações, os Estados podem seguir ou não as regras estabelecidas por elas. Quando um Estado opta por não aceder às regras, pode alegar questões de interesse nacional, e a punição que receberá por não as cumprir, normalmente, é marginal.

Por outro lado, as OIs são submetidas à dependência econômica em relação a esses mesmos Estados-membros, pois dependem deles para sustentar suas atuações e sua manutenção econômica, mediante contribuições espontâneas. De acordo com Pecequilo (2010), são os Estados que delegam poderes às OIs, para que possam cumprir adequadamente seu papel no âmbito mundial.

Os critérios utilizados para classificar as OIs são muito variados, segundo Pecequilo (2010). No que se refere às funções (objetivos), estas podem ser abrangentes ou específicas. Organizações com propósitos **abrangentes** são aquelas que cumprem diferentes funções em áreas diversas. Esse é o caso da Organização das Nações Unidas (ONU), que atua globalmente nas áreas de economia, segurança, cultura, entre muitas outras. Por sua vez, as OIs com objetivos **específicos** têm atuação mais limitada, sendo a Organização Mundial do Comércio (OMC) um exemplo. Embora atue em âmbito global, ela se concentra na regulamentação das questões do comércio internacional. Além disso, as OIs podem atuar regionalmente, como fazem a Organização do Tratado do Atlântico Norte (Otan) e a União Europeia (UE).

Quanto à natureza de suas funções, as OIs podem atuar politicamente ou por meio de cooperação técnica. A ONU, por exemplo, tem **caráter político-diplomático** e busca a manutenção da paz e da segurança. Mas também existem organizações que buscam a **cooperação técnica** com o emprego de iniciativas conjuntas em áreas específicas. Como exemplos, podemos citar a OMC, a União Internacional de Telecomunicações (UIT) e a Organização Internacional de Metrologia Legal (OIML).

As OIs ganharam destaque a partir de meados do século XX, após as duas grandes guerras mundiais, quando houve um consenso internacional sobre a necessidade de buscar alternativas de relacionamento entre os Estados, as quais serviriam ao intuito de evitar novos confrontos mundiais. Assim, várias OIs foram formalmente criadas, a fim de se reduzir a instabilidade global mediante a cooperação multilateral na arena política internacional.

7.3 *Fundo Monetário Internacional*

Como todas as outras instituições econômicas criadas no pós-Segunda Guerra Mundial, o objetivo subjacente ao desenvolvimento do FMI era a construção de uma nova ordem internacional com mais estabilidade e cooperação entre os países, capaz de garantir maior estabilidade global e evitar a eclosão de novas guerras. A formação dessa nova ordem foi estabelecida na Conferência de Bretton Woods, de 1944, conforme mencionamos no Capítulo 1. Assim, o FMI nasceu da percepção internacional da necessidade de reorganizar e estabelecer novas relações econômicas entre os países. Entre os objetivos do FMI estão a promoção da cooperação econômica internacional e o fomento ao comércio internacional, o emprego e a estabilidade cambial. Para alcançar tais propósitos, foram disponibilizados recursos financeiros para os países-membros, na forma de programas de resgate para ajudar no equilíbrio dos BPs nacionais.

Segundo Carvalho (2003), a Conferência de Bretton Woods buscou estruturar um sistema internacional de pagamentos que superasse os problemas observados nos dois modelos adotados anteriormente, o padrão ouro-libra e o sistema de câmbio flutuante, uma vez que ambos, embora tenham estimulado o comércio internacional, numa perspectiva de longo prazo mostraram-se ineficientes na geração de crescimento. Mesmo que um padrão cambial tenha como tarefa incrementar o comércio internacional, o crescimento econômico do país pode ser afetado pelos fluxos de exportação e de importação, assim como pelos fluxos de capitais externos.

O padrão ouro-libra, mantido de 1870 até a Primeira Guerra Mundial, foi bem-sucedido na defesa da estabilidade do valor das moedas nacionais, por meio do mecanismo de ajustes automáticos. O padrão, no entanto, apresentava um viés deflacionário e contracionista no que tange ao produto nacional e ao emprego. O custo da estabilidade dos preços e da moeda era a ocorrência de períodos de recessão e desemprego (Eichengreen, 2000). No padrão ouro-libra, pressões inflacionárias no país decorriam de um BP excessivamente superavitário. Nesse caso, o aumento dos preços internos levava os agentes do país a efetuarem seu poder de compra em outros países, aumentando as importações, o que, por sua vez, significava redução da oferta monetária e, consequentemente, da inflação. Assim, em teoria, no padrão ouro-libra, ocorria o ajuste automático do BP e da inflação[2].

No entanto, os bancos centrais de diferentes países, ao perceberem a fuga de ouro para outros países, aumentavam suas taxas de juros como forma de repatriar o metal, por meio do aumento do

---

[2] Essa estratégia de ajuste, desde a explicação de David Hume, em 1752, para o equilíbrio numa economia de moedas metálicas, era conhecida como *mecanismo de preço-espécie-fluxo* (os metais preciosos eram chamados de *espécie*, nessa época. Ver Eichengreen (2000) e Krugman; Obstfeld; Melitz (2015).

investimento externo. Assim, o ajuste era obtido com longos períodos de desemprego e recessão, sendo, portanto, um ajuste recessivo.

A Primeira Guerra Mundial marca o fim do padrão libra-ouro. No período seguinte, de 1914 a 1944, verificou-se uma desordem monetária em que houve tentativa de adoção do regime de câmbio flutuante (Eichengreen, 2000; Krugman; Obstfeld; Melitz, 2015), o qual também não se mostrou eficiente. Ao permitir desvalorizações cambiais principalmente após a crise de 1929, esse regime se tornou o principal instrumento competitivo usado pelos países. Houve, em diferentes economias, uma sequência de desvalorizações para incentivar exportações e reduzir importações, o que caracteriza uma "guerra cambial" ou a situação de "empurrar a crise para seu vizinho"[3], como mencionamos no Capítulo 1. Essa situação acabou aumentando o clima de hostilidade entre os países, num momento em que as disputas entre as nações da Europa já caminhavam para uma guerra (Carvalho, 2003).

Assim, um dos objetivos da Conferência de Bretton Woods era viabilizar um sistema internacional de pagamentos por meio do qual seria possível evitar as armadilhas dos dois padrões anteriores. O arranjo monetário que saiu vitorioso dos acordos firmados nessa conferência manteve a estabilidade das taxas de câmbio, elemento necessário para ancorar a estabilidade doméstica do poder de compra das moedas nacionais. Entretanto, ao mesmo tempo, permitia que ocorressem mudanças nas taxas de câmbio sempre que a economia do país estivesse em situação que justificasse tal variação. Nesse contexto, o FMI tornou-se órgão responsável por verificar a necessidade e autorizar a variação cambial. Assim, essa instituição financiava as necessidades dos países deficitários durante o ajuste de seus gastos líquidos no exterior, uma vez que detinha recursos para tal (Eichengreen, 2000; Carvalho, 2003; Knoop, 2008; Krugman; Obstfeld; Melitz, 2015).

---

3 A expressão em língua inglesa, usada na literatura, é *beggar-thy-neighbor*.

Embora o objetivo das regras criadas em Bretton Woods tenha sido, fundamentalmente, garantir o crescimento econômico, o FMI começou a operar somente em 1946, preocupado em controlar os excessos de demanda. Segundo Carvalho (2003), nessa época, a inflação estava se tornando um problema a ser combatido; na mesma época, os indivíduos que pertenciam ao *staff* diretor da instituição ainda mantinham uma visão mais ortodoxa sobre o tema dos ajustes. Assim, a organização passou a assumir que as crises no BP ocorriam sempre em situações de excesso de demanda agregada do país deficitário. Logo, a instituição apoiava o processo de ajuste no BP desses países, recomendando e monitorando a aplicação de políticas de redução de demanda, capazes de eliminar o excesso de demanda inicial que teria originado o desequilíbrio.

Em outras palavras, dado o diagnóstico do desequilíbrio externo, o FMI recomendava a adoção de medidas recessivas para que o país retomasse o equilíbrio externo. Considerando um regime de câmbio fixo, acordado em Bretton Woods, o FMI contava com um rol de opções de ajuste à disposição dos países que buscavam seus recursos. Dentre essas opções de ajustes, o enfoque de absorção foi o mais utilizado, "pela sua generalidade e longevidade de seu uso" (Carvalho, 2003, p. 8).

Na perspectiva do enfoque de absorção, os *deficit* na conta Transações Correntes eram vistos como decorrentes do excesso da demanda agregada doméstica em relação à oferta[4]. No caso, a concessão do empréstimo do FMI ocorria mediante solicitação de um país-membro. O órgão, então, concedia um empréstimo em um acordo, segundo o qual o país-membro concordava em aplicar políticas e medidas específicas para solucionar seus

---

4 Como apresentado no Capítulo 3, o *deficit* na conta Transações Correntes do BP é resultado da seguinte situação: renda nacional < gastos internos. Para financiar o excesso de gastos internos (ou demanda doméstica), o FMI recomendava aumentar a taxa de juros, no intuito de reduzir os investimentos e adotar uma política fiscal que reduzisse os gastos do governo (Carvalho, 2003).

problemas de BP[5]. Geralmente, tais empréstimos eram concedidos por meio do acordo *stand-by*.

Para que esse tipo de acordo ocorresse, era necessário, primeiramente, que o Poder Executivo do país solicitante do empréstimo encaminhasse ao FMI uma carta de intenções solicitando formalmente o empréstimo e apresentando as medidas de política econômica que o Estado se comprometia a adotar, assim como as metas que seriam atingidas. O acordo *stand-by* era, então, aprovado pela diretoria do FMI, permitindo ao Estado o saque das parcelas, condicionado ao cumprimento das metas estabelecidas na carta de intenções. A ideia era que os empréstimos do FMI permitiriam que o país deficitário fizesse seu ajuste, tendo como meta o equilíbrio intertemporal da conta Transações Correntes do BP; nesse processo, caberia ao órgão determinar em quanto tempo isso ocorreria.

Historicamente, a atuação do Fundo gerou várias críticas de países em desenvolvimento, pois seus empréstimos estavam condicionados a recomendações que levavam a um ajuste recessivo. Durante os anos 1980, após a crise da dívida externa latino-americana – eclodida quando da declaração de moratória da dívida mexicana, em 1982 –, o FMI montou diversos pacotes de programas de ajuste, bem como o reescalonamento das dívidas externas. Todos esses programas foram baseados no diagnóstico de que o desequilíbrio era fruto de problemas na conta Transações Correntes. As negociações dos programas de ajustes eram feitas individualmente com os países devedores, com a participação de um cartel de países credores. Dessa forma, os devedores ficavam fragilizados, ao passo que os credores obtinham maiores vantagens nas negociações (Aglietta, 2004). Durante essa fase da organização, o

---

5 "O programa econômico em que se baseia o acordo é formulado pelo país em consulta com o FMI e é apresentado à **Diretoria Executiva** do FMI em uma **Carta de Intenções**'. Uma vez aprovado pela Diretoria, o empréstimo normalmente é liberado em parcelas sucessivas, à medida que o programa econômico é executado" (IMF, 2017, p. 1, grifo do original).

pressuposto fundamental era de que os países estavam na situação de devedores em razão de um revés temporário, bem como que estes, ao adotarem as políticas macroeconômicas saudáveis e desvalorizarem adequadamente suas moedas, seriam capazes de gerar um excedente externo suficiente para pagar sua dívida.

No entanto, num cenário mundial de recessão e inflação, todos os países desenvolvidos, exceto os Estados Unidos, aumentaram suas taxas de juros e reduziram o crescimento. Dessa forma, os países endividados enfrentaram esse contexto de redução da demanda externa em sucessivas desvalorizações, a fim de aumentar suas exportações. "Como esses países padeciam de uma rígida estrutura de preços internos, com propensão à inflação inercial, a desvalorização excessiva associava-se com a inflação gerando um círculo vicioso" (Aglietta, 2004, p. 214).

Até os anos 1990, as crises de BP estavam, fundamentalmente, relacionadas à conta Transações Correntes. A partir da desregulamentação financeira e do intenso fluxo de capitais especulativos entre os países, tais crises passaram a estar ligadas à conta Financeira, como as crises dos anos 1990 mostraram. Nesse caso, os problemas eram diferentes daqueles assumidos, até então, pelo FMI. Diante dessa nova situação, embora não tenha mudado seu receituário para o combate aos desequilíbrios no BP, o Fundo passou a assumir que as crises não eram mais apenas reflexo de desajustes externos conjunturais, mas de políticas estruturalmente inadequadas.

A visão aceita pelo FMI passou a ser a de que as raízes da instabilidade macroeconômica (*deficit* fiscal, dívida externa e inflação elevada) e da ausência de crescimento nos países da América Latina não eram conjunturais, mas relacionadas à opção pela estratégia de crescimento pautada no processo de substituição de importações. "A opção por essa estratégia de industrialização implicou na necessidade de o Estado tornar-se o motor do crescimento, o que terminou gerando uma alocação ineficiente de recursos" (Arienti, 2004, p. 28).

A solução seria, portanto, a adoção da agenda de reformas do Consenso de Washington (como explicitado no Capítulo 1).

Diante desse novo diagnóstico, a organização passou a exigir, como contrapartida aos empréstimos que concedia, não apenas medidas de redução de demanda, mas também programas de ajuste estrutural, com a finalidade de se transformar a estrutura econômica dos países devedores, uma vez que o desequilíbrio estaria enraizado no funcionamento econômico e institucional dessas nações. Nesse contexto, o FMI se tornou o principal agente a levar os países em desenvolvimento a aderirem à agenda do Consenso de Washington[6]. Essa adesão ocorreu, em grande parte, por meio de pressões políticas e institucionais, tendo como contrapartida compromissos de renegociação da dívida externa com os países da América Latina. Dessa forma, no processo de implementação da agenda do Consenso de Washington nos países endividados, o FMI desempenhou um papel fundamental como agente coercitivo.

Ainda nos dias atuais, esse modelo de políticas de ajuste do FMI sofre pesadas críticas em relação às posturas tomadas, por exemplo, quanto aos programas de resgate a países com fortes desequilíbrios do BP. A classificação dada por alguns autores divide essas posturas em *hawks e doves*[7].

Os *hawks* constituem o grupo que, de forma quase sempre dominante na instituição, propõe a implementação de políticas promotoras de eficiência econômica, em perspectiva microeconômica, atração de investimento estrangeiro e busca do crescimento

---

6 O Consenso de Washington, numa perspectiva de ajuste proposta pelo FMI, tinha como bases as seguintes propostas: disciplina fiscal; redirecionamento das prioridades dos gastos públicos das áreas com alto retorno econômico para melhorar as áreas relacionadas à distribuição de renda, saúde, educação primária e infraestrutura; reforma tributária; liberalização da taxa de juros; adoção de regime com taxa de câmbio competitiva; liberalização comercial; liberalização dos fluxos de investimento externo direto (IED); privatização; desregulamentação de mercados domésticos; e proteção à propriedade intelectual (Williamson, 1990).

7 Sobre esse assunto, consultar Knoop (2008).

econômico de longo prazo[8]. Para obter tais ganhos, no entanto, esse grupo defende políticas de ajuste severas em curto e médio prazos, incluindo a imposição de resgates financeiros de um conjunto bastante duro de condicionalidades assumidas como compromissos para a obtenção de socorro. As condicionalidades do FMI estão entre as questões mais controversas no debate sobre a eficácia dessas políticas de ajustes. Os *hawks*, portanto, são os defensores do enfoque da absorção, comentado anteriormente. A implementação de medidas do Consenso de Washington é bastante alinhada com essa postura.

O grupo dos *doves*, por sua vez, menos dominante no órgão, defende políticas que focam na resolução imediata das crises que países em desequilíbrio enfrentam, com políticas que estabilizem a economia, antes de impor condições estritas para o pagamento do socorro recebido (Knoop, 2008)[9].

7.4 *O sistema de cotas*

A crise financeira de 2008 foi gerada, inicialmente, no mercado imobiliário norte-americano, mas logo se espalhou para os sistemas financeiros de outros países desenvolvidos. Em seguida, por meio de canais de transmissão como o comércio internacional, as transferências unilaterais ou investimento externo direto (IED), a crise tomou uma proporção global. A origem dessa crise, portanto,

---

8 A perspectiva microeconômica representa que os preços devem sinalizar as oportunidades de realocação de recursos. Assim, com uma estrutura de preços dada pelo mercado, sem intervenção do Estado, haverá a retomada de investimento, inclusive com entrada de capital externo, e um desenvolvimento equilibrado externamente, isto é, com equilíbrio intertemporal da conta Transações Correntes do BP.

9 Uma crítica importante é que a implementação das políticas de ajuste estrutural como as sugeridas pelo Consenso de Washington reduz significativamente o espaço de atuação dos governos para opções de políticas econômicas mais autônomas em relação àquelas que estão de acordo com as políticas de ajuste estrutural.

reside no *modus operandi* do atual sistema financeiro internacional e revela as limitações do funcionamento desse arranjo financeiro.

A ameaça do aprofundamento da crise financeira e suas consequências globais levaram os países em desenvolvimento a defenderem a ampliação do sistema de coordenação internacional (concentrado, até então, no Grupo dos 8 – G8, fórum que reunia as oito maiores economias do mundo) (Viana; Cintra, 2017), como forma de buscar alternativas para enfrentar a crise. A criação do Grupo dos 20 (G20) representou, portanto, o "reconhecimento, pelas economias industrializadas, de que a coordenação econômica internacional passa necessariamente [...] pela participação das economias em desenvolvimento" (Viana; Cintra, 2017, p. 2).

Além disso, a agenda de trabalho do G20 reflete a percepção de que o enfrentamento dos efeitos da crise passa pela construção de uma nova arquitetura financeira internacional. Nesse sentido, o grupo vem concentrando seus esforços em duas frentes sobre as reformas no sistema financeiro internacional: (1) busca por uma nova regulamentação do sistema e (2) mudanças nos organismos financeiros multilaterais, principalmente o FMI e o Banco Mundial, de forma a aumentar a representatividade dos países em desenvolvimento (Frieden, 2000).

O G20, também conhecido como G20 Financeiro, é um fórum econômico formado pelos ministros das finanças e chefes dos bancos centrais do Grupo dos 7 (G7), – ou G8, incluindo a Rússia –, da União Europeia e de outros 12 países em desenvolvimento considerados sistemicamente mais importantes[10]. A representatividade e

---

10 Os países desenvolvidos e em desenvolvimento que compõem o G20 são: Alemanha, África do Sul, Arábia Saudita, Argentina, Austrália, Brasil, Canadá, China, Coreia do Sul, Espanha, Estados Unidos, França, Holanda, Índia, Indonésia, Itália, Japão, México, Reino Unido, Rússia e Turquia. A União Europeia é representada pelos presidentes do Conselho Europeu e do Banco Central Europeu. Das reuniões do G20, participam, ainda, representantes do FMI, do Banco Internacional de Reconstrução e Desenvolvimento (Bird), da Organização Internacional do Trabalho (OIT) – em grande medida, por insistência brasileira –, da Organização para a Cooperação e o Desenvolvimento Econômico (OCDE), da Organização Mundial do Comércio (OMC), e o secretário-geral da Organização das Nações Unidas (ONU).

o peso econômico desse grupo estão respaldados no fato de o grupo representar dois terços da população mundial e a quase totalidade da produção e do comércio mundiais.

O grupo foi formado em 1999, na esteira das crises do BP das economias emergentes, ocorridas durante a segunda metade da década de 1990, e do risco sistêmico a elas associado. A crise financeira internacional de 2008 representou, no entanto, um divisor de águas no papel desempenhado pelo G20. Se, por um lado, a crise foi causada pelo baixo nível de regulação e supervisão dos mercados financeiros dos países desenvolvidos, por outro, os países em desenvolvimento demonstraram maior capacidade de resposta à crise, levando as nações mais ricas a perceber que, sem coordenação com o outro grupo, seria muito difícil evitar uma crise mais severa.

Assim, no início de outubro de 2008, em reunião com o FMI e o Banco Mundial, os países em desenvolvimento (com um importante papel desempenhado pelo governo brasileiro) foram bem-sucedidos em convencer as economias industrializadas a convocarem uma cúpula de coordenação da crise global. Em novembro de 2008, no auge da crise financeira, foi realizada em Washington a primeira cúpula dos presidentes ou primeiros-ministros dos países do G20 (Viana; Cintra, 2017).

Nas reuniões do G20 Financeiro, os membros buscavam discutir os rumos da governança monetária internacional e organizar uma reforma na governança do FMI, por meio do aumento da representatividade dos países emergentes. Em Bretton Woods, havia ficado estabelecido que a principal fonte de recursos do FMI seriam as contribuições financeiras dos países-membros, de acordo com as quais cada nação teria suas cotas, o que determinaria o peso de voto do país nas decisões da instituição, bem como a quantidade de recursos para empréstimos disponibilizados pelo Fundo e o nível de acesso aos direitos especiais de saque (DES)[11].

De acordo com Alves (2012), a metodologia para o cálculo das cotas é composta por quatro variáveis: (1) PIB, (2) grau de abertura da economia, (3) variação das reservas internacionais e (4) um fator que tem a função de equilibrar as diferenças entre os tamanhos das economias. "O cálculo também é composto por um fator de compressão que equilibra a diferença entre as economias grandes e as pequenas no resultado final da parcela de representação" (Alves, 2012, p. 43).

Em virtude dos esforços dos países em desenvolvimento no G20, foi aprovada, em dezembro de 2010, a XIV Revisão Geral das Cotas, com data final para ratificação em janeiro de 2013. O objetivo dessa decisão era que o sistema de cotas refletisse o peso econômico dos emergentes. O resultado seria um aumento de 100% nas cotas totais do FMI, o que duplicaria sua capacidade de concessão de recursos. A intenção era conceder maior peso político às economias emergentes no Fundo. Apesar de sucessivos adiamentos da votação pelo Congresso dos Estados Unidos, a reforma do sistema de cotas foi aprovada no final de 2015.

Certamente, a criação de instituições alternativas ao FMI e ao Banco Mundial, como o Banco Asiático de Investimento em Infraestruturas (BAAI), impulsionado pela China, o Novo Banco de Desenvolvimento e o Fundo de Reservas dos Brics (grupo formado pelos países emergentes Brasil, Rússia, Índia, China e África do Sul) contribuíram para que o tema finalmente fosse votado no Congresso dos Estados Unidos (Sabadini, 2014). A reforma no sistema de cotas não foi, no entanto, suficiente para alterar a posição do FMI com relação aos Estados Unidos e aos demais

---

11 Segundo o glossário do Banco Central do Brasil, o DES é um ativo de reserva internacional emitido pelo FMI, "composto por uma cesta de moedas que inclui o dólar, o euro, a libra e o iene. O DES pode complementar as reservas oficiais dos países-membros. Esses países também podem efetuar entre si trocas voluntárias de DES por moedas" (BCB, 2017b).

países desenvolvidos. De acordo com Fernández (2015), os analistas observam que as principais economias beneficiadas pela reforma do Fundo foram China (que passou da 6ª para a 3ª posição, ultrapassando França, Alemanha e Reino Unido), Brasil (que alcançou a 10ª posição) e Índia (que da 11ª posição saltou para a 8ª). No entanto, a cota dos Estados Unidos no FMI sofreu apenas uma pequena redução, de 17,69% para 17,4%, mantendo o país como detentor da cota majoritária e, portanto, com o direito a veto.

As instituições multilaterais financeiras responsáveis pelo regime monetário e financeiro internacional, com destaque para o FMI, argumentam que suas práticas são neutras, uma vez que se baseiam em análises puramente técnicas, não sendo, portanto, influenciadas por questões políticas. Entretanto, as condicionalidades impostas em seus empréstimos, o poder de influência política e ideológica de seu corpo técnico e o próprio sistema de voto baseado em cotas geram interferências diretas e profundas nas políticas de países periféricos, como comprova o fato de o FMI poder impor mudanças estruturais a esses países pelo Consenso de Washington (IEEI-BR, 2005).

7.5 *Organização Mundial do Comércio: a difícil tarefa do multilateralismo*

Nos Capítulos 5 e 6, tratamos das vantagens teóricas do comércio internacional e da integração das economias nacionais à economia global. Desde os trabalhos de Adam Smith e David Ricardo, há o entendimento de que o princípio do livre comércio é vantajoso para as economias nacionais. A noção da vantagem do livre comércio superou a noção mercantilista de promoção das exportações e redução das importações como forma de garantir uma balança comercial favorável e de acumular riquezas.

Perante esse princípio teórico em favor do livre comércio, os Estados podem optar por mecanismos de protecionismo de suas economias, como forma de promover interesses domésticos. Entre esses mecanismos, encontram-se, por exemplo, a promoção de suas exportações e/ou a defesa de seus setores internos contra a concorrência das importações, como comentamos nos capítulos anteriores. Uma sociedade econômica nacional é formada por vários setores e interesses que, por vezes, demandam incentivos econômicos e/ou proteção.

De um lado, alguns setores querem incentivos para aumentar seus mercados e, por isso, recorrem a mecanismos extraeconômicos para ter vantagens na concorrência. A prática do *dumping* (explicada na seção 5.7.2) é um exemplo preciso disso, pois produtores colocam seus produtos no mercado interno a preços elevados, para, na sequência, ofertar os mesmos bens a preços mais baratos no mercado internacional, ganhando, com isso, possibilidades de realizar exportações, por contar com vantagens competitivas baseadas no preço. Obviamente, os demais países consideram essa estratégia como algo espúrio e se utilizam de vários meios para identificar tal prática, protestar contra ela e exigir sua suspensão, reivindicando que seus governos façam algum tipo de retaliação.

De outro lado, no livre comércio, uma economia nacional em desenvolvimento pode não ter, em dado momento, condições de competir com setores produtivos de economias nacionais desenvolvidas. Essa proposição reflete o fato de que os governos devem proteger sua indústria infante, para que possam desenvolver organização e tecnologia de produção, com o intuito de concorrer em seus próprios mercados internos e no mercado externo no devido tempo de maturação de suas empresas.

Da mesma forma, alguns setores bem estabelecidos, como o agrícola, podem começar a sofrer concorrência de importações e, caso não haja proteção, acabar sendo eliminados, o que pode acarretar redução da atividade econômica de uma região, desemprego e deslocamento de trabalhadores, além de deterioração de uma cidade ou região e, até mesmo, de uma cultura. A pressão por garantir a existência de setores, empregos, cidades e cultura locais, por vezes, requer algum tipo de proteção. Nesse sentido, existem diversas teorias que buscam fornecer subsídios para proteger setores da economia nacional.

Conforme analisamos no capítulo anterior, apesar dos argumentos favoráveis ao livre comércio e às suas vantagens, as questões específicas de cada país, cada contexto histórico e social, e cada trajetória política e de desenvolvimento criam graus diferenciados de protecionismo entre as possibilidades a serem consideradas por cada Estado nacional.

Na literatura de economia política e nos interesses da sociedade, há argumentos a favor do livre comércio, assim como a favor do protecionismo, seja moderado, seja intenso. Mesmo instituições que devem promover o livre comércio, como a OMC, devem aceitar a proteção requerida por determinadas economias nacionais. Este se revela um grande desafio, que requer habilidade: Como incentivar o aumento do comércio internacional, com o objetivo de alcançar uma situação próxima do livre comércio, bem como de que forma regular e moderar as proteções requeridas pelas economias nacionais?

As lições da história

As lições deixadas por acontecimentos históricos são mais eficientes em gerar resultados do que uma boa teoria econômica. O período economicamente conturbado após a Primeira Guerra Mundial – marcado por retaliações aos países perdedores e, na sequência, pela severa crise dos países desenvolvidos na década de 1930 – pode ser considerado um dos fatores econômicos que deflagraram a Segunda Guerra Mundial. Nesse período entre as guerras, houve preocupação com a retomada do crescimento das economias nacionais, mas com excessiva cautela interna, além de medidas como o *beggar-thy-neighbor* (empurrar a crise para o vizinho). O resultado econômico foram a Crise de 1929 e a Grande Depressão que se arrastou ao longo da década de 1930, afetando a principal economia desenvolvida, os Estados Unidos da América, que se preocuparam em se proteger com altas barreiras alfandegárias.

Keynes (2002), em seu livro *As consequências econômicas da paz*, mostrou-se contrário às severas retaliações impostas à Alemanha e à Áustria no Tratado de Versalhes, após a Primeira Guerra Mundial[12]. Posteriormente, em sua obra mais famosa, *A teoria geral do emprego, do juro e da moeda*, Keynes (1982) elaborou uma teoria para explicar as crises econômicas e defender políticas de combate à recessão e à depressão, mas que não deveriam ser encaradas pelas nações como políticas mercantilistas para resolver a crise com aumento de exportação e redução de importação, pois isso prejudicaria a recuperação das demais economias nacionais[13]. Nesse sentido, a teoria econômica de Keynes reforçou o sentimento de que não se poderia repetir no pós-Segunda Guerra Mundial os erros cometidos anteriormente.

7.5.2 Acordo de Bretton Woods

Após a Segunda Guerra Mundial, no entremeio do princípio do livre comércio e da realidade do protecionismo, surgiram posições mais pragmáticas sobre como organizar uma ordem econômica mundial que, de um lado, reconhecesse a prática e os interesses de proteção dos setores das economias nacionais e, de outro, incentivasse a redução paulatina de barreiras ao comércio internacional. Foram grandes os obstáculos vencidos até a criação de instituições que tivessem a responsabilidade de construir uma ordem mundial e a regulação do comércio internacional. Esse longo período deu

---

12 Para uma boa introdução ao tema, ler prefácio à edição brasileira em Abreu (2002).

13 Ver, especialmente, os capítulos 23 e 24 da obra *A teoria geral do emprego, do juro e da moeda*.

origem, em 1947, ao *General Agreement on Tariffs and Trade* (GATT) e, em 1995, à OMC.

O esforço para organizar a economia global nos momentos finais da Segunda Guerra Mundial resultou na reunião que deu origem ao Acordo de Bretton Woods. Havia clara intenção de se evitarem os erros cometidos após a Primeira Guerra. Desse acordo, como informamos nos capítulos anteriores, foram instaurados o FMI e o Bird; contudo, estava prevista também a criação da Organização Internacional do Comércio, o que não ocorreu porque os Estados Unidos da América, por meio de seu Congresso, não ratificaram o acordo. Assim, não faria sentido existir uma organização sem a principal economia nacional responsável pelo comércio internacional no imediato pós-guerra. Na época, interesses nacionais de proteção de alguns setores da economia dos Estados Unidos impediram a assinatura. Mais uma vez, o equilíbrio entre o incentivo ao livre comércio e o reconhecimento de necessidade de medidas protecionistas não foi alcançado.

Finalmente, em 1947, 23 países, incluindo o Brasil, firmaram o acordo que implantou o GATT, que teria a função de supervisionar o cumprimento das regras que norteariam o comércio internacional. Assim, passou-se a ter um **acordo multilateral**, ou seja, aquele em que várias nações concordam em seguir procedimentos e regras no seu comércio internacional e também em sua forma de proteção à economia nacional.

É importante esclarecermos que os países já faziam vários acordos entre si, de forma bilateral, plurilateral ou regional. O GATT e, posteriormente, a OMC são as organizações multilaterais que tentam definir uma ordem comercial internacional de modo a coordenar esses múltiplos interesses. Inicialmente, o GATT procurou que seus signatários reconhecessem alguns princípios para o comércio internacional que algumas nações já utilizavam em seus acordos bilaterais, quais sejam:

- não discriminação entre os países;
- reciprocidade, transparência e equidade de tratamento entre produtos estrangeiros e nacionais a partir da entrada na economia nacional;
- competição justa e aceitação de proteção econômica por meio de tarifas alfandegárias (imposto de importação);
- redução de barreiras não alfandegárias discricionárias e não transparentes.

A cláusula de nação mais favorecida era, e continua sendo, uma das mais importantes desse acordo multilateral, pois visa generalizar acordos bilaterais. A ideia é fazer procedimentos e tarifas acordadas entre países serem aplicados para todas as demais nações. Assim, um acordo bilateral se torna automaticamente multilateral. Apesar de estar prevista em um artigo do acordo, trata-se de uma cláusula cuja aplicação tem várias exceções. A formação de áreas de livre comércio, como a Comunidade Europeia (atualmente União Europeia), o Nafta (em inglês, North American Free Trade Agreement) e o Mercosul (Mercado Comum do Sul), revela preferências comerciais internas a essas zonas. Apesar da proliferação de acordos regionais preferenciais de livre comércio e de outras exceções, em recente publicação da OMC, afirma-se que "84% do comércio mundial de mercadorias são realizadas na base não discriminatória da cláusula da nação mais favorecida" (WTO, 2015, p. 8, tradução nossa).

Considerando o objetivo de gerar equilíbrio entre um comércio internacional mais livre, claro e justo, e o reconhecimento à proteção que governos nacionais faziam a alguns setores, o GATT promoveu várias rodadas de negociação, no intuito de incluir mais países signatários, bem como de estabelecer procedimentos comuns, aprofundando suas regras, mas mantendo exceções. Tais negociações geralmente se estendiam por muito tempo, sendo a mais famosa a Rodada do Uruguai, que durou de 1986 a 1993 e culminou com o Acordo de Marrakesh, em 1994, e a criação da OMC, em 1995[14].

Organização Mundial do Comércio e multilateralismo democrático

O período até a criação de uma organização multilateral que estabelecesse uma ordem no comércio internacional teve seu desfecho em boa hora. O mundo político, em 1995, já vivia um cenário diferente da Guerra Fria. Também já era um contexto em que a crítica ideológica do imperialismo por meio do comércio internacional havia arrefecido, tendo pouca influência em governos nacionais. Por fim, a ideologia do neoliberalismo estava se espalhando e suas recomendações de política econômica, apesar da resistência anterior, já estavam sendo adotadas com extensão e intensidade mais acentuadas, inclusive com maior abertura comercial e menor protecionismo.

De um lado, o cenário econômico sofreu influências do fator positivo da ampliação das práticas características da globalização, principalmente sob o efeito da formação de várias cadeias produtivas globais e de várias áreas preferenciais de comércio (os blocos econômicos) com mais comércio intrabloco e, também, com uma postura favorável ao comércio entre blocos e outras nações[15]. De outro, entre as décadas de 1990 e 2010, o mundo enfrentou (e ainda vem enfrentando) crises econômicas regionais que reduziram o comércio internacional, embora não tenha havido a prática de protecionismo exagerado de empurrar a crise para o vizinho (*beggar-thy-neighbor*). Há, assim, um clima político e econômico mais favorável à expansão do comércio internacional, com menos barreiras protecionistas.

---

14 Para uma boa descrição da história do surgimento do GATT e da criação da OMC, consultar Rêgo (1996).

15 É a defesa do regionalismo aberto, com área preferencial de comércio na região e redução das barreiras de comércio com países de outras regiões. Essa política é defendida pela Cepal (Oliveira, 2014).

Se o GATT começou timidamente com 23 países, a OMC já nasceu grande. Em 2015, contava com 161 membros, cobrindo cerca de 98% do comércio mundial, com destaque para as entradas de China, em 2001, e Rússia, em 2012 (WTO, 2015). Nos vinte anos de trabalho da OMC, três realizações da instituição merecem atenção:

1. Criação de mais regras, além de maior transparência e de alta supervisão do comércio internacional, desestimulando possíveis barreiras não econômicas discriminatórias, sendo aceitas somente as de caráter econômico, na forma de tarifas alfandegárias.
2. Aumento do comércio internacional e redução do nível de protecionismo, mesmo com várias áreas preferenciais de comércio.
3. Desenvolvimento de mecanismos de discussão de controvérsias por meio de painéis entre países que contestam práticas comerciais de outros, com tentativas de soluções, arbitragens e, caso não haja aceitação de resolução do painel, aceitação de aplicação de sanções.

As exceções ainda existem – principalmente a concessão de mais tempo de adaptação às novas regras pelos países menos desenvolvidos –, mas foram reduzidas. A incorporação de produtos agropecuários nas regras de comércio da OMC, por exemplo, há muito já era reivindicada pela comunidade europeia, para a defesa de seus produtores, de sua economia e da cultura de suas regiões agropecuárias. Essa era uma grande controvérsia com os países menos desenvolvidos, que queriam aumentar suas exportações de produtos agropecuários e, antes, enfrentavam muitas barreiras protecionistas.

Outro exemplo é o fim do acordo de multifibras, em 2005, que também protegia a indústria de tecido e vestuário dos países desenvolvidos, mas, ao mesmo tempo, prejudicava a exportação dos países menos desenvolvidos, que já tinham adquirido competência na produção têxtil. A OMC não apenas impôs novas regras, mas também foi se adaptando às mudanças econômicas, como a cadeia global de produção têxtil, e reduzindo a força de velhas práticas comerciais protecionistas.

Os países desenvolvidos também tiveram vitórias a partir da criação da OMC. O GATT era, anteriormente, apenas um acordo para o comércio de mercadorias tangíveis. O próprio desenvolvimento econômico baseado em inovações e imitações e os investimentos externos diretos de empresas multinacionais ampliaram, e muito, o comércio de serviços e a transferência de tecnologia. Houve, paralelamente ao desenvolvimento da economia do conhecimento, a necessidade de se proteger ainda mais o direito de propriedade intelectual.

Como resposta à ampliação dessas novas atividades, ocorreu a criação do Acordo Geral sobre Comércio de Serviços (em inglês, *General Agreement on Trade in Services* – GATS) e do Acordo sobre Aspectos dos Direitos de Propriedade Intelectual Relacionados ao Comércio (em inglês, *Agreement on Trade-Related Aspects of Intellectual Property Rights* – Trips). Após a assinatura desses acordos, a OMC tem mais mecanismos para convencer seus membros a seguir as práticas de comércio que tais documentos propõem.

Com o objetivo de garantir um equilíbrio entre o incentivo ao livre comércio e o reconhecimento do protecionismo e sua redução gradual, a OMC determinou que seus membros apresentariam tarifas de consolidação, isto é, declarariam as tarifas máximas a serem adotadas, estimulando sua redução e não permitindo seu aumento. Os documentos da organização expressam orgulhosamente a constante redução da tarifa média do comércio mundial. Do mundo protegido das economias nacionais do pós-guerra, que apresentava tarifas médias de 40%, houve redução para 15% em 1995 – já no início da OMC – e para aproximadamente 8% em 2015 (WTO, 2015).

Um grande avanço da organização em relação ao GATT é que, por não ter surgido de um documento, mas diretamente como uma instituição, foi capaz de criar mecanismos, regras e procedimentos para a discussão e resolução de disputas e conflitos relacionados ao comércio. A formação de um órgão especializado nessas disputas, o Dispute Settlement Body (DSB), permitiu a condução de painéis de discussão sobre reclamações de países que se sentem prejudicados por políticas e práticas de comercialização de outras nações.

A complexidade dessas disputas é tamanha que, segundo a OMC, normalmente, os painéis são resolvidos em 14 meses, sendo que ainda é possível apelar para uma instância superior, com prazo de três meses para decisão (WTO, 2015). Diferentemente do GATT, em que qualquer nação poderia ter direito de veto e não seguir a disputa, no órgão ocorre o *reverse consensus* – a não adoção da resolução da disputa no DSB só pode ser aprovada com a concordância de todos, inclusive do país reclamante. Em contrapartida, se o país denunciado por ferir regras da organização não adotar as medidas recomendadas pelo painel, os demais membros, caso queiram, podem adotar retaliações comerciais.

A OMC é o espaço da **política diplomática** no comércio internacional. É nela que os países buscam soluções para as disputas negociadas entre si, baseadas nas regras dos acordos internacionais assinados. Tais acordos não representam mais as antigas práticas pré e pós-guerra, em que as nações firmavam acordos internacionais quando lhes era conveniente, mas não os cumpriam quando havia nova onda protecionista interna. Podemos afirmar que, na globalização, a ordem internacional é formada pela **multiplicidade de ordens nacionais**, incluindo tanto os países individualmente como os acordos preferenciais e regionais de comércio, além de um acordo multilateral, por meio do qual a OMC procura supervisionar e controlar sua aplicação.

O entendimento da ordem econômica internacional na era da globalização depende do entendimento da interação, dos limites e das imposições formais negociadas e acordadas entre as três ordens: nacional, regional e multilateral. A OMC representa o multilateralismo contemporâneo, procurando estabelecer regras mais transparentes e de aplicação geral, apesar de ainda haver exceções, por meio de uma sistemática de discussão e solução de controvérsias mais democrática e diplomática.

7.6 O sistema de pagamentos internacional e a regulação bancária: Bank of International Settlements e Acordos da Basileia

Para que haja um sistema de comércio e integração financeira internacional, é imprescindível um **sistema de pagamentos internacionais** seguro, estável e com regras de funcionamento harmonizadas para os participantes do sistema. Todos os países contam com sistemas bancários nacionais, e muitos desses bancos realizam pagamentos e recebimentos em contexto internacional, operando com moedas nacionais e de reserva. Desde os anos 1970, com a crescente financeirização da economia (assunto a que nos dedicamos nos Capítulos 4 e 6), o sistema bancário ganhou maior complexidade. O funcionamento do sistema de pagamentos internacional e a regulação da atividade bancária são responsabilidades de uma instituição anterior até mesmo ao arcabouço de Bretton Woods: o Banco de Compensações Internacionais (em inglês, Bank for International Settlements – BIS).

O BIS foi fundado em 1930, portanto, é a mais antiga organização financeira internacional do mundo. A instituição tem como membros 60 bancos centrais que representam diversos países, os quais são responsáveis pelo giro de aproximadamente 95%

do PIB mundial[16]. O órgão tem sede na Basileia, Suíça, e mantém outros dois escritórios locais de representação: um na Região Administrativa Especial (RAE) de Hong Kong, da República Popular da China, e outro na Cidade do México.

Segundo sua própria definição de missão institucional, essa instituição serve os bancos centrais na busca de estabilidade monetária e financeira, fomentando a cooperação internacional e atuando como um banco para os bancos centrais. Isso significa que os pagamentos internacionais são realizados por compensação bancária no âmbito do BIS.

Num sistema bancário nacional, o banco central de cada país regula e faz funcionar o sistema de pagamentos nacional, por exemplo com a definição de regras para quitação de dívidas entre os bancos nacionais, desconto de cheques ou outros tipos de ordens de pagamento emitidos entre diferentes instituições bancárias, estabelecendo, por exemplo, o período mínimo em que um cheque é debitado no banco emissor e creditado no receptor, e/ou as faixas de valores para os quais um cheque pode ser descontado à vista ou via depósito bancário etc.

A compensação dessas ordens de pagamento, nos sistemas nacionais, se dá por meio de algum tipo de câmara de compensações, ou *clearing houses* (nome atribuído na literatura especializada) que fecha as transações e também pode optar pela custódia (guarda física ou escritural) dos documentos. Nos pagamentos internacionais de importações/exportações, por exemplo, os bancos envolvidos também emitem mecanismos de pagamentos, denominados em moedas estrangeiras, que carecem de um mecanismo semelhante ao de uma câmara de compensações internacional para serem concretizados.

---

16 Dados e informações adicionais estão disponíveis no *site* do BIS, em: <http://www.bis.org>. Acesso em: 13 set. 2017.

Nesse sentido, mostrava-se necessária a existência de uma instituição que fizesse com alcance mundial o que os bancos centrais realizam em nível nacional. Por isso, o BIS é um banco de *settlements*: rigorosamente, o termo se refere a compensações bancárias, ou seja, finalização contábil de pagamentos e lançamento de crédito/débito entre os bancos centrais emissores e receptores. O BIS é, portanto, uma *clearing house* global para os bancos centrais membros. Atua, assim, como contraparte principal dos bancos centrais – estes representam seus bancos nacionais no BIS, que aceita as ordens de pagamentos nas suas transações financeiras e efetua o crédito e débito entre os bancos centrais participantes de cada transação de pagamento/recebimento internacional – e serve como agente fiduciário na conexão dessas operações financeiras internacionais[17].

Para além desse papel como câmara de compensação entre bancos centrais, o BIS exerce um papel de articulador da coordenação global entre os bancos centrais. Por isso, além das tarefas operacionais de uma câmara de compensações, esse banco internacional também fomenta o debate e facilita a colaboração entre os bancos centrais, apoia o diálogo com outras autoridades responsáveis pela promoção da estabilidade financeira (incluindo, portanto, instituições como o Banco Mundial e o FMI, por exemplo) e realiza pesquisas e análises de políticas sobre questões relevantes para a estabilidade monetária e financeira.

O BIS também disponibiliza bases de dados e informações estatísticas sobre os sistemas bancários de seus membros, incluindo suas próprias análises sobre estabilidade monetária e financeira, bem como estatísticas bancárias e financeiras internacionais que sustentam a elaboração de políticas, a pesquisa acadêmica e o debate público.

---

17 No que diz respeito às atividades bancárias, os clientes do BIS são bancos centrais e organizações internacionais. Como banco, o BIS não aceita depósitos, tampouco presta serviços financeiros a pessoas físicas ou jurídicas, mas somente aos membros.

A regulação bancária internacional: os Acordos da Basileia[18]

Uma questão sensível para os sistemas de pagamentos nacionais é evitar a ocorrência de crises bancárias. No contexto internacional, tais crises podem gerar consequências ainda mais graves. A história recente registra alguns casos que demandaram especial atenção por parte dos bancos centrais nacionais, cujos desdobramentos levaram a uma discussão em torno da necessidade de reduzir os riscos que podem desencadear tais crises[19].

> **Fique atento!**
>
> As crises que levaram à formatação dessa arquitetura regulatória foram, em especial: a crise do Herstatt Bank, na Alemanha, em 1974, e também do Franklin National Bank, de Nova York, no mesmo ano; a crise das Savings & Loans Associations (S&Ls), nos EUA, nos anos 1980; a quebra do Continental Illinois National Bank, também nos EUA, e do Barings Bank, na Inglaterra, na década de 1990. Os elementos comuns a essas crises, enumerados na análise em BIS (2004), foram: problemas de risco de crédito, má condução dos negócios bancários, mudanças regulatórias e inadequação dos níveis de capital.

No âmbito do BIS, foi criado ainda na década de 1970, após a quebra do Herstatt Bank, o Comitê de Supervisão Bancária da Basileia (em inglês, Basel Committee on Banking Supervision – BCBS), mais conhecido como Comitê da Basileia.

---

18 O texto que segue faz um apanhado sucinto a respeito dos Acordos da Basileia, com base principalmente em documentos do Comitê da Basileia, publicados na página do BIS (disponível em: <http://www.bis.org/bcbs>. Acesso em: 22 jun. 2017) e, ainda, em: Tarullo (2008); Chorafas (2012); Carvalho (2005); FDIC (2003) e BIS (1999, 2006, 2008, 2010). Críticas às fragilidades das estruturas regulatórias de Basileia II podem ser encontradas na literatura sugerida e também nas pesquisas que vêm retratando as origens da crise de 2008, como em: Blinder (2013) e Bair (2012). Não pretendemos aqui detalhar essas críticas, mas apresentar, em linhas gerais, as características e os eventos que levaram às regulações bancárias do Comitê da Basileia, considerando as especificidades de cada um dos três acordos já implementados ou em implementação.

19 Um breve histórico sobre crises bancárias com efeitos que transbordaram para além das fronteiras nacionais é feito em BIS (2004).

Esse comitê é o principal padronizador global para a regulação prudencial dos bancos e fornece um fórum para a cooperação em assuntos de supervisão bancária. Sua função é fortalecer a regulamentação, a supervisão e as práticas dos bancos em todo o mundo, com o objetivo de aumentar a estabilidade financeira. O secretariado do comitê está localizado na sede do BIS, na Basileia, e é composto principalmente por supervisores bancários profissionais (funcionários dos bancos centrais membros do BIS) em destacamento temporário na instituição.

O BCBS teve origem na turbulência dos mercados financeiros que se seguiu à quebra do sistema de Bretton Woods, em 1973. Após esse colapso, muitos bancos incorreram em grandes perdas cambiais. Em 26 de junho de 1974, por exemplo, a autoridade financeira da então Alemanha Ocidental suspendeu a licença bancária do Herstatt Bank, cujas exposições cambiais representavam três vezes seu capital. Isso afetou bancos de diferentes países, que sofreram pesadas perdas em seus negócios não resolvidos com o Herstatt. Em outubro do mesmo ano, do outro lado do Atlântico, o Franklin National Bank, de Nova York, também fechou suas portas após sofrer pesadas perdas cambiais.

Em resposta a essas e a outras perturbações nos mercados financeiros internacionais, os banqueiros centrais dos países do Grupo dos 10 (G10)[20] constituíram, no final de 1974, o Comitê de Supervisão Bancária da Basileia, concebido como fórum de cooperação regular entre seus países-membros em matéria de supervisão bancária. O seu objetivo foi, e continua sendo, buscar estabilidade financeira por meio da melhoria do *know-how* e da qualidade da supervisão bancária em todo o mundo.

Basicamente, para atingir seus objetivos, o comitê se dedica à definição de normas mínimas para a regulamentação e supervisão

---

20 O G10 é composto por onze economias desenvolvidas, nomeadamente: Bélgica, Canadá, Estados Unidos, França, Itália, Japão, Países Baixo, Reino Unido, Alemanha, Suécia e Suíça (país que foi posteriormente incluído no grupo, sem que houvesse alteração da denominação).

dos bancos. Isso é realizado por meio do compartilhamento de questões, abordagens e técnicas de supervisão, na intenção de promover a compreensão comum das regulações acordadas e melhorar a cooperação entre autoridades bancárias nacionais. Há também a troca de informações sobre a evolução do setor bancário e dos mercados financeiros para ajudar a identificar riscos atuais ou emergentes para o sistema financeiro global.

Desde a primeira reunião, em fevereiro de 1975, o comitê expandiu sua filiação; e, em 2014, já contava com 28 países-membros[21], os quais são representados por seus bancos centrais e/ou por autoridades que têm a responsabilidade formal pela supervisão prudencial no âmbito nacional, quando este não é o banco central. As decisões desse comitê não têm força jurídica, mas funcionam como normas e orientações de supervisão e recomendam boas práticas bancárias na expectativa de que as autoridades nacionais as implementem de forma voluntária. O comitê encoraja a implementação plena de suas normas pelos membros.

O Comitê da Basileia estabeleceu até o presente momento três acordos, os quais serão apresentados na sequência.

Basileia I (1988)

Basileia I, o primeiro acordo, foi estabelecido em 1988 e, basicamente, criou a primeira estrutura harmonizada de regulação e supervisão bancária para nivelar o campo de atuação dos bancos que operavam internacionalmente. Diferenças entre padrões regulatórios dos diversos países afetavam a lucratividade e a operacionalidade de bancos que atuavam internacionalmente, gerando disputas principalmente entre bancos japoneses e norte-americanos (estes, sujeitos a uma regulação mais severa não só em

---

21 Os membros do comitê, atualmente, são: África do Sul, Alemanha, Arábia Saudita, Argentina, Austrália, Bélgica, Brasil, Canadá, China, Coreia do Sul, Espanha, Estados Unidos, França, Hong Kong, Índia, Indonésia, Itália, Japão, Luxemburgo, México, Holanda, Reino Unido, Rússia, Singapura, Suécia, Suíça, Turquia e União Europeia e, como observadores, Chile, Malásia e Emirados Árabes Unidos.

relação a seus concorrentes japoneses, mas também aos europeus). Um conjunto mínimo de regras prudenciais a respeito de como esses bancos deveriam se proteger de riscos e adequar seus balanços a um padrão de funcionamento mais uniforme internacionalmente foi o principal resultado do arcabouço de Basileia I.

O ponto principal foi a criação da exigência de capital mínimo de 8% dos ativos bancários ponderados pelo risco, para os bancos dos países signatários, com previsão de que os membros concluíssem a implementação até o final de 1992. Um fato inesperado, mas significativo, é que, embora fosse recomendado aos membros do Comitê da Basileia, esse acordo se tornou um padrão internacional de regulação bancária, sendo acompanhado também por países não membros e demais nações com bancos que operam internacionalmente.

O acordo de 1988 foi reformulado e sofreu alterações em 1991, com a redefinição de provisões ou reservas gerais para perdas de empréstimos que poderiam ser incluídas no cálculo de adequação de capital dos bancos. O Comitê também aperfeiçoou sua abordagem para outros riscos bancários que não somente o de crédito (o risco de não receber novamente os montantes de crédito concedidos pelos bancos), foco do acordo daquele ano.

Em 1996, o comitê incorporou ao acordo a emenda de risco de mercado, que permitiu aos bancos de determinado porte, sob autorização de seus supervisores bancários nacionais, utilizar modelos internos de avaliação de risco de carteira – chamados tecnicamente de *modelos de Value at Risk* (VaR) – como instrumentos para medir seus requisitos de capital.

Basileia II (1999-2004)

Basileia II surgiu no escopo de abertura e filosofia de desregulamentação financeira que passou a dominar o cenário político-econômico dos anos 1990. Em junho de 1999, o Comitê da Basileia iniciou o processo de substituição do acordo de 1988, com uma revisão de definições de capitais mínimos exigidos dos bancos, maior abertura para mensuração interna de riscos e uma postura, em geral, mais orientada por uma visão pró-mercado.

A nova estrutura regulatória ficou configurada em 2004, tendo como base três pilares:

1. Requisitos mínimos de capital, que procuravam desenvolver e ampliar as regras padronizadas estabelecidas no acordo de 1988.
2. Revisão de supervisão do processo referente à adequação de capital e avaliação interna dos riscos pertinentes às instituições bancárias.
3. Utilização mais eficaz de regras de transparência bancária (*disclosure*) como instrumento para reforçar a disciplina de mercado e incentivar práticas bancárias mais sólidas.

O novo acordo foi concebido com vistas a melhorar a forma como os requisitos de capital poderiam ser atendidos pelos bancos, refletindo a percepção de riscos segundo uma ótica pró-mercado, ou seja, aceitando que os bancos conheceriam mais e melhor suas próprias operações e exposição a riscos, principalmente diante das inovações financeiras ocorridas nos anos anteriores. A publicação desse novo acordo foi precedida de quase seis anos de preparação intensiva, que resultaram numa regulação mais extensa, com muito mais complexidade, mas que, também por isso, foi identificada como sujeita a maiores riscos de brechas regulatórias que poderiam ser aproveitadas pelos bancos.

A ênfase de Basileia II residiu nos instrumentos de mensuração de riscos, incluindo a possibilidade de que valores mobiliários também sofressem novas ponderações nas carteiras de ativos dos bancos. Instituições bancárias de maior porte começaram a utilizar os mecanismos internos de avaliação de risco, ao passo que os bancos com menor capacidade comprovada para essa ação contariam com a conferência feita por agências de avaliação de crédito.

Foi no contexto de implementação da Basileia II que o mundo vivenciou a crise financeira de 2008. A estrutura desse acordo conferiu mais poder aos bancos que aos reguladores. O sistema financeiro tomou partido dessa oportunidade, e o que se observou foi uma maior propensão ao risco, inscrita também na origem da bolha de preços imobiliários nos Estados Unidos e em alguns países europeus.

Basileia III (2009-2019)
A crise de 2008 abateu Basileia II ainda na fase final de implantação em muitos países-membros. Isso ocorreu como desdobramento da percepção crescente de que havia necessidade de se adotar um reforço regulatório diante das muitas fragilidades no funcionamento dos sistemas bancários extremamente desregulados dos Estados Unidos, as quais vinham sendo demonstradas desde 2006. Em 2008, o colapso veio com força, revelando um demasiado grau de alavancagem financeira e profundas deficiências de liquidez no setor bancário internacional. A esses problemas, somaram-se má governança das firmas bancárias e gestão de risco duvidosa, estruturas de incentivo inadequadas e enfraquecimento dos reguladores.

Então, em julho de 2009, o Comitê da Basileia emitiu um novo conjunto de documentos para reforçar o quadro de exigências de capital de Basileia II. Em setembro de 2010, foram anunciados níveis mais elevados de capital mínimo global para as reservas dos bancos comerciais. Seguiu-se um novo pacote de reformas nas definições e supervisão de questões de capital, de liquidez e de ativos, padrões que foram endossados em novembro de 2010 pelos líderes do G20, numa cúpula em Seul. Esse conjunto de mudanças constituiu-se praticamente em um novo acordo, aprovado em dezembro pelo comitê, que ficou oficialmente reconhecido como Basileia III.

Basileia III revisou e reforçou os três pilares estabelecidos por Basileia II, trazendo um conjunto de inovações, a saber:

- Criação de uma camada adicional de capital comum, um amortecedor de capital que restringe pagamentos de lucros por parte da firma bancária, caso seja violado (isto é, se os ativos do banco ficarem abaixo desse limiar).
- Um amortecedor de capital anticíclico, visando impor restrições à participação dos bancos em *booms* de crédito com risco sistêmico, com o objetivo de reduzir possíveis perdas no caso de explosão das bolhas especulativas.
- Uma nova razão de alavancagem, compreendendo um montante mínimo de capital para absorver perdas em todos os ativos de um banco, independentemente da ponderação de risco.
- Novos requisitos de liquidez de ativos bancários, mediante a criação de um conjunto de razões de liquidez destinados a garantir que os bancos tenham dinheiro suficiente para cobrir necessidades de financiamento tanto ao longo de períodos previstos nas normas regulatórias (curtíssimo prazo, até 30 dias) quanto em prazos mais longos (6 meses ou 1 ano).

Basileia III também tinha o intento de tratar de questões relativas a bancos de importância sistêmica (que, após a crise, foram alcunhados como "grandes demais para quebrar", dado o perigo sistêmico que suas quebras impõem ao sistema financeiro mundial). Para essa classe de bancos (cujo crescimento foi uma das marcas da globalização das últimas décadas), criaram-se requisitos para capital suplementar, aumento do capital contingente e reforço das disposições para supervisão por parte dos reguladores. Basileia III continua em fase de implementação e sua conclusão está prevista para 2019.

Síntese

Neste capítulo, abordamos a importância da formação de regimes internacionais para a estabilidade internacional. Ressaltamos, também, a relevância das organizações internacionais como elementos constitutivos de um regime internacional.

Com base nesse referencial, analisamos as funções do FMI e da OMC, organizações responsáveis pelos regimes monetário e comercial internacionais, respectivamente. Essas duas instituições objetivam a coordenação internacional entre os diversos atores, como Estados nacionais soberanos e blocos econômicos e/ou regionais. A coordenação internacional é necessária para estabilizar o sistema internacional, na ausência de uma espécie de governo mundial. Elas representam acordos de natureza política que consideram aspectos importantes ligados a hegemonia, poder de negociação, força no debate político internacional, além de outros fatores de interesse no estudo das relações internacionais.

Por fim, discutimos o papel desempenhado pelo BIS, instituição que atua como banco dos bancos centrais e coordenador no sistema de regulação bancária internacional, conhecido pelos Acordos da Basileia.

Para saber mais

Documentário

MEMÓRIAS do saque. Direção: Fernando Solanas. França; Suíça; Argentina, 2003. 120 min.

> Esse longa-metragem relata a grave crise econômica que a Argentina enfrentou no início do século XXI. O filme mostra o colapso bancário, a pobreza e o desemprego que se seguiram após a renúncia do então presidente Fernando De La Rua.

Livro

EICHENGREEN, B. **A globalização do capital**: uma história do sistema monetário internacional. 2. ed. São Paulo: Editora 34, 2012.

Essa é uma obra muito interessante sobre a formação do sistema monetário internacional desde o padrão-ouro, passando por Bretton Woods e as crises desses sistemas.

Questões para revisão

1. Qual mudança ocorreu na atuação do FMI a partir dos anos 1990?

2. Qual é a crítica dos países em desenvolvimento à atuação do FMI nas crises de Balanço de Pagamentos?

3. Sobre o GATT e a OMC, assinale a afirmativa **incorreta**:
   a. Após o Acordo de Bretton Woods e a recusa do governo dos Estados Unidos de aceitar a criação da Organização Internacional do Comércio, houve a concordância dos países sobre a implantação de um acordo sobre comércio, que foi o GATT.
   b. Um país que integra a OMC não pode impor tarifas alfandegárias para demais países-membros da organização.
   c. Um país participante da OMC pode impor tarifas diferenciadas em relação aos demais países se estiver em um acordo regional preferencial de comércio, como o Mercosul.
   d. A OMC permite retaliações ao comércio de um país se houver decisão de seu Órgão de Resolução de Disputas, o DSB.

4. Sobre o FMI, classifique as afirmações a seguir como verdadeiras (V) ou falsas (F):

( ) O sistema internacional de pagamentos que saiu vitorioso da Conferência de Bretton Woods manteve a estabilidade das taxas de câmbio, permitindo, porém, mudanças nessas taxas sempre que a economia do país estivesse em situação que justificasse tal variação. O FMI foi criado como o órgão responsável por verificar essa necessidade e autorizar a variação cambial.

( ) Durante a crise da dívida externa dos anos 1980, o FMI montou diversos pacotes de programas de ajuste baseados no diagnóstico de que as crises eram fruto de desequilíbrios na conta Capital.

( ) O FMI foi criado com o objetivo de ser um fórum para obter a cooperação política entre os países e garantir a estabilidade global.

( ) Após os anos 1990, com a desregulamentação financeira e a aceleração do fluxo de capitais especulativos entre os países, o FMI assumiu que as crises eram também fruto de desajustes estruturais no país endividado. Assim, o Fundo passou a exigir programas de ajuste estrutural (abertura comercial e financeira, privatizações, etc.) como contrapartida aos seus empréstimos.

( ) A crise financeira de 2008 e suas consequências globais levaram os países em desenvolvimento a defenderem a ampliação do sistema de coordenação internacional, ampliando a importância do G20 financeiro, fórum econômico formado pelos ministros das finanças e chefes dos bancos centrais do G7 (ou G8, incluindo a Rússia), da União Europeia e de outros 12 países em desenvolvimento, entre eles o Brasil. Nas reuniões do G20, os países emergentes demandavam uma reforma na governança do FMI, de forma a aumentar o peso de voto do país nas decisões da instituição, a quantidade de recursos para empréstimos disponibilizados pelo Fundo e o nível de acesso aos DES (direitos especiais de saque).

A seguir, assinale a alternativa que apresenta a sequência correta de preenchimento:

a. V, F, F, V, V.
b. V, V, F, V, F.
c. F, F, F, F, V.
d. F, V, V, F, V.

5. Com relação aos chamados Acordos da Basileia, considere as afirmações a seguir:

   I. Compreendem normas internacionais de aceitação obrigatória por parte de todos os sistemas bancários nacionais do mundo.
   II. Na versão mais recente, chamada Basileia III, o acordo surgiu como tentativa de limitar as condições de funcionamento dos bancos que resultaram na crise financeira de 2008.
   III. A origem do Comitê de Supervisão Bancária da Basileia está ligada às instabilidades de sistemas bancários nacionais após o fim do sistema de Bretton Woods.

Estão corretas as afirmativas:

a. I e II.
b. II e III.
c. I e III.
d. I, II e III.

Questões para reflexão

1. O Fórum Social Mundial é um encontro anual internacional composto por movimentos sociais e organizações não governamentais que se propõem a discutir e combater as desigualdades sociais provocadas pela globalização. Como esse fórum de debate pode ser relacionado com o papel desempenhado pelas organizações internacionais na condução da globalização?

2. Em 15 de julho de 2014, os presidentes de Brasil, Rússia, Índia, China e África do Sul assinaram um acordo, oficializando a criação do Novo Banco de Desenvolvimento (NBD), também conhecido como Banco de Desenvolvimento do Brics, é um banco de desenvolvimento multilateral e representa uma alternativa ao Banco Mundial e ao Fundo Monetário Internacional. Em sua opinião, quais motivos levam esses países a buscarem uma alternativa em relação ao FMI?

Para concluir...

Com esta obra, desejamos ter contribuído para a ampliação do entendimento sobre as relações econômicas e políticas no âmbito internacional. Ao conceber sua estrutura, tivemos o intuito de relacionar a economia internacional, formada por economias nacionais soberanas, mas com integração econômica crescente, aos esforços de se criar um ordenamento político e econômico internacional mais estável. Este, por sua vez, visa evitar conflitos políticos – tanto na forma de guerras e conflitos armados quanto de disputas e contenciosos comerciais entre os países – e protecionismos nacionais exacerbados ou desestímulo ao comércio e às finanças internacionais. Compreender a economia internacional permite, por sua vez, entender melhor a política internacional.

A abordagem pela qual optamos não tencionou fornecer pormenores, nem alongar excessivamente a discussão. Nosso foco residiu em fornecer o alicerce de conhecimentos sistemáticos que a análise de economia política internacional requer.

Como salientamos ao longo deste trabalho, a economia e a política internacional são dinâmicas e complexas, e seu estudo, na economia internacional e na economia política internacional, exige a aquisição de um conhecimento básico que permita entender as análises já existentes na literatura, bem como – e ainda mais importante – ser capaz de fazer novas análises, investigar, captar e, na medida do possível, explicar o mundo contemporâneo. Essa é a visão que norteou a construção dessa obra. Esperamos ter logrado êxito em sintetizar esses conhecimentos básicos para que você, leitor, possa fazer futuros voos um pouco mais seguros.

Nesse sentido, esperamos que este livro tenha sido útil para sua formação ampla, técnica, analítica e crítica. Sendo a economia política internacional, a um só tempo, uma ciência social e uma economia política, há muitas nuances e possibilidades analíticas a se considerar. Nosso objetivo foi mostrar caminhos, sem apontar um deles como superior aos demais. Você que percorreu estas páginas é livre para trilhar aqueles caminhos que apresentamos ou descobrir outros que nem sequer foram desbravados. Calcados na seriedade, na transparência e na honestidade intelectual com que desenvolvemos este trabalho introdutório, esperamos ter cumprido nossos objetivos.

Lista de siglas

ARV	Acordos de restrições voluntárias
BAAI	Banco Asiático de Investimento em Infraestruturas
BCB	Banco Central do Brasil
BCBS	Basel Committee on Banking Supervision
Bird	Banco Internacional para Reconstrução e Desenvolvimento
BIS	Bank of International Settlements
BP	Balanço de Pagamentos
CEI	Contas econômicas integradas
Cempre	Cadastro Central de Empresas
Cepal	Comissão Econômica para a América Latina e o Caribe
CIF	*Cost, insurance and freight*
DES	Direito especial de saque
DI	Deflator implícito do produto
DSB	Dispute Settlement Body
ET	Empresa transnacional
FBCF	Formação bruta de capital fixo
FMI	Fundo Monetário Internacional
FOB	Free on board
FPP	Fronteira de Possibilidades de Produção

G7	Grupo dos 7
G8	Grupo dos 8
G20	Grupo dos 20
GATS	General Agreement on Trade in Services
GATT	General Agreement on Tariffs and Trade
GDP	Gross Domestic Product
GNP	Gross National Product
IBGE	Instituto Brasileiro de Geografia e Estatística
IED	Investimento estrangeiro direto
IPO	*Initial public offering*
Mercosul	Mercado Comum do Sul
MNC	*Multinational Corporation* ou *Multinational Company*
Nafta	North American Free Trade Agreement
OCDE	Organização para a Cooperação e o Desenvolvimento Econômico
OEI	Ordem econômica internacional
OI	Organização internacional
OIML	Organização Internacional de Metrologia Legal
OIT	Organização Internacional do Trabalho
OMC	Organização Mundial do Comércio
ONG	Organização não governamental
ONU	Organização das Nações Unidas
Opep	Organização dos Produtores de Petróleo
Otan	Organização do Tratado do Atlântico Norte
PAC	Pesquisa Anual do Comércio
Paic	Pesquisa Anual da Indústria da Construção
PAS	Pesquisa Anual de Serviços
PDE	Princípio da demanda efetiva
PIA	Pesquisa Industrial Anual
PIB	Produto Interno Bruto
PNB	Produto Nacional Bruto
RAE	Região administrativa especial

REE	Renda enviada ao exterior
RIB	Renda Interna Bruta
RLE	Renda líquida externa
RLEE	Renda líquida enviada ao exterior
RNB	Renda nacional bruta
RNDB	Renda nacional disponível bruta
RRE	Renda recebida do exterior
RVE	Restrições voluntárias às exportações
SCN	Sistema de Contas Nacionais
Selic	Sistema Especial de Liquidação e de Custódia
SNA	System of National Accounts
TCE	Transferências correntes enviadas
TCL	Transferências correntes líquidas
TCR	Transferências correntes recebidas
Trips	Agreement on Trade-Related Aspects of Intellectual Property Rights
TRU	Tabelas de recursos e usos
UE	União Europeia
UIT	União Internacional de Telecomunicações
Unctad	United Nations Conference on Trade and Development
VaR	Value at Risk
VBP	Valor bruto da produção

Referências

ABREU, M. de P. **Keynes e as consequências econômicas da paz**. In: KEYNES, J. M. As consequências econômicas da paz. São Paulo: Imprensa Oficial do Estado; Brasília: Ed. da UnB, 2002. p. IX-XXX. (Clássicos IPRI, v. 3). Disponível em: <http://funag.gov.br/loja/download/42-As_Consequencias_Economicas_da_Paz.pdf>. Acesso em: 6 out. 2017.

AGLIETTA, M. **A Theory of Capitalist Regulation**: The US Experience. London: Verso, 1979.

_____. O FMI e a arquitetura financeira internacional. In: FERRARI FILHO, F.; PAULA, L. F. de (Org.). **Globalização financeira**: ensaios de macroeconomia aberta. Petrópolis: Vozes, 2004. p. 204-254.

ALMEIDA, P. R. de. A economia internacional no século XX: um ensaio de síntese. **Revista Brasileira de Política Internacional**, v. 44, n. 1, p. 112-136, 2001. Disponível em: <http://www.scielo.br/pdf/rbpi/v44n1/a08v44n1.pdf>. Acesso em: 6 out. 2017.

_____. O poder e a glória: a questão das assimetrias no sistema internacional. **Revista Espaço Acadêmico**, ano 5, n. 49, jun. 2005.

ALVES, R. M. A difícil governança monetária internacional: o caso das cotas do FMI. **Boletim Meridiano 47**, v. 13, n. 134, p. 39-47, nov./dez. 2012. Disponível em: <http://periodicos.unb.br/index.php/MED/article/download/7840/6138>. Acesso em: 6 out. 2017.

AMARAL, A. B. do. Os conceitos de regimes internacionais e de governança global: semelhanças e diferenciações. **Revista Eletrônica Boletim do Tempo**, Rio de Janeiro, ano 5, n. 10, 2010.

ANAU, R. V. Estado e mercado: uma resenha histórica. **Revista Espaço Acadêmico**, ano 8, n. 85, jun. 2008.

ARIENTI, P. F. F. **O papel da abertura financeira no financiamento dos investimentos da economia brasileira ao longo da década de 1990**. 235 f. Tese (Doutorado em Desenvolvimento Econômico) – Universidade Federal do Paraná, Curitiba, 2004. Disponível em: <http://acervodigital.ufpr.br/bitstream/handle/1884/8107/patricia%20fonseca.pdf?sequence=1&isAllowed=y>. Acesso em: 30 set. 2017.

ARIENTI, P. F. F.; INÁCIO, J. M. Instabilidade, desregulamentação financeira e a crise do sistema financeiro atual. **Cadernos CEDEC**, n. 90, nov. 2010. Disponível em: <http://www.cedec.org.br/files_pdf/cad90.pdf>. Acesso em: 30 set. 2017.

ARIENTI, W. L. Fordismo e pós-fordismo: uma abordagem regulacionista. In: ENCONTRO NACIONAL DE ECONOMIA POLÍTICA, 2., 1997. p. 16-30.

BAIR, S. **Bull by the Horns**: Fighting to Save Main Street from Wall Street and Wall Street from itself. New York: Free Press, 2012.

BCB – Banco Central do Brasil. **6ª edição do Manual de Balanço de Pagamentos e Posição de Investimento Internacional (BPM6)**. Disponível em: <http://www.bcb.gov.br/pt-br/#!/n/6MANBALPGTO>. Acesso em: 2 out. 2017a.

_____. **Estatísticas do setor externo**: adoção da 6ª edição do Manual de Balanço de Pagamentos e Posição Internacional de Investimentos (BPM6). 2014. Disponível em: <http://www.bcb.gov.br/ftp/infecon/nm1bpm6p.pdf>. Acesso em: 6 out. 2017.

_____. **Glossário**. Disponível em: <https://www.bcb.gov.br/glossario.asp?Definicao=1488&idioma=P&idpai=GLOSSARIO>. Acesso em: 6 out. 2017b.

_____. **Série histórica da Posição de Investimento Internacional**. Disponível em: <http://www.bcb.gov.br/htms/Infecon/seriehistposintinv.asp>. Acesso em: 3 out. 2017c.

_____, **Série histórica do Balanço de Pagamentos**. Disponível em: <http://www.bcb.gov.br/htms/infecon/Seriehist_bpm6.asp>. Acesso em: 3 out. 2017d.

BELLUZZO, L. G.; COUTINHO, L. "Financeirização" da riqueza, inflação de ativos e decisões de gasto em economias abertas. In: FERRARI-FILHO, F.; PAULA, L. F. (Org.). **Globalização financeira**: ensaios de macroeconomia aberta. Petrópolis: Vozes, 2004. p. 59-77.

BIS – Bank for International Settlements. **Banking Failures in Mature Economies**. Working Paper n. 13, Apr. 2004. Disponível em: <http://www.bis.org/publ/bcbs_wp13.pdf>. Acesso em: 6 out. 2017.

_____. **International Convergence of Capital Measurement and Capital Standards**: a Revised Framework – Comprehensive Version. Basel, June 2006. Disponível em: <http://www.bis.org/publ/bcbs128.pdf>. Acesso em: 6 out. 2017.

BIS. **Market Liquidity**: Research Findings and Selected Policy Implications. Report. Basle, 1999. (CGFS Papers, n. 11).

_____. **Principles for Sound Liquidity Risk Management and Supervision**. Basel, Sept. 2008. Disponível em: <http://www.bis.org/publ/bcbs144.pdf>. Acesso em: 6 out. 2017.

_____. **The Basel Committee's Response to the Financial Crisis**: Report to the G20. Basel, Oct. 2010. Disponível em: <http://www.bis.org/publ/bcbs179.pdf>. Acesso em: 6 out. 2017.

BLANCHARD, O. **Macroeconomia**. 5. ed. São Paulo: Pearson, 2011.

BLINDER, A. S. **After the Music Stopped**: the Financial Crisis, the Response, and the Work Ahead. New York: The Penguin Press, 2013.

BM&FBOVESPA. **Índice Bovespa (Ibovespa)**. Disponível em: <http://www.bmfbovespa.com.br/pt_br/produtos/indices/indices-amplos/indice-ibovespa-ibovespa-estatisticas-historicas.htm>. Acesso em: 16 ago. 2017.

BOYER, R. **A teoria da regulação**: uma análise crítica. São Paulo: Nobel, 1990.

CARVALHO, F. J. C. de. Inovação financeira e regulação prudencial: da regulação da liquidez aos acordos da Basileia. In: SOBREIRA, R. (Org.). **Regulação financeira e bancária**. São Paulo: Atlas, 2005. p. 121-184.

_____. Sobre a preferência pela liquidez dos bancos. In: PAULA, L. F. de; OREIRO, J. L. (Org.). **Sistema Financeiro**: uma análise do setor bancário brasileiro. Rio de Janeiro, Elsevier, 2007. p. 3-21.

CARVALHO, F. J. C. de. et al. **Economia monetária e financeira**: teoria e política. Rio de Janeiro: Campus, 2000.

_____. _____. 2. ed. Rio de Janeiro: Campus, 2007.

CHESNAIS, F. **A mundialização do capital**. São Paulo: Xamã, 1996.

CHORAFAS, D. N. **Basel III, the Devil and Global Banking**. London: Palgrave MacMillan, 2012.

DAVIDSON, P. **Post Keynesian Macroeconomic Theory**: a Foundation for Successful Economic Policies for the Twenty-first Century. Cambridge: Edward Elgar, 1994.

EICHENGREEN, B. **A globalização do capital**: uma história do Sistema Monetário Internacional. São Paulo: Ed. 34, 2000.

EKELUND JR., R. B.; HÉRBERT, R. F. **A History of Economic**: Theory and Method. 4. ed. Long Grove: Waveland Press, 2004.

EVANS, P. O Estado como problema e solução. **Lua Nova: Revista de Cultura e Política**, São Paulo, n. 28-29, abr. 1993. Disponível em: <http://www.scielo.br/scielo.php?script=sci_arttext&pid=S0102-64451993000100006>. Acesso em: 29 set. 2017.

FDIC – Federal Deposit Insurance Corporation. **Basel and the Evolution of Capital Regulation:** Moving Forward, Looking Back. 14 Jan. 2003. Disponível em: <http://www.fdic.gov/bank/analytical/fyi/2003/011403fyi.html>. Acesso em: 6 out. 2017.

FERNÁNDEZ, A. EUA surpreendem FMI com reforma que favorece emergentes. **Exame.com**, 29 dez. 2015. Disponível em: <http://exame.abril.com.br/economia/eua-surpreendem-fmi-com-reforma-que-favorece-emergentes>. Acesso em: 6 out. 2017.

FIANI, R. **Cooperação e conflito:** instituições e desenvolvimento econômico. Rio de Janeiro: Elsevier, 2011.

FRANCO, G. H. B. A inserção externa e o desenvolvimento. **Revista de Economia Política**, v. 18, n. 3, jul-set. 1998. p. 121-147.

FRIEDEN, J. **Capitalismo global:** história econômica e política do século XX. Rio de Janeiro: J. Zahar, 2008.

_____. The Crisis and Beyond: Prospects for International Economic Cooperation. **PEGGED – Politics, Economics and Global Governance: The European Dimensions**, Policy Paper n. 5, Dec, 2009. Disponível em: <https://scholar.harvard.edu/files/jfrieden/files/pegged_5th_policy_paper.pdf>. Acesso em: 30 set. 2017.

GALVÃO, O. J. de A. 'Clusters' e distritos industriais: estudos de casos em países selecionados e implicações de política. **Planejamento e Políticas Públicas**, n. 21, p. 3-49, jun. 2000. Disponível em: <http://www.ipea.gov.br/ppp/index.php/PPP/article/viewFile/85/154>. Acesso em: 6 out. 2017.

GILPIN, R. **A dinâmica da economia política internacional**. Brasília: Ed. da UnB, 2002.

_____. **The Political Economy of International Relations**. Princeton: Princeton University Press, 1987.

GONÇALVES, A. Regimes internacionais como ações da governança global internacional. **Meridiano 47–Journal of Global Studies**, v. 12, n. 125, p. 40-45, maio/jun. 2011. Disponível em: <http://periodicos.unb.br/index.php/MED/article/view/3311/3502>. Acesso em: 6 out. 2017.

GONÇALVES, R. **Economia política internacional:** fundamentos teóricos e as relações internacionais do Brasil. Rio de Janeiro: Elsevier, 2005.

GRAMSCI, A. Americanismo e fordismo. In: _____. **Maquiavel, a política e o estado moderno**. 7. ed. Rio de Janeiro: Civilização Brasileira, 1989.

HARVEY, D. **O neoliberalismo:** história e implicações. Oxford: Oxford University Press, 2008.

HUNT, E. K.; LAUTZENHEISER, M. **História do pensamento econômico:** uma perspectiva crítica. 3. ed. Rio de Janeiro: Campus, 2012.

IBGE – Instituto Brasileiro de Geografia e Estatística. **Sistema de contas nacionais:** Brasil. 2. ed. Rio de Janeiro, 2008. (Série Relatórios Metodológicos, v. 24).

IEEI-BR – Instituto de Estudos Econômicos e Internacionais – Brasil. **Governança global:** o papel das instituições multilaterais nos temas econômicos e sociais. Background paper, dez. 2005..

IMF – International Monetary Fund. **Balance of Payments and International Investment Position Manual.** 6th. ed. Washington D. C.: IMF, 2009. Disponível em: <https://www.imf.org/external/pubs/ft/bop/2007/pdf/bpm6.pdf>. Acesso em: 3 out. 2017.

_____. **Factsheet.** Disponível em: <http://www.imf.org/external/lang/portuguese/np/exr/facts/howlendp.pdf>. Acesso em: 12 set. 2017.

IPEA – Instituto de Pesquisa e Estatística Aplicada. Disponível em: <http://www.ipeadata.gov.br/Default.aspx>. Acesso em: 3 out. 2017.

JESSOP, B.; SUM, N.-L. **Beyond the Regulation Approach**: Putting Capitalist Economies in their Place. Cheltenham, UK; Northamptom, USA : Edward Elgar, 2006. Disponível em: <http://www.forschungsnetzwerk.at/downloadpub/beyond_the_regulation_approach-2006.pdf>. Acesso em: 6 out. 2017.

KALECKI, M. **Teoria da dinâmica econômica.** São Paulo: Abril Cultural, 1983. (Coleção Os Economistas).

KEOHANE, R. **After Hegemony:** Cooperation and Discord in the World Political Economy. Princeton: Princeton University Press, 1984.

KEYNES, J. M. **A teoria geral do emprego, do juro e da moeda.** São Paulo: Atlas, 1982.

_____. **As consequências econômicas da paz.** São Paulo: Imprensa Oficial do Estado; Brasília: Ed. da UnB, 2002.

KNOOP, T. A. **Modern Financial Macroeconomics**: Panics, Crashes, and Crises. Maldden: Wiley-Blackwell Publishing, 2008.

KRASNER, S. D. Causas estruturais e consequências dos regimes internacionais: regimes como variáveis intervenientes. **Revista de Sociologia e Política**, Curitiba, v. 20, n. 42, p. 93-110, jun. 2012. Disponível em: <http://www.scielo.br/pdf/rsocp/v20n42/08.pdf>. Acesso em: 12 set. 2017.

KRUGMAN, P. R.; OBSTFELD, M.; MELITZ, M. J. **Economia internacional.** 10. ed. São Paulo: Pearson, 2015.

LEVITT, T. The Globalizarion of Markets. **Harvard Business Review**, May 1983. Disponível em: <https://hbr.org/1983/05/the-globalization-of-markets>. Acesso em: 6 out. 2017.

LIST, G. F. **Sistema nacional de economia política.** São Paulo: Abril Cultural, 1983. (Coleção Os Economistas).

MARIUTTI, E. B. Crise econômica e rivalidade política: características gerais da ordem internacional contemporânea. In: CARNEIRO, R. de M.; MATIJASCIC, M. (Org.). **Desafios do desenvolvimento brasileiro**. Brasília: Ipea, 2011. p. 29-44. Cap. 2. Disponível em: <http://www.ipea.gov.br/portal/images/stories/PDFs/livros/livros/livro_desafiosdesenvolvimento.pdf>. Acesso em: 29 set. 2017.

_____. **Política internacional, relações internacionais e economia política internacional**: possibilidades de diálogo. Texto para Discussão n. 218. Campinas: IE/Unicamp, abr. 2013. Disponível em: <http://www.eco.unicamp.br/docprod/downarq.php?id=3267&tp=a>. Acesso em: 6 out. 2017.

MARSHALL, A. **Princípios de economia**: tratado introdutório. São Paulo: Abril Cultural, 1982. 2v. (Coleção Os Economistas).

MELLO, V. de C. Globalização, regionalismo e ordem internacional. **Revista Brasileira de Política Internacional**, n. 42, n. 1, p. 157-181, 1999. Disponível em: <http://www.scielo.br/pdf/rbpi/v42n1/v42n1a07.pdf>. Acesso em: 30 set. 2017.

MIGLIOLI, J. **Acumulação de capital e demanda efetiva**. 2. ed. São Paulo: Hucitec, 2004.

MINSKY, H. P. **Estabilizando uma economia instável**. Osasco: Novo Século, 2009.

MUDAMBI, R. Location, control and innovation in knowledge-intensive industries. **Journal of Economic Geography**, v. 8, n. 5, p. 699-725, 2008.

OLIVEIRA, A. C. de. **Do velho ao novo regionalismo**: evolução das políticas conjuntas para o desenvolvimento planejado da América Latina. Santiago, Chile: Cepal – Comissão Econômica para a América Latina e o Caribe, 2014. Disponível em: <http://www19.iadb.org/intal/intalcdi/PE/2014/14127.pdf>. Acesso em: 6 out. 2017.

OLIVEIRA, F. de. **A economia da dependência imperfeita**. Rio de Janeiro: Graal, 1984.

OURIQUES, H. R.; VIEIRA, P. A.; ARIENTI, P. F. F. As consequências da ascensão chinesa para a economia-mundo capitalista: o papel do fundo soberano chinês como instrumento da estratégia de desenvolvimento. In: ENCONTRO NACIONAL DA ASSOCIAÇÃO BRASILEIRA DE RELAÇÕES INTERNACIONAIS (ABRI), 3., 2011, São Paulo. **Proceedings online**... Associação Brasileira de Relações Internacionais Instituto de Relações Internacionais – USP, Disponível em: <http://www.proceedings.scielo.br/scielo.php?pid=MSC0000000122011000300064&script=sci_arttext>. Acesso em: 30 set. 2017.

PALMA, G. Gansos voadores e patos vulneráveis: a diferença da liderança do Japão e dos Estados Unidos no desenvolvimento do sudeste asiático e da América Latina. In: FIORI, J. L. (Org.). **O poder americano**. Petrópolis: Vozes, 2004. p. 393-454.

PAULA, L. F. **Sistema financeiro, bancos e financiamento da economia**: uma abordagem keynesiana. Rio de Janeiro: Elsevier, 2014.

PECEQUILO, C. **Introdução às relações internacionais**: temas, atores e visões. Petrópolis: Vozes, 2010.

POSSAS, M. L. Demanda efetiva, investimento e dinâmica: a atualidade de Kalecki para a teoria macroeconômica. **Revista de Economia Contemporânea**, Rio de Janeiro, v. 3, n. 2, p. 17-46, jul./dez. 1999. Disponível em: <http://www.ie.ufrj.br/images/pesquisa/publicacoes/rec/REC%203/REC_3.2_02_Demanda_efetiva_investimento_e_dinamica_a_atualidade_de_kalecki.pdf>. Acesso em: 10 ago. 2017.

PREBISCH, R. **O desenvolvimento econômico da América Latina e alguns de seus problemas**. Disponível em: <http://archivo.cepal.org/pdfs/cdPrebisch/003.pdf>. Acesso em: 5 out. 2017.

RÊGO, E. C. L. Do Gatt à OMC: o que mudou, como funciona e para onde caminha o sistema multilateral de comércio. **Revista do BNDES**, Rio de Janeiro, v. 3, n. 6, p. 2-21, dez. 1996. Disponível em: <http://www.bndes.gov.br/SiteBNDES/export/sites/default/bndes_pt/Galerias/Arquivos/conhecimento/revista/gatt.pdf>. Acesso em: 6 out. 2017.

RIBEIRO, F. J. **Carta de Conjuntura – IPEA**. Nota técnica 2 –Considerações sobre a nova metodologia de apuração do balanço de pagamentos. Rio de Janeiro: Ipea/Dimac, 2015. Disponível em: <http://repositorio.ipea.gov.br/bitstream/11058/4358/1/Carta_Conjuntura_n27_consideracoes.pdf>. Acesso em: 3 out. 2017.

ROSENAU, J. N. Governança, ordem e transformação na política mundial. In: ROSENAU, J. N.; CZEMPIEL, E.-O. (Org.). **Governança sem governo**: ordem e transformação na política mundial. Tradução de Sérgio Bath. Brasília: Editora UnB; Imprensa Oficial do Estado, 2000. p.11-46.

RUGGIE, J. G. **Constructing the World Polity**. New York: Routledge, 1998.

SABADINI, M. de S. O capital financeiro e a economia brasileira. **Carta Maior**, 24 ago. 2014. Política. Disponível em: <http://www.cartamaior.com.br/?/Editoria/Politica/O-capital-financeitro-e-a-economia-brasileira/4/31662>. Acesso em: 8 jun. 2017.

SACHS, J. D.; LARRAIN, F. **Macroeconomia em uma economia global**. São Paulo: Makron Books, 2000.

SATO, E. **Economia e política das relações internacionais**. Belo Horizonte: Fino Traço, 2012.

SCHUMPETER, J. A. **Teoria do desenvolvimento econômico**: uma investigação sobre lucros, capital, crédito, juro e ciclo econômico. São Paulo: Abril Cultural, 1982. (Coleção Os Economistas).

SEITENFUS, R. **Relações internacionais**. São Paulo: Manole, 2004.

SERRANO, F. Do ouro imóvel ao dólar flexível. **Economia e Sociedade**, Campinas, v. 11, n. 2, p. 237-253, jul./dez. 2002. Disponível em: <http://www.excedente.org/wp-content/uploads/2014/11/03-Serrano.pdf>. Acesso em: 30 set. 2017.

SMITH, A. **A riqueza das nações**: investigação sobre sua natureza e suas causas. São Paulo: Nova Cultural, 1977. (Coleção Os Economistas).

STRANGE, S. International Economics and International Relations: A Case of Mutual Neglect. **International Affairs**, v. 46, n. 2, p. 304-315, 1970.

STURGEON, T. et al. O Brasil nas cadeias globais de valor: implicações para a política industrial e de comércio. **Revista Brasileira de Comércio Exterior**, n. 115, p. 26-41, jun. 2013. Disponível em: <http://www.funcex.org.br/publicacoes/rbce/material/rbce/115_TSGGAGEZ.pdf.pdf>. Acesso em: 5 out. 2017.

TARULLO, D. K. **Banking on Basel**: the Future of International Financial Regulation. Washington: Peterson Institute for International Economics, 2008. Disponível em: <http://www.books.mec.biz/downloads/Banking_on_Base_/NDgyOTk4OTIy>. Acesso em: 6 out. 2017.

TEMPEST, R. Barbie and the World Economy. **Los Angeles Times**, 22 set. 1996. Column One. Disponível em: <http://articles.latimes.com/1996-09-22/news/mn-46610_1_hong-kong>. Acesso em: 6 out. 2017.

THORSTENSEN, V. A OMC – Organização Mundial do Comércio e as negociações sobre investimentos e concorrência. **Revista Brasileira de Política Internacional**, Brasília, v. 41, n. 1, p. 57-89, jan./jun. 1998. Disponível em: <http://www.scielo.br/pdf/rbpi/v41n1/v41n1a04.pdf>. Acesso em: 30 set. 2017.

UNCTAD – United Nations Conference on Trade and Development. **World Investment Report 2013**. Global Value Chains: Investment and Trade for Development. New York; Geneva, 2013. Disponível em: <http://unctad.org/en/PublicationsLibrary/wir2013_en.pdf>. Acesso em: 5 out. 2017.

VERNON, R. Investimento externo e comércio externo no ciclo de produto. In: SAVASINI, J. A. A.; MALAN, P.; BAER, W. (Org.) **Economia internacional**. São Paulo: Saraiva, 1979. p. 89-107.

VIANA, A. R.; CINTRA; M. A. M. **G20**: os desafios da coordenação global e da rerregulação financeira. Disponível em: <http://www.ipea.gov.br/bric/textos/100409_BRICVianaeCintra1.pdf>. Acesso em: 6 out. 2017.

WILLIAMSON, J. **A economia aberta e a economia mundial**: um texto de economia internacional. Rio de Janeiro: Campus, 1989.

WILLIAMSON, J. (Ed.). **Latin American Adjustment**: how much has Happened? Washington: Peterson Institute for International Economics, 1990.

WTO – World Trade Organization. **The WTO at Twenty**: Challenges and Achievements. Genebra, 2015. Disponível em: <https://www.wto.org/english/res_e/booksp_e/wto_at_twenty_e.pdf>. Acesso em: 13 set. 2017.

Apêndice 1
Fordismo-
-Keynesianismo

As histórias e trajetórias de desenvolvimento de economias nacionais são diferenciadas em virtude das peculiaridades regionais e da adoção de políticas e estratégias particulares de desenvolvimento. Portanto, é relativamente complicado estabelecer padrões porque isso reduz a riqueza da diversidade histórica. No entanto, essa ação também nos permite obter um referencial sobre determinado período histórico e, assim, fazer comparações e distinções com base em experiências isoladas. Com essa ressalva, podemos afirmar que um bom referencial para o padrão de desenvolvimento das economias nacionais ocidentais referente ao período da Segunda Guerra Mundial até a década de 1970 (portanto, concomitante com a ordem internacional de Bretton Woods) foi o fordismo-keynesianismo.

As economias capitalistas revelam, endogenamente, contradições e instabilidades. Quando conseguem uma combinação que permite, por determinado período, amenizar e controlar tais situações, caracteriza-se um **padrão de regulação**, segundo a acepção da Escola de Regulação francesa. Essa é a visão dos autores regulacionistas ligados a essa escola, para os quais o termo-síntese *fordismo-keynesianismo* caracteriza o modo ou padrão de regulação das economias capitalistas no período de 1945 a 1970[1].

Essa expressão homenageia Henry Ford por dois motivos:

1. O período imediatamente posterior à Segunda Guerra Mundial foi de generalização do método de produção introduzido por Henry Ford em sua fábrica de automóveis, no início do século XX[2]: produção em série e em larga escala, que contava com a utilização de trabalhadores unidos numa linha de montagem de uma esteira de produção. Com a introdução do fordismo, produtos mais sofisticados – os quais, para sua produção, concentram uma série de insumos que requerem a existência de uma linha de montagem (bens de consumo durável, como automóveis, por exemplo) – passaram a ser produzidos em larga escala. Tal método de produção de Henry Ford foi generalizado para a produção de bens de consumo duráveis e utilizado por vários países. As exportações dos Estados Unidos deram vias à generalização do consumo – a moda do *american way of life* – e também da produção, com a difusão do método de produção fordista. Em suma, a produção fordista fomentou o aumento de produtividade com economias de escala, isto é, a elevação dos níveis de produção e a redução do custo unitário.

2. A fábrica da Ford não apenas introduziu mudanças no método de produção, mas também uma nova forma de relacionamento com os trabalhadores. A exigência de que o trabalho fosse desenvolvido com mais intensidade requeria

---

1 Sobre a regulação do capitalismo e as proposições da teoria da regulação, ver Aglietta (1979), Boyer (1990) e Jessop e Sum (2006).

2 Sobre as inovações de Henry Ford, ver Arienti (1997).

também disciplina por parte dos empregados. Diante disso, para motivá-los e mantê-los alinhados aos objetivos da empresa, Ford aumentou o salário dos trabalhadores, colocando-o no teto de US$ 5,00 por dia – considerado um bom salário para aquela época. A estratégia ficou conhecida como *five dollar day*. Paralelamente, houve também um maior controle sobre a vida dos trabalhadores, concedendo-lhes alguns benefícios, mas também exigindo deles dedicação e disciplina[3]. Nesse caso, a generalização do fordismo e da estratégia não se deu por iniciativa dos capitalistas, mas pela situação política do pós-guerra. Já existiam sindicatos de trabalhadores, e o grande acordo entre capital e trabalho foi resultado de uma barganha política. Em termos gerais, houve um pacto político pelo qual o aumento de produtividade seria acompanhado de aumento dos salários reais dos trabalhadores. Assim, a difusão do método fordista de produção, com aumento de produtividade, promoveu, via negociação, aumentos salariais e elevação do nível de vida da classe trabalhadora. A regulação importante era manter um equilíbrio entre aumento de produtividade e aumento de salário real, o que poderia ser alcançado não pela benevolência dos capitalistas e moderação dos trabalhadores – ou mesmo por cálculos dos economistas –, mas por negociação política.

A vertente adicional para regular a instabilidade do capitalismo foi a aceitação da adoção de políticas econômicas keynesianas. A aceitação da teoria exposta por Keynes (1982) na obra *A teoria geral do emprego, do juro e da moeda*, segundo a qual as forças livres de mercado não garantem necessariamente uma situação de equilíbrio com pleno emprego, justificou as atuações dos governos na economia. A recomendação da teoria de Keynes segue o raciocínio

---

3 Gramsci (1989) ajudou na divulgação do termo fordismo, no texto "Americanismo e fordismo".

de que os governos devem fazer políticas monetárias e fiscais para garantir um nível de demanda e produção em equilíbrio próximo do pleno emprego. Políticas keynesianas foram um dos mecanismos de regulação do capitalismo do pós-guerra, ao garantirem crescimento com pleno emprego e com bons salários.

As políticas keynesianas de gastos fiscais foram utilizadas de várias formas. No caso dos Estados Unidos, elas permitiram a expansão dos gastos militares exigidos pela situação da Guerra Fria. Já nos países europeus, baseados no Relatório Beveridge – que propunha a criação de seguridade laboral e social –, foram usadas para implantar o Estado de bem-estar social (*welfare state*). Na América Latina, tendo o Brasil como referência, as políticas keynesianas foram empregadas para justificar a atuação do Estado no projeto de industrialização com a criação de várias empresas estatais.

Portanto, o fordismo-keynesianismo é uma idealização de um padrão de regulação do capitalismo durante o período de 1945 a 1970. Trata-se de uma referência para entender o crescimento, a estabilidade e a paz existentes nesse período.

Entretanto, como o capitalismo é endogenamente dinâmico, seu próprio desenvolvimento gera mudanças constantes, algumas das quais também contribuíram para a crise do fordismo-keynesianismo. Em primeiro lugar, a generalização do método de produção fordista levou a uma competição entre economias nacionais no comércio internacional. A competição entre estruturas produtivas iguais gera, ao mesmo tempo, a redução de lucro e o incentivo para inovações. Além disso, a generalização da produção fordista entre países e a introdução de novos métodos de produção com inovações em processos e produtos por algumas nações geraram a crise do fordismo.

Em segundo lugar, o equilíbrio dinâmico entre o incremento na produtividade e o aumento de salário real era frágil e durou apenas por um período limitado. Aumentos salariais acima da produtividade levaram à redução de lucro (*profit squeeze*). Iniciou-se, assim, uma fase de rebeldias tanto por parte da classe trabalhadora, com greves reivindicatórias por melhores salários, quanto da classe capitalista, que cessou investimentos, para a manutenção da sua taxa de lucro; assim, a paz social do fordismo se esvaneceu.

Em terceiro lugar, o aumento da inflação exigiu que os governos adotassem políticas anti-inflacionárias. De início, elas foram caracterizadas como de *stop-and-go* – isto é, adotam-se políticas recessivas quando há aumento da inflação, e expansionistas quando há aumento da recessão. Na turbulenta e instável década de 1970, houve um paulatino deslocamento das prioridades da política econômica, de garantia do pleno emprego para a garantia do valor da moeda com redução da inflação.

A crise da década de 1970, concomitante com o fim do Sistema Bretton Woods, foi também a crise da regulação fordista-keynesiana. As vitórias eleitorais de Margareth Thatcher, na Grã-Bretanha, e de Ronald Reagan, nos Estados Unidos, simbolizaram o fim do fordismo-keynesianismo e uma nova tentativa de regulação, o neoliberalismo.

Apêndice 2
Crédito, financiamento e investimentos numa economia aberta

Considere o seguinte exemplo: uma empresa petrolífera precisa obter no presente um volume substancial de dinheiro para investir em novas plataformas de petróleo no mar, porém, não dispõe de todos os recursos financeiros necessários para realizar esse investimento. Suas necessidades de investimento, portanto, são superiores a seu caixa e/ou aos lucros acumulados no passado.

Essa organização pode obter recursos para realizar esse investimento em bancos de investimento. Uma operação típica, nesse caso, seria o banco emitir algum tipo de ativo financeiro (um título privado, por exemplo), garantindo aos adquirentes o acesso a lucros futuros da empresa petrolífera. De certa forma, o petróleo ainda a ser explorado é que está sendo dado como garantia (em termos técnicos mais precisos, *colateral*) dos recursos obtidos, tendo como parte da contrapartida recursos próprios da petrolífera, bem como do banco, os quais servem como alavanca para a captação. Isso significa que as empresas entram juntas na operação de captação com alguns recursos próprios, mas o ponto fundamental é que os recursos das duas empresas juntas não seriam suficientes para o montante de dinheiro necessário, pois eles constituem uma proporção pequena do total – daí a noção de alavancagem.

Perceba que os recursos reais serão produzidos futuramente (as plataformas serão construídas, colocadas em operação, e só então se iniciará a produção do petróleo), mas o acesso aos recursos monetários que permitirão produzi-los ocorre no presente. Emite-se especificamente uma dívida futura, especialmente estruturada para lidar com longos prazos de maturidade, para permitir investimentos presentes. Esse é um exemplo de uma operação típica, que acontece diuturnamente em mercados financeiros: a troca de maturidades entre compromissos financeiros – mais especificamente: emissão de dívida futura de longo prazo para obtenção de recursos no presente – em suas mais diversas modalidades[1].

Agora, imagine outra situação: a compra de um carro novo parcelado por uma pessoa. O valor será parcelado porque o adquirente não dispõe de todos os recursos para pagar à vista. Esse é um caso que corresponde à forma de obtenção de recursos denominada *por crédito*. Tipicamente, nesse caso, alguém com menos recursos do que necessita obtém no sistema bancário o volume necessário

---

1 A esse respeito, ver Carvalho et al. (2000, 2007).

à compra do carro. O banco paga (à vista, ou com um prazo mais curto predeterminado via diversas possibilidades existentes nos mercados) o fornecedor no momento da compra e se torna credor do comprador do carro. O crédito é um empréstimo típico voltado para consumo pessoal. Para isso, usualmente, o indivíduo geralmente deve comprovar que tem renda e emprego estáveis para honrar o empréstimo obtido.

Analisemos, agora, as necessidades de dinheiro por parte de empresas, as quais precisam de dinheiro para realizar seu giro financeiro, ou seja, para pagar fornecedores, salários, serviços, tributos etc. Essas organizações podem dispor de recursos de caixa (resultado de suas vendas recebidas à vista, por exemplo) ou de lucros acumulados no passado, ou podem estar em situação tal que necessitem de recursos monetários além dos que possuem naquele momento. Dessa forma, assim como as pessoas físicas, recorrem ao sistema financeiro para obter o que usualmente é denominado *financiamento de capital de giro*, o qual envolve prazos de, no máximo, 24 meses.

A estrutura financeira que permite esses tipos de crédito ou financiamentos de curto prazo tem natureza diferente daquela que se aplica ao investimento de longo prazo da petrolífera hipotética do exemplo que analisamos anteriormente. Nesse caso, os recursos desejados pela petrolífera são tão vultosos que podem nem sequer existir presentemente na economia, isto é, podem não estar estocados nos bancos. Daí a necessidade de geração por mecanismos de dívida estruturada: emissões de títulos, por exemplo, são tão convidativas a investidores potenciais (nos quesitos juros e garantias compromissadas) que eles abrem mão de sua liquidez, no presente, para obter maiores ganhos monetários num prazo mais longo.

Como já mencionamos, os bancos de investimento precisam criar instrumentos financeiros específicos (títulos privados, como debêntures) que concedem direitos a rendas ainda a serem obtidas, embora o investimento (a aquisição de máquinas, a construção da nova planta etc.) se inicie no presente. Tais títulos geralmente incluem prazos de carência (postergação, previamente acordada em contrato, do início do pagamento da dívida) desenhados de acordo com a complexidade da operação financeira estruturada. Além disso, os prazos são realmente muito mais alongados (períodos como 15 a 25 anos, ou até mais que isso).

O caso do crédito típico, ou do financiamento de capital de giro, é de operações de curto a médio prazo realizadas pelos bancos. Já o investimento de longo prazo (como a construção de uma rodovia, um porto, uma nova planta industrial inteira) necessita de recursos que são mais difíceis de serem obtidos. Tais operações ocorrem no ambiente dos bancos de investimento.

É importante observar que, numa economia aberta, recursos assim podem ser captados em mercados financeiros internacionais, com impacto sobre os resultados do BP. Vários fatores são determinantes, entre os quais podemos citar:

- Capacidade (ou não) de o sistema financeiro doméstico fornecer tais recursos – investimentos de grande vulto demandam insumos cujos preços são dados em mercados internacionais, devendo ser adquiridos em moeda de reserva internacional.
- Taxas de câmbio e de juros (domésticas *versus* internacionais).
- Maior ou menor grau de abertura da economia.
- Questões institucionais e/ou de política econômica – se a economia utiliza ou não controles de capitais, por exemplo, se é mais ou menos burocratizada.
- Condições de maior ou menor disponibilidade de crédito e liquidez internacionais e do grau de confiança relativa de que o país goza perante financiadores externos.

Note que, dada a importância e o volume dessas operações financeiras, esse tipo de recurso aparece numa conta específica do BP: a conta Financeira.

Respostas

Capítulo 1

Questões para revisão

1. As três principais correntes são o liberalismo, o nacionalismo e o marxismo. Pela visão liberal, a política e a economia atuam em esferas separadas, sendo o mercado prioritário em relação ao Estado. Por esse entendimento, a eficiência do mercado é maior à medida que se reduzem as interferências políticas. Já na perspectiva nacionalista (mercantilismo ou intervencionismo), o Estado tem primazia em relação ao mercado. O intervencionismo estatal é necessário para que o mercado atue em função dos interesses estatais e, assim, garanta a manutenção do poder do Estado. Por sua vez, a corrente marxista se apoia na abordagem feita por Lênin sobre o imperialismo para explicar a relação entre Estado e economia no âmbito internacional. Assim, para os pensadores marxistas, o imperialismo é uma fase necessária do capitalismo avançado, pois a expansão dos mercados tornou-se condição necessária para que o modo de produção capitalista continue seu desenvolvimento. Na visão marxista, a economia é a condutora da política, sendo que os conflitos políticos têm origem na luta de classes sobre a distribuição da riqueza.

2. Na ordem econômica de Bretton Woods, o pilar do crescimento (elemento não tangível) estava na produção fordista que garantia ganhos de produtividade e aumento nos níveis de padrão de vida. Essa ordem estava baseada num regime financeiro internacional capaz de controlar parcialmente os fluxos financeiros internacionais, de forma a permitir que o desenvolvimento interno de cada país não fosse prejudicado pelo excesso de volatilidade na entrada de capital externo. No que diz respeito ao sistema monetário internacional, graças ao padrão dólar--ouro, a moeda norte-americana se tornou a principal no sistema das trocas internacionais. Por fim, o comércio internacional estava baseado no Acordo Geral sobre Tarifas e Comércio (General Agreement on Tariffs and Trade – GATT), que definiu os termos para as negociações de tarifas e regras sobre o comércio internacional.

Os elementos tangíveis (regimes monetário, financeiro e comercial) dessa ordem internacional permitiram que os Estados Unidos atuassem com pouquíssimas restrições internacionais a sua política monetária e fiscal. Por um lado, seu papel de emissor da moeda internacional o permitiu investir pesadamente em armamento, ampliando seu poder em relação a seus aliados, criando uma espécie de monopólio legítimo do uso da força. Dessa forma, o funcionamento da ordem econômica de Bretton Woods estava baseado no padrão de crescimento fordista e no poder, econômico e militar, centrado nos Estados Unidos.

A nova OEI, que emergiu das transformações ocorridas no período pós-Bretton Woods, tinha como motor do crescimento um novo modelo de acumulação permeado pela crescente competição internacional e por inovações tecnológicas, derivadas da Terceira Revolução Industrial (tecnologia da informação, robótica, eletroeletrônica, nanotecnologia, química fina e novos materiais).

No que diz respeito ao regime de comércio, a substituição do GATT pela Organização Mundial do Comércio (OMC), em 1995, buscou liberalizar o comércio de acordo com regras multilaterais preestabelecidas, promovendo a harmonização das regras comerciais.

No âmbito do regime monetário, desde o fim da conversão do dólar em ouro, predominou o sistema do padrão dólar flexível, no qual a moeda estadunidense continua sendo a referência do sistema de pagamentos internacionais, embora concorra com arranjos alternativos. O pilar do sistema monetário atual reside no domínio do dólar como moeda de reserva.

Por fim, o regime financeiro internacional atual está baseado na desregulamentação dos mercados financeiros domésticos e na liberalização dos fluxos de investimento internacional, no surgimento de novos produtos financeiros nos mercados de derivativos e na presença dos investidores institucionais.

3. a

4. a

5. c

Capítulo 2

Questões para revisão

1. O país A é uma nação cuja economia utiliza muitos fatores de produção de propriedade de não residentes, por isso, precisa remeter parte daquilo que produz para remunerar esses fatores. Um exemplo típico seria um país em que se localizam muitas fábricas que pertencem a multinacionais de outros países. Já o país B empresta fatores ao resto do mundo (ou seja, tem empresas multinacionais com unidades alocadas em outros países, por exemplo). Portanto, recebe remunerações do resto do mundo. Os países informam o produto total que são capazes de produzir. O país A informa o PIB porque esse é o valor máximo de sua produção, embora uma parte dela seja remetida pra remunerar fatores estrangeiros. Pelo mesmo raciocínio, o país B informa o PNB, porque além do que produz internamente, seu produto recebe o acréscimo da renda de seus fatores de produção espalhados em outros países.

2.

a) 6 000.

b) 6 000.

Setor	Valor bruto da produção (VBP)	Consumo intermediário (CI)	Valor adicionado VA = VBP − CI
Agricultura	500	0	500
Indústria	3 500	500	3 000
Comércio	5 000	3 500	1 500
Serviços	1 000	0	1 000
TOTAL	10 000	4 000	6 000

c) Sim. Por definição das contas nacionais, o PIB corresponde à soma do VA em todos os setores. Tanto em termos agregados (somando diretamente as colunas) quanto por setor (somando o valor do VA obtido em cada linha da tabela), o resultado teria que ser o mesmo.

3. c

4. d

5. d

Capítulo 3

Questões para revisão

1. O BP informa as relações (comerciais e financeiras) da economia com o resto do mundo. Assim, a parcela do produto nacional recebida como remuneração de fatores nacionais espalhados em outros países e/ou enviada para remunerar fatores do resto do mundo — ou seja, a parcela que se adiciona ou subtrai do PIB para obter no PNB — está detalhadamente discriminada nas diversas contas e subcontas do BP, em especial na conta Financeira e no Balanço de Bens e Serviços.

2. Entre as possíveis vantagens de uma economia nacional apresentar *déficit* em transações correntes no BP, podemos citar:
   - Uma economia nacional pode perseguir um equilíbrio intertemporal na conta Transações Correntes do BP, ocorrendo *déficit* em alguns anos e *superavit* em outros. Não há necessidade de haver equilíbrio nessa conta a cada ano.
   - Em determinado período, uma economia nacional pode fazer um grande esforço de investimento e, com isso, necessitar importar bem de capital sofisticado e pagar *royalties* por uso de tecnologia. Tais despesas de importação e remessas de renda primária podem gerar um *déficit* na balança comercial e na conta Renda primária. No entanto, espera-se que esse esforço de

investimento no presente possa gerar resultados no futuro com expansão de produção interna, o que pode, por sua vez, aumentar exportações e reduzir importações no futuro.

Como desvantagens, podemos elencar:

- *Déficit* persistentes na conta Transações Correntes requerem entrada de recursos financeiros pela conta de financiamento, para o equilíbrio contábil no Balanço de Pagamentos. Essa situação pode causar uma dependência em relação ao sistema financeiro internacional.
- O *déficit* em transações correntes do BP pode ser financiado também por utilização de reservas internacionais. Nesse caso, há deterioração das reservas internacionais, o que é perigoso, pois são ativos líquidos à disposição do banco central de um país para realizar pagamentos e cumprir contratos de dívida. Com nível baixo de reservas, a economia nacional talvez não consiga cumprir contratos, o que pode afetar negativamente importações e créditos futuros.

3. c

4. a

5. a

Capítulo 4

Questões para revisão

1. Entre os impactos positivos, podemos citar:
   - entradas nas contas Capital e Financeira, gerando *superavit*, podem financiar o *déficit* na conta Transações Correntes do BP;
   - entradas de recursos externos podem financiar investimentos produtivos necessários nas economias nacionais em desenvolvimento.

   Entre os negativos, figuram:
   - dificuldade de compatibilidade entre os interesses do investidor externo e a estratégia de desenvolvimento nacional;
   - dependência de financiamento externo e limites à autonomia da política econômica, que deve se submeter às expectativas dos financiadores externos.

2. A diferença principal é que os recursos que entram na subconta Investimento Externo Direto, mesmo quando compram ações de empresas nacionais, têm o intuito de atuar no controle e na administração de empresas. O objetivo é obter lucro na administração da empresa.

   Já na subconta Investimento em Carteira, os recursos referem-se à compra de títulos e ações, mas sem intenção de exercer controle e administração sobre as empresas. O objetivo é especulativo, ou seja, obter rentabilidade das ações, com recebimento de dividendos e/ou valorização das ações em futuro próximo.

3. c

4. d

5. d

Capítulo 5

Questões para revisão

1. A abordagem das vantagens absolutas enfatiza a capacidade de produção absoluta. Se um país produz mais de um bem, deveria especializar-se nele e produzi-lo em quantidade suficiente para seu consumo interno e para exportação, obtendo recursos que utilizaria para importar aquilo de que necessita. No entanto, essa abordagem não faz uma análise a respeito da eficiência na produção. A teoria de Ricardo sobre as vantagens comparativas vem preencher essa lacuna, afirmando que os países devem especializar-se nos bens que produzem de forma mais eficiente, ou seja, a um menor custo.

2. O modelo de Heckscher-Ohlin toma o modelo das vantagens comparativas como ponto de partida, ampliando-o para um com dois países, dois bens e dois fatores de produção. Dessa forma, o modelo avalia a eficiência na produção e a dotação original mais ou menos abundante que cada país tem no que se refere aos dois fatores. Conforme o modelo H-O, os países desenvolvem padrões de comércio e produção com base nas dotações de fatores de produção de que dispõem, de tal forma que podem exportar produtos que utilizam o fator de produção mais abundante e importar aqueles bens que demandam para sua produção o fator que lhe é mais escasso.

3. b
4. d
5. a

Capítulo 6

Questões para revisão

1. As vantagens comparativas podem ser estáticas, dadas pela natureza, ou dinâmicas, construídas pelo conhecimento aplicado. A introdução de inovações em processos produtivos e na geração de produtos novos aumenta a produtividade de itens já existentes e diversifica a produção e o consumo. O volume do comércio internacional se caracteriza não apenas pela maior venda de produtos já existentes, como petróleo, mas por ampliação do leque de oferta.
De acordo com a teoria do ciclo do produto, os países líderes da inovação, ao construírem novas vantagens comparativas para sua produção, beneficiam-se de um período em que tem monopólio, ou poucos concorrentes, no mercado internacional.

2. O processo de industrialização em alguns países, entre eles o Brasil, avançou para internalizar vários setores responsáveis pela produção industrial. O objetivo era internalizar grande parte da relação entre insumo e produto existente, com um setor produzindo para outro setor até alcançar o final da cadeia. Esse processo de industrialização foi, em seus exemplos históricos, como no caso da economia brasileira, muito protegida das importações, que poderiam competir com a produção nacional no mercado interno.

Com a abertura comercial dos países e com novas estratégias de investimento de empresas multinacionais, o objetivo de desenvolvimento se ampliou para que a produção nacional alcançasse também o mercado internacional. Para tanto, instalou-se a estratégia de juntar elos da cadeia de produção mais competitivos de cada país. Assim, tais cadeias eminentemente nacionais se ampliaram para serem regionais ou, até mesmo, globais. Essa prática estimulou o comércio internacional, pois muito do que era produzido internamente passou a ser importado em alguns elos e exportado por outros.

3. c
4. d
5. b

Capítulo 7

Questões para revisão

1. Desde sua formação até os anos 1990, o FMI assumiu que as crises no BP ocorriam sempre em situações de excesso de demanda agregada no país deficitário. Assim, o Fundo dispunha de diferentes opções de ajuste para os países que buscavam seus recursos, sendo o ajuste pautado no enfoque de absorção o mais utilizado. Na perspectiva do enfoque de absorção, os *déficit* na conta Transações Correntes eram vistos como decorrentes do excesso da demanda agregada doméstica em relação à oferta e, portanto, o país deveria adotar medidas recessivas para que retomasse o equilíbrio externo.

A partir dos anos 1990, com a desregulamentação financeira e o intenso fluxo de capitais especulativos entre os países, as crises externas deixaram de ser reflexos de desequilíbrios na conta Transações Correntes e passaram a refletir desequilíbrios nas contas Capital e Financeira. Perante essa nova situação, o Fundo passou a assumir que as crises externas não eram apenas fruto de desajustes externos conjunturais, mas relacionados aos desajustes estruturais na economia dos países em crise. Com base nesse novo diagnóstico, o órgão passou a exigir, como contrapartida aos empréstimos que concedia, não apenas medidas de redução de demanda, mas também programas de ajuste estrutural, transformando a estrutura econômica dos países devedores. Dessa forma, a instituição se tornou o principal agente a levar os países em desenvolvimento a aderirem à agenda do Consenso de Washington.

2. Quando enfrentam dificuldades de financiar seu *deficit* em Transações Correntes do BP, as economias nacionais recorrem ao FMI. A expectativa é de que os empréstimos do Fundo deem tempo para que se recuperem, de modo que, passado esse período, tenham *superavit* no futuro para, assim, alcançar o equilíbrio intertemporal.
A crítica dos países em desenvolvimento, principalmente quando enfrentaram a crise da dívida externa na década de 1980, é que o FMI impõe condicionalidades muito restritas para a concessão do empréstimo, as quais podem requerer um ajuste recessivo, no caso de o diagnóstico representar um problema de excesso de demanda interna (enfoque da absorção) ou reforma estrutural, como recomendado pelo Consenso de Washington.

3. b
4. a
5. b

Sobre os autores

Patrícia Fonseca Ferreira Arienti é doutora em Desenvolvimento Econômico pela Universidade Federal do Paraná (UFPR), mestra em Latin American Studies pela University of London e graduada em Economia pela Universidade Candido Mendes. É professora do Departamento de Economia e Relações Internacionais da Universidade Federal de Santa Catarina (UFSC) e atua em cursos de graduação e pós-graduação dessa instituição. Dedica-se ao ensino e à pesquisa em economia política internacional, com ênfase nos seguintes temas: fundos soberanos, economia brasileira, hegemonia do dólar e sistema financeiro internacional. É também pesquisadora do Instituto de Estudos sobre os Estados Unidos (INCT-INEU).

Daniel de Santana Vasconcelos é doutor em Economia pela Universidade Federal do Rio de Janeiro (UFRJ) e mestre pela Escola Nacional de Ciências Estatísticas (ENCE/RJ). É professor do Departamento de Economia e Relações Internacionais da UFSC, desenvolve, especialmente, ensino e pesquisa nas áreas de macroeconomia, economia internacional, sistema financeiro internacional e economia monetária. Integrou o quadro efetivo do Instituto Brasileiro de Geografia e Estatística (IBGE) como analista nas pesquisas econômicas. Foi pesquisador em regulação econômica no Instituto Nacional de Metrologia, Qualidade e Tecnologia (Inmetro) e teve passagem também pelo mercado financeiro.

Wagner Leal Arienti é doutor em Governo pela Universty of Essex, na Grã-Bretanha e mestre em Economia pela Pontifícia Universidade Católica do Rio de Janeiro (PUCRJ). É professor do Departamento de Economia e Relações Internacionais da UFSC, onde leciona as disciplinas de Macroeconomia e Economia Internacional. É coordenador do Projeto de Extensão Universitária Filmes de Economia, na mesma instituição.

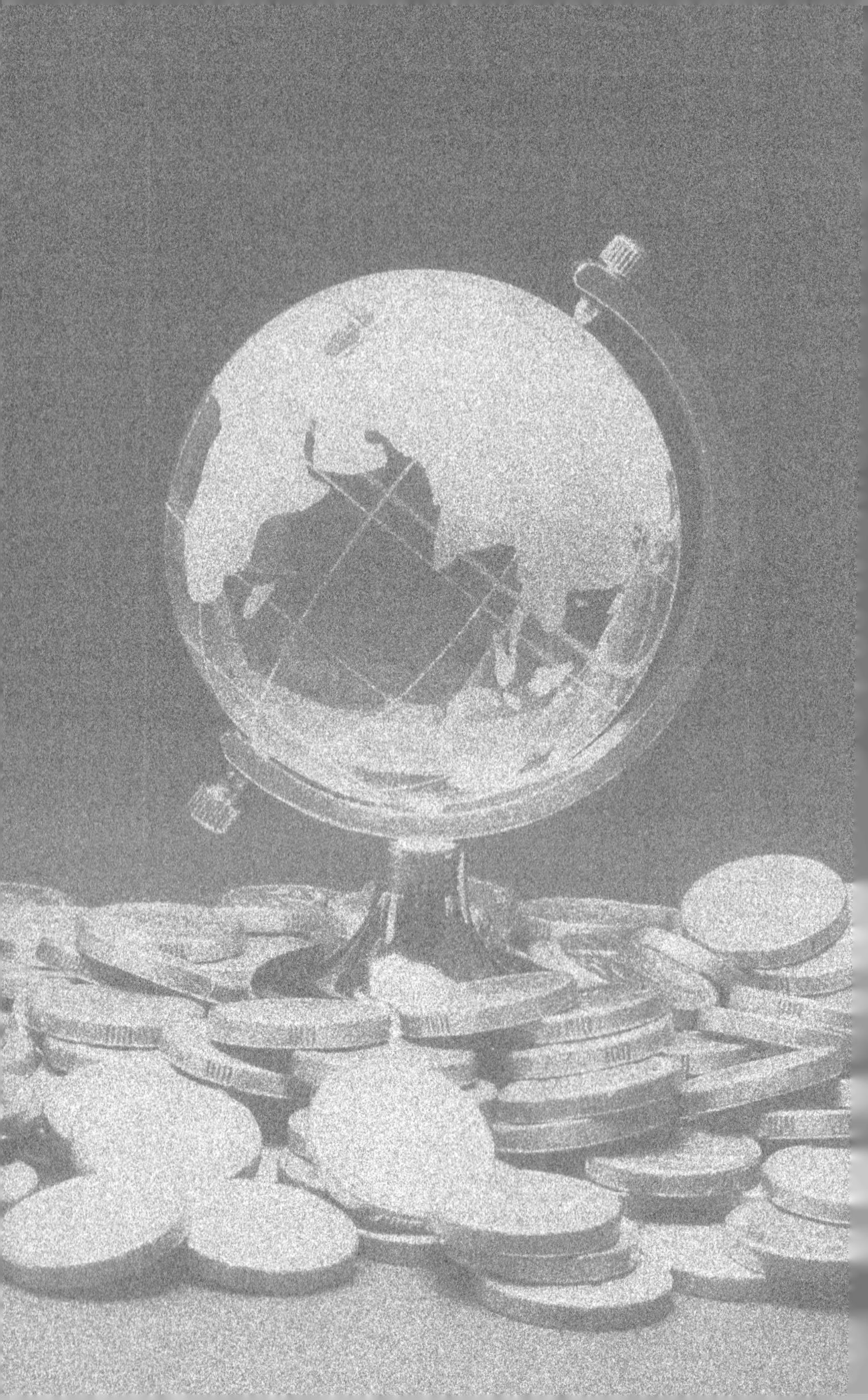

Os papéis utilizados neste livro, certificados por instituições ambientais competentes, são recicláveis, provenientes de fontes renováveis e, portanto, um meio sustentável e natural de informação e conhecimento.

FSC
www.fsc.org
MISTO
Papel produzido a partir de fontes responsáveis
FSC® C057341

Impressão: Log&Print Gráfica & Logística S.A.
Abril/2021